金融法学文库

刘志云 主编

金融监管沙盒制度研究

刘盛 著

FINANCIAL
LAW

法律出版社 | 北京

图书在版编目(CIP)数据

金融监管沙盒制度研究／刘盛著. -- 北京：法律出版社，2023
(金融法学文库)
ISBN 978-7-5197-7636-7

Ⅰ. ①金… Ⅱ. ①刘… Ⅲ. ①金融监管－金融法－研究 Ⅳ. ①D912.280.4

中国国家版本馆 CIP 数据核字(2023)第 036530 号

金融法学文库	金融监管沙盒制度研究 JINRONG JIANGUAN SHAHE ZHIDU YANJIU	刘　盛　著	责任编辑 屈　瑶 刘梦瑀 装帧设计 臧晓飞

出版发行 法律出版社
编辑统筹 学术·对外出版分社
责任校对 王　丰
责任印制 陶　松
经　　销 新华书店

开本 710 毫米×1000 毫米　1/16
印张 15.75　　**字数** 234 千
版本 2023 年 7 月第 1 版
印次 2023 年 7 月第 1 次印刷
印刷 北京新生代彩印制版有限公司

地址:北京市丰台区莲花池西里 7 号(100073)
网址:www.lawpress.com.cn
投稿邮箱:info@lawpress.com.cn
举报盗版邮箱:jbwq@lawpress.com.cn
销售电话:010-83938349
客服电话:010-83938350
咨询电话:010-63939796

书号:ISBN 978-7-5197-7636-7
定价:69.00 元
凡购买本社图书,如有印装错误,我社负责退换。电话:010-83938349

总　序

金融作为现代经济的核心,具有优化资源配置、调节经济运行之功效,其资本运作的良善甚至关乎社会稳定的实现。基于此,金融业的发展成为各国政府关注的重中之重,而通过制度供给促进金融业的良好发展也成为普遍并可行的路径。在此背景下,金融法研究趁势而起,成为“近世之显学”。其兴起虽晚,却生机勃勃,在深入汲取相关部门法的理论积淀的同时,也广泛容纳各种跨学科知识与方法,并探求自身内省之品格,最终成就了如今这个底蕴深厚、逻辑自洽的新兴学科体系。

我国金融法的产生和发展伴随着改革开放的推进、经济体制的转型以及中国金融法治变迁之现实。虽然西方先验逻辑提供的立法技术素不匮乏,但我们真正要面对的,是如何让成熟的技术契合本国的现实国情,发挥其应有的功效。内生金融交易秩序的制度根基的缺乏,曾使中国金融法治在本土化复归的路途中一再迷失。同时,全球化的推进,又要求我国必须及时完成经济转型,早日实现我国金融市场与国际金融市场的有效对接,这更加剧了国内金融法治的发展困境。对于从事金融法研究的学者而言,任重而道远。当然,恰逢这一转型之历史路口的吾辈,能直面历史之转折,兢兢业业,矢志科研;鉴前世之兴衰,考当今之得失;博观而约取,厚积而薄发。从另一个视角观之,这也是一种幸运。

“千淘万漉虽辛苦,吹尽狂沙始到金。”厦门大学法学院是全国较早开展金融法教学和科研的单位之一。早在2005年,厦门大学法学院便开始挂靠其他专业博士点招收“金融法”方向的博士研究生;2006年,厦门大学在获得法学一级学科硕士、博士学位授予权的基础上,设立经济法博士点,金融法学研究方向成为主要招生方向之一;2010年12月,厦门大学法学院正式成立金融法研究中心。近年来,厦门大学金融法研究中心的学术团队承担了大量国家级与省部级科研项目,并相继出版与发表了大量学术专著与专业论文,在国内开始产生一定的影响力。而今,厦门大学金融法研究中心日益壮大,已经形成一支“老中青结合”的优秀学术团队,并成为我国金融法高层次专门人才的重要培养基地之一。

“非学无以广才,非志无以成学。”为进一步推动厦门大学金融法研究中心的学科建设以及促进国内金融法研究的繁荣发展,2014年,我们决定编辑出版连续性的“厦门大学金融法学文库”,期以“前沿意识、精品理念”为指导,以系列学术专著、译著的形式,集中展现我国金融法领域的专题研究成果,促进学术繁荣和理论争鸣。“盖文章,经国之大业,不朽之盛事。年寿有时而尽,荣乐止乎其身,二者必至之常期,未若文章之无穷。是以古之作者,寄身于翰墨,见意于篇籍,不假良史之名,不托飞驰之势,而声名自传于后。”诚如斯言,我们期以本文库作为思想传播之媒介、学术交流之平台,博学审问,慎思笃行,自由争辩,自察自省,通过严肃认真的学术讨论和学术批评,推动金融法研究的不断创新。

在法律出版社的支持下,2016年伊始,“厦门大学金融法学文库”正式更名为包容性更强的“金融法学文库”。本文库稿件来源不限于厦门大学金融法研究中心的学者、校友,而以最大的诚意广泛征集海内外金融法专著、译著。当然,我们亦知,就整个金融法学研究而言,本文库仅为沧海一粟。庙廊之才,非一木之枝,希望能与学界同人相濡相闻,砥砺共进。

是为序。

刘志云

2016年7月22日

目录

绪　论

一、选题的背景和意义

（一）选题的背景

2007年次贷危机所引发的全球金融风暴使发达经济体的金融体系几近崩溃，经过“洗礼”之后的世界主要经济体纷纷对其金融监管理念、监管体制、监管工具等进行适应性的变革：包括在监管理念上推动宏观审慎监管和微观审慎监管相结合，对审慎监管和行为监管给予同等关注；在监管体制上开展向混合监管模式迈进的机构重组与权力调整；推动监管工具朝着更具前瞻性、更加多元化的方向发展；等等。但接踵而来的欧洲主权债务危机、美国债务违约、世界性的经济衰退等窘境；经济全球化、经济金融化、金融信息化、金融自由化叠加的现状；以及大量研究结果所表明的单纯的金融创新与金融危机之间的弱相关之关系，均使市场上的金融创新再度扶摇直上，重新回到“深化—抑制—再深化—再抑制”这一循环的“再深化”阶段。

金融与科技的深度融合型构了后危机时代金融创新的主要发展进路，此种被称为“金融科技”的创新，无疑成为当前金融创新“再深化”阶段的典型产物。其以大数据、云计算、区块链、人工智能为主要底层技术，从基础支持、应用场景、业务边界乃至监管手段等多个方面促成了金融行业的代际跃迁。传统金融机构、互联网巨头、新兴科技公司等市场主体闻风而动,纷纷成为金融科技的忠实拥趸者,而全球资本的疯狂涌入,则奠定了其在投资领域的新宠地位。但作为一种"破坏性创新",金融科技不仅给金融行业的发展注入了强劲动力,也破坏了传统价值链,包括在塑造行业新生态的同时引发传统金融风险的变异与新兴技术风险的叠加,刺激金融创新的同时造成监管空白,提升行业效率的同时增强风险传染,拓展"长尾客户"的同时带来"长尾风险",等等。这一"双刃剑"式的影响显然对金融监管提出了新的挑战,进一步加大了监管难度,要求在宏观上跳出以往"安全—效率—安全—效率"这一循环往复的价值窠臼,重新协调监管机构、市场主体和金融消费者之间的关系,促成金融安全、金融公平和金融效率的平衡。

金融监管沙盒制度在此时应运而生,其由英国在2015年率先提出并逐步实践。简单来说,金融监管沙盒制度就是将金融创新放置在一个内嵌于真实市场的"安全空间"进行测试,根据测试结果来判定是否将其推向沙盒外市场的一种新型监管制度。其一方面在防范各类风险的前提下最大限度地促进金融创新,很好地平衡了金融市场上安全与效率之间的关系,构建了监管与创新的良性互动模式;另一方面,以扩大消费者获益为中心的理念和多样化的保护机制,更是全方位地维护了消费者的权益,展现了对金融公平的重视。这无疑是金融安全、金融公平和金融效率之平衡的最佳体现,很好地契合了当前金融监管的要求,以至于该制度一经提出便被盛赞为"金融监管的里程碑式创新",并在世界范围内受到热捧。

(二)选题的意义

当前,我国正处于深化金融供给侧结构性改革的重要阶段,不仅要对金融体系结构进行优化调整,强化金融服务功能,提高金融业全球竞争和参与全球金融治理能力;还要注重对金融风险的防范和化解,特别是要做好对系统性金融风险的防范工作。通过对金融监管沙盒制度这一备受青睐的监管创新进行透彻性分析,探求在前述背景下如何推动以金融科技为主要形态的金融创新在我国的良善生长,对促成我国金融市场的稳健与迅速发展,无疑有重要的理论和实践意义。

在理论方面,金融市场的稳健发展需要实现金融安全、金融效率、金融公平的良性互动,而规范金融市场的金融法治,则理应在一次次的变革中寻求三者的最佳均衡点。金融监管沙盒制度作为一种在真实但受限的环境中对金融创新进行测试并以此判定是否可以大规模商用的制度,能够在防范各类风险的前提下最大限度地促进金融创新,无疑是在金融安全、金融效率和金融公平当中寻求到了最佳的平衡点。金融监管沙盒制度虽然有深厚的理论基础,但是其制度的新颖性使得当前国内外的相关文献十分匮乏。本书正是以此为契机,在对金融监管沙盒制度进行充分剖析的基础上,深入探寻该制度在内部结构、外部效能上实现金融安全、金融效率与金融公平均衡的内在机理。

在实践方面,金融监管沙盒制度很好地实现了金融安全、金融效率、金融公平三者的平衡,这恰恰也满足了监管部门、金融机构和金融消费者三方的不同诉求。对监管部门而言,监管沙盒不仅能够在风险可控的前提下实现对金融创新的甄别,达到促进创新的目的,在运作过程中,监管部门与金融机构的大量沟通实际上也实现了两者之间的良性互动,这无疑对监管制度的适应性变迁和金融市场的稳健发展大有裨益。对金融机构来说,这种非市场但又市场化的测试环境,不仅大大降低了其上市运行的各项制度性成本,更增强了风险的可控性,极大地刺激了其创新欲望,此时唯一要考虑的就是,如何使得自己的金融创新获得测试资格。从金融消费者角度来看,相对封闭的测试环境很好地隔绝了一个尚无法明晰和量化的风险,而这一制度对金融创新的促进,也促使金融消费者保护从常规的对隐私权、知情权等权益的正向罗列保护,发展到通过推动金融创新、促进市场竞争来保证金融消费者更加平等、合理地享受到更好的金融产品与服务。此外,对参加测试的金融消费者而言,金融监管沙盒制度所规定的救济规则和监管部门与创新者的及时沟通也实现了对其的充分保护。本书将以对金融监管沙盒制度的具体解剖为主线,在持续追踪和分析国外实践的基础上,从多角度分析该制度对监管部门、金融机构和金融消费者的影响,并在结合我国国情的基础上,提出本土化的制度供给路径。这对我国监管体制的适应性变迁,在风险可控前提下推动我国金融市场化改革不无裨益。

二、国内外文献综述

(一)国内相关文献梳理

为了更好地了解国内对本主题的研究状况,笔者在“中国学术期刊全文数据库”“中国重要报纸全文数据库”“中国优秀博硕士学位论文全文数据库”“国内外重要会议论文全文数据库”中,分别以“监管沙盒”“监管沙箱”“沙盒监管”“沙箱监管”为关键词,选择“篇名”条件进行跨库搜索显示,截至2022年9月30日,文献数量分别为178篇、62篇、38篇、62篇。在著作方面,仅有《监管沙盒:理论框架与国际经验》一部侧重于介绍制度架构的作品,其余论述大多散见于以“金融科技”或“金融科技监管”为主题的作品当中。以下将对典型文献进行分类梳理。

1. 金融监管沙盒制度的内涵

由于监管沙盒的首创国——英国——已经在其《监管沙盒》文件中给出了确切的定义,指出沙盒是一个“安全空间”,企业能够在沙盒中免责地测试创新产品、服务、商业模式及交付机制,不会因从事相关活动而承担正常市场环境下的监管后果。① 故而,国内相关文献对金融监管沙盒制度的界定大多沿袭了这一概念,但也加入了自身的不同元素。例如,柴瑞娟结合监管沙盒对创新主体和监管部门的作用,认为监管沙盒提供了一个不受当下金融监管体制监管的“安全港”,在这个微型的真实市场内,准入的公司可在其中对自身的金融创新产品、服务和模式进行试验,及时发现该金融创新的缺陷与风险,继而寻求解决方案;同时,监管者也可通过此测试展开风险评估,决定是否允许该金融创新正式进入市场推广,是否需要调整甚至改变金融监管规则。② 李新宁则将监管沙盒简单描述为监管机构所构建的一个不受当下金融监管体制监管的“真实的、较小的安全市场空间”。③ 李仁真和申晨以金融科技(Fintech)为基点,认为监管沙盒是基于真实的市场环

---

① FCA,“Regulation Sandbox”, https://www.fca.org.uk/publication/research/regulatory-sandbox.pdf,2019-03-05.

② 参见柴瑞娟:《监管沙箱的域外经验及其启示》,载《法学》2017年第8期。

③ 李新宁:《金融科技的高质量发展与监管创新——“监管沙箱”的思路借鉴》,载《学习与实践》2018年第10期。

境为 Fintech 特设的一项制度，其本质在于为 Fintech 企业开辟一个“安全空间”，以便在限定、可控的条件下对其创新产品和服务进行测试，从而营造优越的金融生态环境。[①] 谢平、邹传伟则指出，“监管沙盒”是一个“试验区”，市场放松产品和服务的法律监管和约束，允许传统金融机构和初创企业在这个既定的“安全区域”内试验新产品、新服务、新模式等，甚至可以根据“试验结果”修改和提出新的法律制度。[②] 胡滨、郑联盛等对英国、澳大利亚界定监管沙盒内涵的文献进行了梳理。[③]

2. 金融监管沙盒制度的功能与局限

金融监管沙盒制度具备的功能得到了广泛的认可，绝大多数的文献均对此进行了详细阐述。例如，胡滨和杨楷认为，监管沙盒有利于鼓励金融科技创新并引导金融科技的发展，能进一步增强对金融消费者的保护。[④] 徐忠等从沙盒监管是监管工具与理念的创新，能够重塑监管者的定位、平衡金融科技发展与金融消费者的保护等方面分析了其功能。[⑤] 李仁真和申晨则指出，“监管沙盒”在理念上彰显了监管适应性，在模式上增强了监管弹性，在机制上体现了政企协作性，在目标上注重提升金融消费者的安全感和获得感，不仅监管制度新颖、方式灵活，而且与新兴的信息科技有极高的相容性，能够在很大程度上解决 Fintech 监管的体制机制问题，可以说是为国际社会破解 Fintech 的监管难题提供了一个良好的参考答案。[⑥] 与此同时，金融监管沙盒制度存在的局限性也并未被忽略。例如，赵杰等认为，监管沙盒在运行过程中存在企业参与测试的成本较高、测试效果的准确性难以判断、

---

① 参见李仁真、申晨：《监管沙箱：拥抱 Fintech 的监管制度创新》，载《辽宁大学学报（哲学社会科学版）》2018 年第 5 期。

② 参见谢平、邹传伟：《Fintech：解码金融与科技的融合》，中国金融出版社 2017 年版，第 272 页。

③ 参见胡滨、郑联盛等：《监管沙盒：理论框架与国际经验》，中国金融出版社 2020 年版，第 5 页。

④ 参见胡滨、杨楷：《监管沙盒的应用与启示》，载《中国金融》2017 年第 2 期。

⑤ 参见徐忠、孙国峰、姚前主编：《金融科技：发展趋势与监管》，中国金融出版社 2017 年版，第 349 ~ 351 页。

⑥ 参见李仁真、申晨：《监管沙箱：拥抱 Fintech 的监管制度创新》，载《辽宁大学学报（哲学社会科学版）》2018 年第 5 期。

可能产生新的不公平竞争三个方面的局限。[①] 郭丹和黎晓道从测试结果的真实性、参与测试的企业有限、必须依赖于现实的监管规则三个方面对监管沙盒的局限性进行了分析。[②] 此外,也有学者直接对金融监管沙盒制度本身进行了质疑。例如,杨祖艳认为监管沙盒仅是一种短期的监管制度安排。[③] 李敏指出监管沙盒目前的实践范围和规模均有限,有些制度设计只是披着监管沙盒的"外衣",其实质与传统监管路径并无二致。[④] 黎四奇、李牧翰提出"沙盒监管"等金融科技监管制度存在测试结果偏差、创新空间受限和易滋生权力寻租等问题。[⑤]

3. 对境外金融监管沙盒制度的介绍与分析

鉴于金融监管沙盒制度由英国首创并在境外逐步风靡,故而对各国(地区)监管沙盒的介绍与分析成为国内学界的共同选择,相关文献主要从运作流程、规则架构、具体实践等方面对其进行解读。例如,廖岷等从适用标准、监管方式、消费者保护措施、运作流程等方面对英国金融行为监管局的"监管沙盒"进行了介绍。[⑥] 柴瑞娟和常梦对加拿大监管沙盒准入标准和运行程序的制度架构,以及相关实践展开了具体分析。[⑦] 刘志坚等分别对英国、新加坡、澳大利亚等国家和中国香港特区的监管沙盒制度进行了详细介绍。[⑧] 边卫红和单文剖析了英国、澳大利亚和新加坡的监管沙盒机制,并揭示了它们各自的特点,指出英国的"监管沙盒"更加注重创新和消费者保

---

① 参见赵杰、牟宗杰、桑亮光:《国际"监管沙盒"模式研究及对我国的启示》,载《金融发展研究》2016年第12期。

② 参见郭丹、黎晓道:《监管沙盒对金融监管的突破——兼谈其潜在的局限性》,载《哈尔滨商业大学学报(社会科学版)》2018年第1期。

③ 参见杨祖艳:《监管沙箱制度国际实践及启示》,载《上海金融》2018年第5期。

④ 参见李敏:《金融科技的监管模式选择与优化路径研究——兼对监管沙箱模式的反思》,载《金融监管研究》2017年第11期。

⑤ 参见黎四奇、李牧翰:《金融科技监管的反思与前瞻——以"沙盒监管"为例》,载《甘肃社会科学》2021年第3期。

⑥ 参见廖岷等:《金融科技发展的国际经验和中国政策取向》,中国金融出版社2017年版,第132~135页。

⑦ 参见柴瑞娟、常梦:《加拿大沙箱监管的制度建构与启示》,载《证券市场导报》2018年第10期。

⑧ 参见刘志坚主编、京东金融研究院编著:《2017年金融科技报告:行业发展与法律前沿》,法律出版社2017年版,第120~139页。

护；澳大利亚“监管沙盒豁免”注重时间效率和风险控制；新加坡的“监管沙盒”则着力打造新加坡的 Fintech 生态系统。[①] 张景智在阐述英国、新加坡等国家和中国香港特区监管沙盒运行模式的基础上，总结归纳了它们在作用定位、金融消费者权益保护、规则动态调整机制上的共同点，以及在主管部门、对申请测试主体的要求、对申请测试项目的要求、测试中的授权这四个方面的不同点。[②] 宋科和傅晓骏则在全面对比分析监管沙盒国际经验的基础上，构建了一个涵盖测试空间、测试时间、参与主体、测试规则等在内的“四维框架”。[③]

4. 我国构建金融监管沙盒制度的相关建议

在对构建我国金融监管沙盒制度提出建议之前，有相当一部分的文献对其必要性或可行性进行了分析。例如，张红伟和陈小辉从我国 Fintech 在发展过程中面临的制度性约束较多、监管资源严重稀缺致使监管信息极度不对称继而本能性抑制 Fintech 创新、宏微观风险发生变异并产生新型风险三个方面，详尽分析了我国对 Fintech 实施沙盒监管的必要性。[④] 黄震和张夏明认为我国引入监管沙盒的必要性包括以下四个方面：一是能有效鼓励创新，降低创新成本，缩短创新变现进入市场的时间；二是有利于保护消费者的利益，配套、完善消费者保护机制；三是有助于监管机构认识现行监管法规相对于金融创新的落后或不符部分，并及时加以调整，以构建动态的合规监管制度并引导参与企业实现合规；四是监管沙盒能在“严监管”与“强牌照”管理的背景下为无金融牌照的金融科技初创企业提供测试机会和试错环境。[⑤] 孟娜娜和蔺鹏指出，监管沙盒作为创新性金融科技监管机制，与我国金融科技发展实践相匹配，与我国互联网金融监管逻辑趋同，与我国金

---

① 参见边卫红、单文：《Fintech 发展与“监管沙箱”——基于主要国家的比较分析》，载《金融监管研究》2017 年第 7 期。

② 参见张景智：《“监管沙盒”的国际模式和中国内地的发展路径》，载《金融监管研究》2017 年第 5 期。

③ 参见宋科、傅晓骏：《监管沙盒的国际经验与中国应用——兼论我国“监管试点”与“监管沙盒”的异同》，载《金融监管研究》2021 年第 9 期。

④ 参见张红伟、陈晓辉：《我国对 Fintech 有必要实施沙盒监管吗？》，载《证券市场导报》2018 年第 7 期。

⑤ 参见黄震、张夏明：《监管沙盒的国际探索进展与中国引进优化研究》，载《金融监管研究》2018 年第 4 期。

融改革试点实施路径一致。[①] 陈志峰和钱如锦从沙盒监管模式与我国金融市场现状的相互适应、制度试点经验对“中国式沙盒监管”的支撑、沙盒监管模式与我国金融监管体制的相互契合三个方面,论证了我国构建以沙盒监管为核心的区块链金融监管模式的可行性。[②] 沈艳和龚强则从设立中国金融科技监管沙盒的必要性、可行性分析、机制设计等角度,探讨了如何识别有价值的创新、缩短金融科技企业的创新周期并及早发现和化解潜在风险等问题。[③]

无疑,提出我国构建金融监管沙盒制度的相关建议成为绝大多数文献的落脚点,相关研究均以其开展的具体分析为基础,对此进行了详细阐述。例如,廖理等通过对英国监管沙盒的调研,从四个方面提出了构建我国监管沙盒制度的建议:一是明确沙盒机制的监管主体,保障各监管机构间的协调合作;二是明确法律豁免边界,向市场清晰传达监管目标;三是限定测试体量,设立触发机制以保障消费者权益;四是在监管机构和企业间建立良好的沟通和信任关系。[④] 李有星和柯达从我国国情出发,认为监管沙盒应当适用于所有正规金融机构与包括小贷公司、融资担保公司、P2P 融资平台在内的“准金融机构”,并由“一行三会”与省级地方金融管理部门负责实施监管沙盒,在具体运作过程中,监管机构应注重底线监管的思维,同时采取消费者测试库与风险补偿等方式,保护金融消费者的合法权益。[⑤] 李雪静提出了构建我国监管沙盒制度应当考虑的三个原则和六条操作建议。[⑥] 张晓燕等则指出,沙盒监管并不适合在我国普遍应用,而应当在区块链、人工智

---

① 参见孟娜娜、蔺鹏:《监管沙盒机制与我国金融科技创新的适配性研究——基于包容性监管视角》,载《南方金融》2018 年第 1 期。

② 参见陈志峰、钱如锦:《我国区块链金融监管机制探究——以构建“中国式沙箱监管”机制为制度进路》,载《上海金融》2018 年第 1 期。

③ 参见沈艳、龚强:《中国金融科技监管沙盒机制设计研究》,载《金融论坛》2021 年第 1 期。

④ 参见廖理、戚航、闫竹、张伟强:《防范金融风险保护金融创新——英国监管沙盒调研与建议之二》,载《清华金融评论》2018 年第 4 期。

⑤ 参见李有星、柯达:《我国监管沙盒的法律制度构建研究》,载《金融监管研究》2017 年第 10 期。

⑥ 参见李雪静:《金融科技发展试点“监管沙盒”新模式的必要性及政策建议》,载《上海立信会计金融学院学报》2018 年第 2 期。

能、大数据等个别领域进行试点,在具体的实施原则上可以采用仅放宽业务规范而不放宽机构准入标准的做法。①

(二)国外相关文献梳理

笔者对国外相关文献的搜集,主要集中于 HeinOnline、Westlaw Next、Google 学术等数据库和华南理工大学图书馆馆藏图书、华南理工大学图书馆的"馆际互借"等渠道。检索结果表明,国外学界对金融监管沙盒制度的研究从 2019 年开始爆炸式增长:一方面,直接以监管沙盒(Regulatory Sandbox)为题的论文成果十分丰富;另一方面,在研究金融科技监管、各国监管创新等主题的论文中,也会或多或少地提及该项制度。以下将对此进行分类梳理。

截至 2022 年 9 月 30 日,以"监管沙盒"为关键词,在 Westlaw Next 法律在线数据库中的法律期刊论文库(Law Reviews & Journals)中选择"题名"(title)检索后发现,相关的文献只有 9 篇,而专门对金融监管沙盒进行分析的仅有 4 篇,分别是 *The Case for a Federal Regulatory Sandbox for Fintech Companies*、*Why We Should Embrace The Regulatory Sandbox*、*Playing in The Regulatory Sandbox*、*Regulatory Sandboxes*。其中,*The Case for a Federal Regulatory Sandbox for Fintech Companies* 一文在讨论监管沙盒的概念、历史演进和功能的基础上,对美国拟议的联邦沙盒与英国的监管沙盒进行了比较分析,指出美国实施监管沙盒制度的重要性在于,既有助于减少监管模糊性,也有助于鼓励金融科技公司在美国境内开展业务和创新。② *Why We Should Embrace The Regulatory Sandbox* 一文通过对犹他州监管沙盒的创建过程、运作模式的介绍,对监管沙盒的优点进行了简要分析。③ *Playing in The Regulatory Sandbox* 一文对亚利桑那州、犹他州、加利福尼亚州的监管沙

① 参见张晓燕等:《金融科技行业发展与监管 2018》,经济科学出版社 2018 年版,第 99 ~ 100 页。

② See Luke G. Thomas, "The Case for a Federal Regulatory Sandbox for Fintech Companies", *North Carolina Banking Institute*, 2018, Vol. 22, No. 3, pp. 257 – 282.

③ See Ellen Murphy, "Why We Should Embrace The Regulatory Sandbox", *GPSolo*, 2021, Vol. 38, No. 4, pp. 36 – 38.

盒制度进行了简单介绍,并认为监管沙盒是一种实现不同事务目的的新方法。[①] *Regulatory Sandboxes* 一文认为,尽管美国不应当引入监管沙盒,但如果此种趋势无法避免,那么就应当基于新治理理论、原则监管模式、金融消费者保护与金融稳定等方面的成果,对监管沙盒进行精细设计,来避免其可能存在的缺陷。[②]

提及监管沙盒的相关文献,则主要从以下三个方面对其进行阐述。

一是认可金融监管沙盒制度的重要作用。例如,马克·芬威克(Mark Fenwick)等对英国的监管沙盒进行了简单介绍,指出沙盒背后的理念是为测试创新产品和服务提供一个安全的空间,而不是被迫遵守适用的规章制度,监管机构旨在通过沙盒来降低破坏性创新技术的监管壁垒和成本,同时确保消费者不会受到任何的负面影响。[③] 道格拉斯·W. 阿纳等认为,对金融技术创新的监管必须寻求各相互竞争的目标,特别是创新、金融稳定和消费者保护之间的平衡,未来的监管应当采用一种数据化和智能化的监管方法,该方法将利用所有可用工具,以有序的结构化方式,实现各目标的平衡,而监管沙盒则是实现这一方法的早期步骤。[④]

二是在具体的金融业态中讨论金融监管沙盒制度的作用。例如,卡莱恩·卡尼(Caelainn Carney)认为,监管沙盒比较适合在智能投顾领域中应用,同时指出该制度有助于确定哪些类型的问卷和数据收集足以让智能投顾了解他们的客户,从而满足适合性要求。[⑤] 安妮·马修(Anne Matthew)在讨论如何完善澳大利亚股权众筹融资监管框架之时,提及了澳大利亚的

---

① See Daniel J. Siegel,"Playing in The Regulatory Sandbox",*Law Practice*,2021,Vol. 47,No. 4,pp. 44 – 49.

② See Hilary J. Allen,"Regulatory Sandboxes",*George Washington Law Review*,2019,Vol. 87,pp. 579 – 645.

③ See Mark Fenwick,Wulf A. Kaal,Erik P. M. Vermeulen,"Regulation Tomorrow:What Happens When Technology is Faster the Law?",*American University Business Law Review*,2017,Vol. 6,No. 3,pp. 561 – 594.

④ See Douglas W. Arner,Dirk A. Zetzsche,Ross P. Buckley,Janos N. Barberis,"FinTech and RegTech:Enabling Innovation While Preserving Financial Stability",*Georgetown Journal of International Affairs*,2017,Vol. 18,No. 3,pp. 47 – 58.

⑤ See Caelainn Carney,"Robo-Advisers and the Suitability Requirement:How They Fit in the Regulatory Framework Notes",*Columbia Business Law Review*,2018,Vol. 1,No. 2,pp. 586 – 616.

监管沙盒制度,但也表明该模式不具备在沙盒中进行测试的资格。[①] 伊丽莎白·萨拉·罗斯(Elizabeth Sara Ross)在分析区块链技术对金融服务行业带来的影响和监管挑战的基础上,对美国基于规则的监管方法与英国基于原则的监管沙盒进行了比较。[②]

三是对金融监管沙盒的作用表示怀疑。例如,克里斯托弗·G. 布拉德利(Christopher G. Bradley)开宗明义地表示其对监管沙盒持谨慎态度,并在对该制度进行简单介绍的基础上指出,其前期监管和持续性的监督会增加公共成本和监管俘获的风险。[③] 安吉拉·沃尔克(Angela Walch)对监管沙盒进行了简单介绍,认为监管沙盒的测试结果存在局限性,即沙盒测试可能从微观审慎的角度揭示相关后果,但无法表明可能带来的宏观审慎(系统性)后果,因为这一测试不具有广泛性。[④]

(三)对国内外相关文献的评析

上文对国内外金融监管沙盒制度相关文献的梳理表明,鉴于该制度提出的时间较短(在 2015 年才被英国正式提出),故而对其的研究也处于刚刚起步的状态。在笔者的搜索范围内,当前国内外与其相关的研究文献或著作相对较少,而直接以"金融监管沙盒制度研究"为篇名的系统性文献或著作更是处于空白状态。总体来看,既有文献主要呈现以下三个方面的特征:

第一,相关文献从运作流程、规则架构、具体实践等多个方面对金融监管沙盒制度进行了解构,但基本上都属于一种对现象的介绍性描述,缺乏对金融监管沙盒制度的特征、性质、理论基础等内容的分析。同时,这些文献并未对包括监管沙盒与既定法律体系的适配性、监管部门实施该制度的界

---

① See Anne Matthew, "Crowd-Sourced Equity Funding: The Regulatory Challenges of Innovative Fintech and Fundraising", *University of Queensland Law Journal*, 2017, Vol. 36, No. 1, pp. 41 – 72.

② See Elizabeth Sara Ross, "Nobody Puts Blockchain in a Corner: The Disruptive Role of Blockchain Technology in the Financial Services Industry and Current Regulatory Issues", *Catholic University Journal of Law and Technology*, 2017, Vol. 25, No. 2, pp. 353 – 386.

③ See Christopher G. Bradley, "Fintech's Double Edges", *Chicago-Kent Law Review*, 2018, Vol. 93, No. 1, pp. 61 – 96.

④ See Angela Walch, "The Path of the Blockchain Lexicon (and the Law)", *Review of Banking and Financial Law*, 2017, Vol. 36, No. 2, pp. 713 – 766.

限、如何保证监管沙盒的公正运行等关键性问题进行深入探讨。

第二,对于是否要构建本国(地区)金融监管沙盒制度的问题,我国学界的态度非常明确,基本上对此持肯定态度,国外学界则呈现出肯定与怀疑交织的态势。而在构建本国(地区)金融监管沙盒制度的具体建议方面,相关文献均只是提出了对整体框架的方向性建议,尚无系统性的成果出现。

第三,相关研究成果的时效性较强,展现出追随热点的态势。同时,大部分文献的原创性略显不足,跟风现象较为严重,内容和观点重复的文献频繁出现。

三、论证思路与研究方法

(一)论证思路

在论证思路方面,本书将以问题为导向,以金融安全、金融效率、金融公平三者的均衡架构为理论归依,通过对金融监管沙盒制度内部结构的充分解析和外部影响的系统评价,来对金融监管沙盒制度进行全面分析,并在结合我国国情的基础上,提出本土化的制度供给路径。本书一共分为5个章节:第一章"金融监管沙盒制度的基本理论与发展概况"是研究的起点,主要是明晰监管沙盒的基本含义和具体特征,并从法哲学和经济学的角度对其进行理论分析,进而阐释该制度的功能与局限,同时对境内外的相关实践进行简单介绍。第二章"金融监管沙盒制度准入阶段的构成要素与存在的问题"主要是对监管沙盒准入阶段的实体和程序要件进行简要介绍,同时对样本国家(地区)的具体设置进行比较分析,并对准入阶段如何实现实质公平的问题进行考量。第三章"金融监管沙盒制度运作阶段的构成要素与存在的问题"主要是对样本国家(地区)监管沙盒运作阶段的事中信息交流机制、豁免方式、中期变更机制三项构成要素进行比较分析,同时详细探讨监管沙盒的透明度问题。第四章"金融监管沙盒制度退出阶段的构成要素与存在的问题"主要是对样本国家(地区)监管沙盒退出阶段的退出模式、退出后行为进行比较分析,并架构监管沙盒的立法后评估机制。第五章"金融监管沙盒制度的本土化思考"是对我国问题的回归,在充分分析我国构建金融监管沙盒制度必要性和可行性的基础上,从基础性安排和准入、运作、退出三个阶段的实施性规则两个层面,对该制度在我国的构建提出建议。

(二)研究方法

1. 理论分析法

理论分析法是基于对事物的感性认知，以理性的思维探求其本质和规律的分析方法，主要是通过解析事物基本构成要素的方式认知其本质和内在的规律性。本书将沿着金融安全、金融效率、金融公平的理论主线，通过对金融监管沙盒制度整体的解剖分析，达成对其的理性、准确认知。

2. 实证分析法

实证分析方法在法学研究中的应用，表现为通过收集、获取法律制定和实施的客观情况，按照一定程序规范对一切可进行标准化处理的法律信息进行经验研究和量化分析，以认识和揭示法律现象之间的相互关系、变化规律和发展趋势，实现对法律现象的正确解释。本书将对5个样本国家(地区)进行的监管沙盒实践进行持续追踪，通过实证分析方法对该制度在推动金融创新、节约成本、促进金融市场繁荣、助推实体经济增长等方面的作用进行经验研究和量化分析，以此准确认知该制度的功效。

3. 比较分析法

该方法主要是通过对事物之间共同点与不同点的比较，认识其本质和规律，进而作出客观的评价。作为一个新的监管制度，金融监管沙盒制度被提出伊始便受到了世界各主要国家的广泛关注，并被逐步实践。对各个国家和地区监管沙盒在具体设置上相同点和不同点的比较分析，有助于我们对其正本溯源的认知，进而为我国金融监管沙盒制度的建构提供参考。

4. 规范分析法

规范分析方法是法学研究的基本方法，它以制度规范，特别是以法律规范、法律体系为对象进行内涵与特征的诠释，对法律条文的具体含义与制度内涵等方面进行分析，力图全面解释制度规范的真正内涵。在法学研究中，规范分析的研究内容定位为法律规范本身，关注法律规范的建构和立法的完善，注重对法律规范内部的逻辑演绎和规范价值。金融监管沙盒制度的具体设计体现在各国(地区)的法律文本之中，对这些立法规范进行梳理，深入分析其准入、运作、退出、责任等一系列细节，对其在我国的落地有重要意义。

四、研究的重点、难点、创新与不足

(一)研究的重点

日新月异的金融创新给监管提出了新的挑战:一方面不能抑制金融创新的发展;另一方面又要防范可能出现的风险,同时应当实现金融消费者的权益保护。金融监管沙盒制度的提出很好地契合了这一需求,开辟了新的解决思路。作为一种极具新颖性的监管制度,其不仅需要各国在监管理念上的转变和认同,也要求制度层面的适应性设计和相关配套制度的支撑,而更为重要的则是需要经过实践与时间的检视。由此,本书研究的重点内容如下:

一是厘清金融监管沙盒制度的含义和特征。本书将通过境外相关文件中对监管沙盒的表述,归纳其构成要件与特点,进而探求其基本内涵与本质特征,以求正本清源。

二是阐释金融监管沙盒制度的理论基础。本书将从法哲学和经济学的角度,对监管沙盒的理论基础进行重点分析,从而为其实践提供深厚合理的理论支撑与指导。

三是解构金融监管沙盒制度的具体规则框架。本书将按照准入、运作、退出的时间序列,探求样本国家(地区)金融监管沙盒制度的各项构成要素,并对其进行详细对比与分析。

四是分析我国引入金融监管沙盒制度的必要性和可行性。本书将从金融监管沙盒制度对我国更好地规制金融科技的发展所带来的良好影响、提升对金融消费者的保护两个方面阐述我国构建监管沙盒制度的必要性。同时,从思维的适应性、体制的兼容性和规则的合法性三个方面分析其可行性。

五是探求我国金融监管沙盒制度的构建方案。本书将从基本理念、根本目的、具体原则、实施主体四个方面的基础性安排和准入、运作、退出三个阶段的实施性规则架构两个层面,提出我国构建金融监管沙盒制度的具体方案。

(二)研究的难点

总体来看,本书的研究难点大致包括以下三点:

一是金融监管沙盒制度的新颖性决定了其在制度架构和实践效果上均有待观察,需要经过时间的检验,这无疑对本书的分析增添了不确定性,而境内该制度“点状开花”的态势和具体规则的非公开性,也为资料的搜集增添了难度。

二是金融监管沙盒制度如何在具体的规则建构中,实现促进创新和防范风险的双重目标,并达到金融安全、金融效率、金融公平的均衡。

三是我国全面深化改革进入深水区,金融领域也正步入供给侧结构性改革的阶段,但一直以来的“父爱主义”监管模式依然占据主流,而如何实现监管理念的转变,探求制度层面架构监管沙盒的切入视角,实现制度的和谐融入,无疑也是难点所在。

(三)研究的创新点

本书可能存在的创新之处在于:

一是研究方法上的创新。鉴于本书的实践性较强,需要在充分了解和分析金融监管沙盒制度具体规则和实践的基础上,提出具有针对性和可操作性的本土化建议,故而本书将重点采用比较分析和实证分析相结合的方法,注重理论解释与实际调查相结合之分析路径的运用。同时,本书将整合法学、经济学、政治学等学科知识,综合运用理论分析、规范分析、法经济学分析等研究方法,对监管沙盒制度从理论、制度与实践三个方面进行系统、深入分析。故而在研究方法与分析工具上均有一定的新颖性。

二是研究内容上的创新。一方面,本书立足于国际层面的金融监管逐步跳出“金融安全—金融效率—金融安全—金融效率”这一循环,以及国内层面正积极推进的金融供给侧结构性改革之双重背景,来对金融监管沙盒制度这一广受青睐的新型监管制度进行详细分析;另一方面,本书将对境外典型国家(地区)金融监管沙盒制度的规则架构和具体实践,进行深入研究和详细对比,并在此基础上提出构建我国金融监管沙盒制度的系统性方案。

(四)研究的不足

本书存在的不足之处在于:

一是金融监管沙盒制度的新颖性既构成了本书的难点和创新点,也成了本书的不足之处,毕竟这一新的监管制度尚未成熟,具有较大的变动性,实践基础也较为薄弱,这对本书的研究深度产生了一定影响。

二是金融监管沙盒制度由英国首创,并在境外逐步开展实践,其一手资料源于境外,对资料的跨境搜集可能有一定的滞后性。另外,在研究过程中,本人科研能力、理论基础等因素,可能会对理论深度的挖掘、实践绩效的评判、制度构成的分析产生一定的负面影响。

第一章　金融监管沙盒制度的基本理论与发展概况

一部金融发展史就是一部金融创新的历史,推动着金融结构的演进及金融深化的进程。虽然 2008 年的国际金融危机使世界各国对金融创新谈虎色变,但在危机之后出现的世界经济衰退,以及对金融创新从偏激到理性的认知,使金融领域的各类创新再度扶摇直上,重新回到“深化—抑制—再深化—再抑制”这一循环的再深化阶段。当前风靡全球的金融科技便是典型例证。作为一种“破坏性创新”,金融科技促成了金融行业与大数据、云计算、分布式账户等技术的深度融合。一方面极大地提升了金融行业效率、降低了业务运作成本、加速了普惠金融进程;另一方面也为金融发展过程中的永恒议题——金融监管与金融创新的关系——带来了新的挑战。世界各国在不遗余力地推动金融科技发展的同时,纷纷寻求新的监管方案以应对金融科技所带来的加深机构关联性、加大风险传染性、加强金融体系复杂性、加速业务同质性等风险。英国于 2015 年首提的监管沙盒(Regulatory Sandbox)便是典型的代表,其营造了一个试验性场域来对金融创新进行验证,既协调了监管部门、金融机构和金融消费者之间的关系,也促成了金融公平、金融安全、金融效率的平衡,一经提出便被盛赞为"金融监管史上的里程碑事件"。作为一个新的监管制度,当前国内外对金融监管沙盒制度的研究并不深入。此时,对其基本理论问题进行详尽探讨,无疑有助于我们进一步认清该项制度的本质,以及在借鉴的基础上发展我国的金融监管沙盒制度。本章将对金融监管沙盒制度的概念与特征、理论基础、功能与局限及其在境内外的发展状况进行详细阐述。

第一节　金融监管沙盒制度的概念、特征以及相关制度辨析

一、金融监管沙盒制度的概念界定

制度障碍的产生不仅仅是立法的缺憾延伸至实践的结果,学理上的认识混乱同样会造成实践中的困惑。正如有学者所言:"对一个概念进行界分不仅仅是一个概念纷争和文字游戏,因为在一个概念所构建的法学体系中,前面的概念界定将决定着这个概念的功能,以及此概念与彼概念之间的关系等等一系列论述。"①没有概念,我们便无法将对法律的思考转化为语言,也无法以一种可以理解的方式将这类思考传达给他人,对法律概念的完全否弃,将导致整个法律大厦的倾塌。② 由此,在对金融监管沙盒制度进行解构之前,明晰与之相关的基本概念,无疑成为必然的逻辑起点。

(一)金融监管

完全竞争市场体制的假设早已被常态的不完全竞争市场的现实所击溃,在"看不见的手"出现失灵(垄断、外部性、公共物品缺位等)的情形下,

---

① 熊谱龙:《权利,抑或法益——一般人格权本质的再讨论》,载《比较法研究》2005 年第 2 期。

② 参见[美]E. 博登海默:《法理学——法律哲学与法律方法》,邓正来译,中国政法大学出版社 2004 年版,第 504 页。

政府对经济进行适度的规制(regulation)就显得尤为必要。[①] 按照《布莱克法律词典》的解释,"regulation"主要包含如下三层含义:"①通过规则或限制来对行为或者程序进行的控制;②次要法规、规章制度;③由行政管理机构发布的,具有法律效力的规则或者命令。"[②]《元照英美法词典》也将其内涵界分为三个层面,即"①管理办法、规则规章、条例;②管理、管制、规制、监管控制;③内部章程、内部规章,公司或社团等用以进行内部管理的规则或管理规定"。[③] 从译法上看,国内学界通常将"regulation"译为"规制"、"管制"或者"监管"等;就使用习惯而言,行政法学者和经济法学者较常使用"规制"的译法。虽然"管制"也经常被使用,但主要指政府对市场的压制和限制,以凸显两者的对立关系。"监管"的译法则主要用于政府对某一具体行业的干预,通常在有关金融行业的研究中被采用。[④] 鉴于此,本文对"regulation"也使用"监管"之译法。

作为现代经济的核心,无论是从配置市场资源、调控宏观经济、推动国民经济发展等方面来说,还是从防范金融风险、维护金融秩序、保证国家经济安全的角度而言,对金融行业进行监管无疑是政府在经济性领域规制工作的重点。历史地看,政府对金融领域的干预可以追溯到英国 1720 年颁布的,旨在防止证券过度投机行为的《泡沫法》。但彼时的干预仅仅是政府针对证券市场的不稳定而采取的行政性措施,并非完全现代意义上的金融监管。直到 19 世纪中央银行制度的普遍确立,现代金融监管才正式踏上征程,而中央银行最后贷款人职能的赋予,以及由此获取的、对金融机构的经营活动进行干预的砝码,则真正促成了现代意义上金融监管的产生。[⑤] 所谓现代意义上的金融监管,是指一个国家(地区)的中央银行或者金融监管

---

① 参见刘志云、刘盛:《供给侧改革背景下的经济法:挑战与回应》,载《政法论丛》2017 年第 4 期。

② Bryan A. Garner, *Black's Law Dictionary* (*9th Ed.*), West Virginia: Thomson Reuters, 2009, p. 1398.

③ 薛波:《元照英美法词典》(缩印版),北京大学出版社 2013 年版,第 1171 页。

④ 参见洪艳蓉:《金融监管治理——关于证券监管独立性的思考》,北京大学出版社 2017 年版,第 3 页。

⑤ 参见白宏宇、张荔:《百年来的金融监管:理论演化、实践变迁及前景展望》,载《国际金融研究》2000 年第 1 期。

当局对金融体系进行的具有全面性、经常性的监督和管理工作,①包括对金融市场准入、运作、退出实施的限制性规定;对金融机构开展的合规检查、风险提示、违规处罚等监管行为;对金融消费者的倾斜性保护等立法和执法的全过程。其可按照实施监管的主体范围界分为狭义和广义两个层面。前者仅指一国(地区)的中央银行或者其他金融监管机构依据法律法规的授权,对金融体系开展的监督管理工作;后者的实施主体则包括金融机构内设部门、社会中介组织、同业自律性机构乃至社会公众、媒体舆论。

(二)金融创新

约瑟夫·熊彼得大概是第一个从理论上研究创新的经济学者,其将经济发展定义为执行新的组合,即"将生产要素重新组合以建立新的生产函数"。② 我国学者陈岱孙、厉以宁以此为滥觞,将金融创新界定为:"在金融领域内将各种金融要素重新组合,从而形成新的生产要素以获取利润而形成的创造性市场改革。"③国内后来有关金融创新的研究基本都以这一定义作为概念基础。

金融创新实际上是一个历史的范畴。广义地看,货币的发明、13 世纪商业银行的出现、18 世纪英国央行的设立、19 世纪支票的广泛应用等,均可以被认为是金融领域"生产函数的重新建立"。当代的金融创新则主要是指 20 世纪 70 年代以后出现的金融制度与金融技术的创新。一方面,这个

---

① 有学者指出,金融监管是"金融监督"和"金融管理"的复合词,具有双重属性,前者是指一国或地区的金融主管当局对其金融市场运行状况进行的系统、及时的信息收集和处理,对金融机构实施的全面的、经常性的检查和督促;后者则是指金融主管当局依法对辖区金融市场进行管理,包括市场体系的构建、市场规则的制定和对市场违规行为的处罚,以及对金融机构及其经营活动实施的领导、组织、协调和控制等。在实际使用时,一般包含两个词的复合内容。参见周英:《金融监管论》,中国金融出版社 2002 年版,第 1 页。

② 这一组合包括 5 种情形:①采用一种新的产品——也就是消费者还不熟悉的产品——或一种产品的新特性。②采用一种新的生产方法,也就是在有关的制造部门中尚未通过经验检定的方法,这种新的方法绝不需要建立在科学上新的发现的基础之上;并且,也可以存在于商业上处理一种产品的新的方式之中。③开辟一个新的市场,也就是有关国家的某一制造部门以前不曾进入的市场,不管这个市场以前是否存在过。④掠夺或控制原材料或半成品的一种新的供应来源,也不问这种来源是已经存在的,还是第一次创造出来的。⑤实现任何一种工业的新的组织,如造成一种垄断地位,或者打破一种垄断地位。参见[美]约瑟夫·熊彼特:《经济发展理论》,何畏、易家祥等译,商务印书馆 2020 年版,第 76 页。

③ 陈岱孙、厉以宁主编:《国际金融学说史》,中国金融出版社 1991 年版,第 691 页。

阶段的金融创新是以一种连续性、爆炸性的状态产生；另一方面，金融创新理论也是在这个阶段开始逐步出现。自布雷顿森林体系在1973年崩溃开始，浮动汇率制度便在西方流行起来，这在促成国际资本频繁流动，利率、汇率开始急速变化的同时，导致了金融机构面临的风险急剧加大，使之产生了为转移风险、提高效率、规避监管等而推动金融产品创新的更强的内在动力。同时，在经济自由化思潮及金融深化理论推动监管逐步放松的外在环境影响下，利率浮动票据、货币远期、货币期货以及抵押贷款证券等金融创新产品应运而生并快速发展。而经济全球化、金融自由化、网络普遍化更是使得世界各国的金融系统发生了翻天覆地的变化，西方发达国家的金融创新进入一个大规模、全方位、高速发展时期。金融创新浪潮冲击着金融领域的每一个角落，改变了金融系统的生存环境和制度体系，也进一步地刺激了经济的增长。

对于金融创新的内容，目前国内外一般都是从广义和狭义的角度来理解。广义的金融创新涵盖了金融市场、技术、组织、制度创新等方面；狭义的金融创新则仅指金融产品创新，包括信用型创新、风险转移型创新、增加流动型创新以及股权创造型创新等。经济学的研究表明，创新可以分为技术创新与制度创新两种。因此，我们也可以将金融创新的内容归纳为金融技术创新与金融制度创新。前者包括金融产品创新（从"货币"到"基础金融产品"再到"金融衍生品"，金融工程学的兴起使得任何现金流需求，均可通过基础金融产品的组合形成，从理论上说金融产品创新是无穷的），金融工具创新（互联网、无线电通信的运用）等；后者主要指金融市场、金融机构组织方式、金融监管方式等方面的创新。从制度变迁的角度而言，两者之间呈现出一种互为因果的紧密联系：一方面，金融制度创新在金融技术创新"自下而上"的推动下不断变革，以更好地适应现实需求；另一方面，良好的制度也保证了金融产品创新的"发动机"——追求利润与规避风险的有效运作。本书所探讨的金融监管沙盒制度便是典型例证。金融科技这一技术性创新的风靡直接性地促成了该制度的出现，而其革命性的制度安排，则在防范风险的前提下最大化地推动了金融科技的发展。

（三）金融消费者

虽然美国早在19世纪30年代便已经拉开了保护金融领域消费者权益

的帷幕[①],但直到19世纪60年代,对金融消费者的权益保护才引起发达国家的广泛关注。从这一时期开始,各国先后出台了一系列包含规范金融机构信息披露行为、设立投资者保护公司和基金、金融消费者个人信息和交易信息的保密等加重金融机构责任的法律以保护金融消费者。于其定义,则依各国的立法例,大致呈现出以下三种路径:一是以日本等国为代表,对金融消费者提出了明确的定义。日本2001年的《金融商品销售法》以"信息弱势"为基准,将金融消费者界定为"资讯弱势一方当事人,即在金融商品交易之时,相对于金融机构的专业知识,无论是自然人或者法人,基本属于资讯弱势一方当事人"。二是以美国等为代表,并未对金融消费者进行明确界定,实际上采用"大证券法"的概念,主要通过信息披露制度等对金融市场参与者加以保护。三是典型的判例法国家或地区,没有明确的金融消费者概念,主要通过"注意义务"以及合同法律制度对消费者进行保护。[②]

当前,金融消费者的概念并未在我国的法律法规中被直接明确,[③]故而实务界和学术界对此的观点呈现出百花齐放的状态。在实务界,银行业监管部门已经在相关文件和实际工作当中对金融消费者的概念进行了应用;"保险消费者"的概念也已经被保险业监管部门所普遍采用;但证券监管部门则主张继续使用投资者的概念,对在证券领域引入消费者的概念持否定态度。[④] 学术界的争议焦点则主要集中于以下两个方面:一是从主体词源上看,金融消费者是属于"消费者"的延伸,还是脱胎于"投资者",抑或一个独立于两者的概念。认为金融消费者是"消费者"概念延伸的学者,通常从

---

① 这一时期对金融消费者的保护主要体现在美国颁布的相关法令之中。例如,1932年《统一小额贷款法》增加的"方便与好处"条款(通过对贷款者数量的宽松限制鼓励较多的贷款机构的存在,从而使消费者在贷款的低利率中获得好处)、《1933年证券法》确立的上市公司信息披露制度、1933年的《银行法案》创设的联邦存款保险制度,等等。诚然,彼时并无金融消费者这一观念,但美国政府当时相关法律制度的目标和设计,依然可以让我们将之视为金融消费者保护法律的雏形。

② 参见于春敏:《金融消费者保护研究——以权利倾斜配置为视角》,上海财经大学出版社2017年版,第32~33页。

③ 一般认为,2006年12月5日原银监会发布的《商业银行金融创新指引》是我国首次使用金融消费者概念的官方文件,该指引第4条和第18条都采用了金融消费者的表述,但并未对金融消费者作出界定。

④ 参见廖凡:《金融消费者的概念和范围——一个比较法的视角》,载《环球法律评论》2012年第4期。

《消费者权益保护法》中对消费者的定义出发，认为金融消费者具备消费者所明确的"自然人""购买、使用商品或接受服务""以满足生活需要为目的"三大特征，并通过对"生活需要"这一目的作扩大解释和与消费者弱势地位的类比来支撑其观点。支持金融消费者脱胎于"投资者"的学者，往往从社会和经济结构变迁的视角，指出普通投资者在混业经营如日中天和金融创新一日千里的境况下，和普通消费者一样处于信息不对称与权益如履薄冰的状态，由此与消费者融合，形成金融消费者的概念。而认为金融消费者是一个独立概念的学者则主张采用"关系定义法"，按照"消费者"是与"经营者"对应的概念，将"金融消费者"视为与"金融服务商"相对应的概念，以此揭示金融消费者的一般属性。① 二是从主体性质上看，金融消费者仅指自然人，还是包括法人或其他组织。认为金融消费者主体包括法人和其他组织的学者，主要从参照前文所述的日本立法例和一般机构不具备金融专业知识，处于和消费者一样的弱势地位，以及将金融消费者区分为一般投资者和专业投资者的角度出发来阐释其理由。持反对意见者则指出，我国《消费者权益保护法》中将消费者限定为自然人，并且只有自然人才有生活需要，法人或其他组织只有生产经营的需要，故而金融消费者的主体应当仅指自然人。

整体而言，一个比较折中的定义是将金融消费者从狭义和广义两个角度进行界分。狭义的金融消费者仅指为了满足非营业性的金融需要，购买金融产品或者金融服务的人；广义的金融消费者则包括专业的投资者。无疑，任何事物的界定都应当是一个历史和现实视域融合下的流变概念，在不同的历史时期有着不同的具体内涵。笔者在此无意对金融消费者作出明确的定义，在本书的语境中，金融消费者是作为一个群体性概念存在的，即在金融市场上因实力不对等、信息不对称等原因而在利益博弈、福利分配等过程中受到不公平对待的弱势群体。②

（四）金融监管沙盒制度

沙盘推演最早源于西方军事上的战争沙盘模拟推演，通过对战场地形

---

① 参见叶林：《金融消费者的独特内涵——法律和政策的多重选择》，载《河南大学学报（社会科学版）》2012 年第 5 期。

② 鉴于此，以及出于对本书语境的考量，下文将更多地直接使用"消费者"这一称谓。

地貌的模拟和红蓝两军的对抗,来推演战略战术的变化,并发现双方的问题,以提高指战员的指挥水平,现已被广泛运用到心理学①、管理学②和计算机等领域。与心理学"沙盘游戏"和管理学"ERP沙盘模拟"基于沙盘推演的试验性和低成本而采用这一方式不同的是,金融监管沙盒制度③不仅注重沙盘推演的试验性和低成本,也十分关注风险的隔离性。从这一点而言,金融监管沙盒制度更直接地源于计算机领域的"沙盒"概念。在计算机领域中,沙盒指代一种虚拟的技术,主要运用于计算机安全技术当中,旨在为一些来源不可信、具备破坏力或无法判定程序意图的程序提供试验环境;即通过对特定程序访问资源、执行环境等访问权限的赋予,使之能够在一个模拟的系统中运行,但却不会影响其他程序的运行,该程序在这一模拟的系统中运行时的状态、所使用或访问的资源都受到严格的记录和控制。④

金融监管沙盒制度,顾名思义,就是在金融监管领域采用沙盒模式来开展监管工作,主要是指在金融监管部门与金融创新者协商具体参数和消费者保护措施的基础上,将金融创新放置于一个内嵌于真实市场中的"安全空间"内进行测试,测试中的金融创新行为不会触发因从事该行为而产生的正常监管后果,并最终根据测试结果来判定是否将之推向市场。其十分注重在把控风险的基础上最大限度地促成金融创新的发展和对消费者的保

---

① 心理学上的沙盘游戏,亦称箱庭疗法,是在治疗师的陪伴下,让来访者从摆放各种微缩模具(玩具)的架子上,自由挑选小模具,摆放在盛有细沙的特制的容器(沙盘)里,创造出一些场景,然后由治疗师运用荣格的"心象"理论去分析来访者的作品。参见王萍、黄钢:《沙盘游戏应用于临床心理评估的研究进展》,载《中国健康心理学杂志》2007年第9期。

② 管理学中的ERP(Enterprise Resource Planning)沙盘是针对代表先进现代企业经营与管理技术——ERP(企业资源计划系统)设计的一种角色体验的实验平台。该平台通过模拟企业运营的各个过程,包括市场开发、原料采购、生产设备及厂房投资、销售产品、成本核算、申报税务等,让学生体验企业管理的各种岗位,如总经理、财务总监、营销总监、生产总监、采购总监等,从而通过对各种管理角色的模拟演练完成企业管理中所涉及的各种管理问题的决策。参见秦晓丽:《基于ERP沙盘的会计综合实训研究》,载《教育理论与实践》2014年第15期。

③ 从各国(地区)的立法例来看,对监管沙盒有着不同的称谓,最早提出这一概念的英国将其立法文件直接命名为《监管沙盒》(Regulatory Sandbox),其他国家(地区)则有着《金融科技监管沙盒框架》(Financial Technology Regulatory Sandbox Framework)、《金融科技监管沙盒指南》(Fintech Regulatory Sandbox Guidelines)、《保险科技监管沙盒》、《金融科技创新实验条例》等称谓。鉴于此,以及为了保证用词的精准性,本书对其采用"金融监管沙盒制度"的表述。

④ 参见陈丹伟、唐平、周书桃:《基于沙盒技术的恶意程序检测模型》,载《计算机科学》2012年第S1期。

护,很好地实现了金融法律制度安全、效率、公平三大原则的平衡。英国的《监管沙盒》文件将此表述为:"沙盒是一个'安全空间',企业可以在沙盒中对未获得监管审批的产品、服务、商业模式以及交付机制等创新进行测试。"①后续国家(地区)的立法例也大多参照了这一描述。

二、金融监管沙盒制度的特征识别

市场的固有缺陷和金融体系的内在脆弱性,从客观上说明了政府对其干预的合理性。而自中央银行制度的广泛确立伊始,政府对金融市场的干预便一直在"加强与放松"之间来回摆动。其方式则长期充斥着"自上而下"的管制意味,这也使得金融监管和金融创新成为金融发展过程中的永恒话题。虽然在2008年国际金融危机之后,世界各国均开展了从理念到体制再到工具的颠覆性监管革命,但我们还是依稀能够看到这一轮的变革,仍然遵循了"加强监管—放松监管—加强监管—放松监管"的循环脉络,世界范围内的监管体系从国际金融危机之前将"轻触式监管"奉为圭臬,再度转变为对审慎监管的强化。在这一过程中,也出现了一系列新的理念与举措。例如,将宏观审慎监管作为与微观审慎监管同一位阶的监管措施、开始注重监管的前瞻性、将监管与互联网技术深度融合等。金融监管沙盒制度实际上就是英国在这场变革中的首创,与以往自上而下带有对抗性和滞后性的现场与非现场监管工具不同,监管沙盒具有如下鲜明特征:

一是试验性。海曼·明斯基(Hyman Minsky)提出的"金融不稳定"假说认为:"狭义上的金融脆弱性是指金融业的内在脆弱性本质,其基于金融业的高负债经营而产生;广义的金融脆弱性则涵盖了全部融资领域的一切风险积累。"②与其他产业相比,金融业更容易发生系统性的不稳定现象,除其内在的不稳定性之外,金融机构之间越发紧密和复杂的财务往来所激发

---

① FCA,"Regulation Sandbox", https://www.fca.org.uk/publication/research/regulatory-sandbox.pdf,2018-06-27.

② Hyman P. Minsky,"The Financial Instability: Capitalist Processes and the Behavior of the Economy", In: C. P. Kindleberger, J. P. Laffargue (eds) *Financial Crises: Theory, History and Policy*, London: Cambridge University Press, 1982, pp. 13-47.

的金融风险传染性，无疑也是一个重要原因。[①] 与以往在上市之前对金融创新的严格审批，以及上市后的现场与非现场监管相比，秉持沙盒“模拟性”特质的金融监管沙盒制度，淋漓尽致地发挥了这一优势。其营造了一个真实且安全的试验性场域，来对风险尚不明晰的金融创新产品进行测试，“试验性”成为金融监管沙盒制度的最大特征。具体而言，该制度一方面将未获上市资格的金融创新产品投入真实的市场环境当中；另一方面则通过金额、人数的限制将可能的风险控制在可控范围之内。并且保证尚不明晰的金融创新产品之风险与整个金融体系的及时阻断。

二是特定性。无论是按照金融机构的牌照类型和法律属性，分别设立监管机构进行监管的机构型监管体制；依据金融机构所提供的产品属性，来确定监管权力归属的功能型监管体制；还是突出防控系统性风险和金融消费者权益保护两个目标的双峰监管体制；抑或由一家监管机构统摄全部金融监管权力的综合型监管体制，在具体的监管方法上都是以共性的现场检查（查阅相关文件或数据等）、非现场检查（对金融机构的经营管理、财务数据进行评估等）、结构化早期介入（窗口指导、限制业务范围等）以及并表监管等具体的方法进行监管。即便是对于同种业务的各类规范，如资产管理业务、网络借贷业务、第三方支付等，也均是基于这一业务的共性建立起来，侧重于事后对其共性的规则构建与监管。而就金融监管沙盒制度本身而言，其更加侧重于事前对金融创新产品的个性化监测，事后的共性规则之抽取并非该制度本身的重点。在监管沙盒的框架下，每一个金融创新产品均会有特定的联络官与创新主体进行测试参数、消费者保护措施等方面的具体协商。立基于此，在特定的时间、人数、金额或者相关应用的范围之内，对这一特定的金融创新产品运用协商一致的特定监管方式和参照数据展开测试，具有常规监管方法所不具备的特定性。

三是参与性。传统上，监管机构往往关注偿付能力、流动性比例等金融风险指标，关注的焦点主要是回溯过往，风险评估也是基于“过去的”金融绩效报告和组织程序。2008 年国际金融危机之后，监管者逐渐认识到，当金融机构的问题已经反映到财务数据当中之时，通常已经无力回天了，监管

---

① 参见李心丹、傅浩：《国外金融体系风险理论综述》，载《经济学动态》1998 年第 1 期。

的前瞻性开始被重点关注。[①] 此种特性的获取一方面仰仗于监管机构优秀的风险洞察力,另一方面则需要在与市场主体的频繁沟通中得到。但作为政府机构之一的金融监管部门却远非万能,其经济人的本质所带来的有限理性和政府部门如影随形的"帕金森定律",极易使监管机构陷入失灵的沼泽之中。同时,监管部门对金融业的制度供给长期以来表现出的极强的政策性和浓重的自上而下的公法气息,使得监管部门与市场主体之间的关系处于一种紧张甚至对抗的状态,两者之间良好的信息交流与沟通成为奢望。这在金融创新的信息沟通方面表现得尤为明显,毕竟金融创新从某种程度而言,就是金融机构基于规避增加隐藏税收并造成其利润下降和经营不利的政府管制行为而产生的,[②]此种状态无疑与当前所要求的监管前瞻性背道而驰。

金融监管沙盒制度则很好地缓解了这一矛盾,其整个制度设计就是立基于各方主体的共同参与和良好沟通之上。一方面,监管部门和创新主体的信息交流贯穿监管沙盒的事前、事中、事后整个流程;另一方面,监管部门将与获得测试资格的创新主体在测试开始前,就具体参数、结果测量、实施范围、消费者保护措施等内容进行协商或者核验。从某种意义上来说,监管部门通过监管沙盒制度,事实上参与到了金融机构对金融创新产品后期的市场适应性的开发阶段。同时,金融机构所提供的与金融创新产品的相关信息和动向,也促成了新监管规则的出现。此外,消费者也在既定的保护措施之下成为试验主体,从而为金融创新产品和监管规则的形成提供数据来源。简单来说,就是监管部门、金融机构和消费者借助监管沙盒,通过平等的沟通与协商,共同参与到金融创新产品的开发和监管规则的完善当中。

四是平衡性。金融市场的稳健发展需要实现金融安全、金融效率、金融

---

① 参见[荷]乔安妮·凯勒曼、[荷]雅各布·德汗、[荷]费姆克·德弗里斯编著:《21 世纪金融监管》,张晓朴译,中信出版集团 2016 年版,第 52 页。

② "规避管制"理论由美国经济学家凯恩(E. J. Kane)提出,其把市场创新和制度创新看作相互独立的经济力量与政治力量不断斗争的过程和结果,他认为,金融机构对政府管制所造成的利润下降和经营不利等局面作出的反应就是不断创新,以此来规避管制,从而把约束以及由此造成的潜在损失减少到最低限度。参见阮震:《金融创新概论》,中国财政经济出版社 2010 年版,第 33 页。

公平的良性互动,而规范金融市场的金融法治,也理应在一次次的变革中寻求三者的最佳均衡点。基于试验性思维构建的金融监管沙盒制度充满了平衡的艺术,作为一种在真实但受限的环境中对金融创新进行测试,并以此判定是否可以大规模商用的制度,金融监管沙盒制度能够在防范各类风险的前提下最大化地促进金融创新。其无疑是在金融安全、金融效率和金融公平当中找到了最佳的平衡点,也恰恰满足了监管部门、金融机构和消费者三方的不同诉求。对监管部门来说,监管沙盒不仅能够在风险可控的前提下实现对金融创新的甄别,达到促进目的,在运作过程中与金融机构的大量沟通,实际上也实现了两者之间的良性互动,这无疑对监管制度的适应性变迁和金融市场的稳健发展大有裨益。对金融机构而言,这种非市场却又市场化的测试环境,不仅大大降低了其上市运行的各项制度性成本,更增强了风险的可控性,极大地刺激了其创新欲望。从消费者角度来看,相对封闭的测试环境很好地隔绝了一个暂时无法明晰和量化的风险,这一制度所体现的从"权益保护"到"扩大受益"的理念扩充,以及消费者权益保护机制的针对性安排,无疑更好地实现了对其的全方位保护。

三、金融监管沙盒制度与相关制度辨析

(一)金融监管沙盒制度与自由贸易园区

通常而言,国际上对自由贸易区的表述包括"Free Trade Area"(FTA)和"Free Trade Zone"(FTZ)两种,它们皆可译作"自由贸易区",但含义却大有不同。前者一般是指两个或多个主权国家或单独关税区,在最惠国待遇的基础上,通过自由贸易协议的签订,进一步实施的贸易和投资更加自由化的特定区域,其范围包括签署该自由贸易协定的所有成员方或地区的关税领土,而非仅指一部分;后者则指代缔约方境内的某一实施税收优惠和特殊监管的区域,进入该区域的任何货物,在进口税费层面视为关税区外,即"境内关外",并免于适用一般性的海关监管措施。为了避免两者的混淆,我国商务部和海关总署于2008年5月发文对两者进行了明确界分,建议将"Free Trade Area"(FTA)统一译作"自由贸易区","Free Trade Zone"(FTZ)

则被称为“自由贸易园区”。[①]

在某种程度上，自由贸易园区与自由贸易区相比无疑是与金融监管沙盒制度更为接近的概念，两者划定了一个特殊范围（空间范围、行业范围、人数范围乃至产品范围），在这一特定范围内实施特殊的监管措施，具有试验（或者说探索）性质。

历史地看，自由贸易园区在长达几百年的发展过程中，形成了数量巨大、名称各异、形式多样、规模不一的多种样态。包括转口区、免税贸易区、对外贸易区、自由港、国际航空港、自由区、出口自由区、边境自由区、出口产品加工工业村、出口加工区、投资促进区、保税仓库、科学工业园区、自由关税区、免税工厂、免税仓库、保税陈列商场、贸易仓库、冷藏投资促进区、特殊出口加工区、国外进入区、投资促进区、自由贸易加工区等在内的概念，都或多或少地具备了自由贸易园区的某些特征，均可被纳入自由贸易园区概念体系的名称当中。[②] 我国长期以来形成的保税区、经济特区、出口加工区、保税港、经济技术开发区、自由贸易试验区、自由贸易港等特殊区域，也可以说是自由贸易园区概念体系中的一员，与监管沙盒有着类似的“特定性”或“试验性（探索性）”之内在逻辑。

例如，我国的保税区是一个海关监管的特殊区域，其在特定的区域内享有“免证、免税、保税”的政策，承担着“保税仓储、出口加工、转口贸易”等重任，并实行“境内关外”的运作方式，具有地域的特定性。我国的经济特区也是一个特殊的行政区域，在该区域采取特殊的经济政策，通过灵活的经济措施、特殊的经济管理体制以及减免关税等更加开放的政策来营造良好的投资环境，吸引外资，引进技术，发展生产，扩大出口，改善人民生活，稳定边境地区秩序，具有特定的地域性和政策方针的特殊性之特质。我国近年来迅猛发展的自由贸易试验区可以说是以往经济特区的升级，其是指在一定范围内，按照先行先试、风险可控、分步推进、逐步完善的方式，把扩大开

---

① 参见商务部国际司：《商务部海关总署关于规范“自由贸易区”表述的函》，载 http://www.mofcom.gov.cn/aarticle/b/e/200805/20080505531434.html，最后访问日期：2018 年 7 月 8 日。

② 参见武康平、吴蓉：《自由贸易区功能特征与法律保障》，经济科学出版社 2004 年版，第 6 页。

放与体制改革相结合、把培育功能与政策创新相结合，形成与国际投资、贸易通行规则相衔接的基本制度框架，是推进改革和提高开放型经济水平的“试验田”和示范区，[①]兼具区域特定性、管理措施特殊化、制度框架探索性（或试验性）等特质。中国特色自由贸易港——海南，可以说是自由贸易试验区的升级版，其以旅游业、服务业和高科技产业为重点，通过在内外贸、投融资、财政税务、金融创新、出入境等方面探索更加灵活的政策体系、监管模式和管理体制，打造开放层次更高、营商环境更优、辐射作用更强的开放新高地，[②]其同样具备了自由贸易试验区区域特定性、管理措施特殊化、制度框架探索性（或试验性）等特质，却又更加开放。

诚然，除上述共同的内在逻辑之外，金融监管沙盒制度与属于自由贸易园区概念体系的我国保税区、经济特区、自由贸易试验区、自由贸易港等特殊区域也具有重大区别。具体可以包括以下三点：一是目的不同，监管沙盒的目的是达成金融公平、金融安全和金融效率之间的平衡，协调监管部门、金融机构和金融消费者三者之间的关系，推动金融市场的健康发展；而我国自由贸易园区项下的相关制度，无论是保税区、经济特区、自由贸易试验区还是自由贸易港，其目的都是通过这些特殊区域和制度的设立，更好地进行改革开放，发展外向型经济，从而促进我国经济的快速发展。二是特定的范围不同，监管沙盒是针对某个特定的金融创新所采取的监管方法，仅限于在特定的时间、人数、金额范围内，对某一个特定的金融产品进行试验；而我国自由贸易园区项下的相关制度则均是在一个特定的空间范围内，通过制度的变革来探索对外开放的更优经验。三是试验（或探索）的内容不同，监管沙盒主要是对于受测的金融创新产品本身的可能风险进行度量，把握该产品的创新脉络，进而对该类型金融创新产品提出更好的监管应对之法；我国自由贸易园区项下的相关制度，则是在该特定地域范围内的多种制度创

---

① 参见中国政府网：《国务院关于印发中国（上海）自由贸易试验区总体方案的通知》，载 http://www.gov.cn/zwgk/2013-09/27/content_2496147.htm，最后访问日期：2018 年 7 月 10 日。

② 参见新华社：《中共中央国务院关于支持海南全面深化改革开放的指导意见》，载 http://www.gov.cn/xinwen/2018-04/14/content_5282456.htm，最后访问日期：2018 年 7 月 10 日。

新,包括贸易模式、政府职能、投资开放、离岸业务等方面的全面探索,即便是保税区制度,也有着在税收减免和海关管理制度方面的全新探索,范围远远大于监管沙盒。

(二)金融监管沙盒制度与试点项目

"试点项目"是我国政策实施过程中最为典型和普遍的一种试验方式,其是指在一定时间段和一定范围(特定的地域、政府部门或企事业单位)内,进行的一种局部性政策探索、测试或示范活动。通过"试点项目",政策制定者既可以把某项新政策布置在一些选取出来的"点"先行实施,根据在这些"点"中获得的各种反馈和经验进一步完善,然后再"由点到面",以全国性正式制度的形式加以推广;也可以直接赋予某些"点"以先行先试的"政策试验权限",使其能充分地探索和创设新政策和新制度。[①] 作为一个颇有效率的机制,这一政策试验能够帮助我们了解行为的变化到底是什么因素导致的,并且其能促成有利于投资、创新以及经济增长的制度变迁。[②] 当前,此种"先行先试"的方式已经被广泛地应用于诸多立法领域,并为人们所熟知。[③] 无疑,"试点项目"所具备的在特定的地域、政府部门或企事业单位进行的局部性政策探索测试,及其内蕴的缓解新的现实与既定法律之间的矛盾的思维进路,与金融监管沙盒制度的试验性方式、特质,以及缓解金融创新与金融监管之间矛盾的思考理路,有着深厚的内在统一性。但两者之间的区别也是显而易见的,具体而言包括以下两个方面:

一是测试对象不同。试点项目是在正式出台新政策或新法规之前,将其置于特定的范围内实施,开展试验性测试,通过对其运行效果的观察来对新政策或新法规进行修正或推广,其测试对象是新的政策或者法规;金融监管沙盒制度则主要是对市场主体尚未推广的具体金融创新,在一定范围内开展的测试,通过对其创新脉络的把握、风险的衡量以及经济效益的观察,

---

① 参见周望:《"政策试验"解析:基本类型、理论框架与研究展望》,载《中国特色社会主义研究》2011 年第 2 期。

② See Sharun W. Mukand, Dani Rodrik, "In Search of the Holy Grail: Policy Convergence, Experimentation, and Economic Performance", *The American Economic Review*, Vol. 95, No. 1, 2005, pp. 374 – 383.

③ 参见张守文:《我国税收立法的"试点模式"——以增值税立法"试点"为例》,载《法学》2013 年第 4 期。

来决定其是否能够进入市场的一种制度,其测试对象是具体的金融创新。

二是特定的范围不同。试点项目通常将新的政策或法规,在某个特定的行政区域、政府部门或者企事业单位中实行,范围的界定侧重于地域或某个体制当中的全覆盖;金融监管沙盒制度的测试范围则一般是以随机的人数或者限定的金额为界,不以地域为界分重点。当前英国与新加坡、韩国等市场建立合作伙伴关系,促成国际监管沙盒的发展便很好地反向例证了这一点。

第二节 金融监管沙盒制度的理论基础探析

一、金融监管沙盒制度的法哲学基础

(一)金融监管沙盒制度的社会学法学基础

相对于"法律就是法律"的分析法学、"法律是民族精神的体现"的历史法学而言,社会学法学不再以思辨哲学、分析哲学、历史哲学作为自己的理论和思想基础,而是伴随西方社会的逐步工业化、世俗化过程,开始以一种现代科学的视角,不断贯彻本体论意义上的"研究法律与社会的关系",以及方法论意义上的"用社会学的方法研究法律"。[①] 简单来说,社会学法学就是将法学的传统研究方法与社会学的概念、观点、理论和方法结合起来对法的现象进行研究,强调法的社会目的、作用和效果。[②] 其理论焦点和认知兴趣在于法律运行的实然性,即动态的法律,内部包含了社会工程法学、自由法学、社会连带法学、利益法学、现实主义法学等诸多派别或形态。[③] 金融监管

---

① 付子堂主编:《法理学高阶》,高等教育出版社2008年版,第126页。

② 参见徐爱国、李桂林、郭义贵:《西方法律思想史》,北京大学出版社2002年版,第347页。

③ 完整意义的法学研究包括三个方面的内容:第一,对法的必然性的研究,即揭示法产生、发展和未来走向的一般规律、条件、过程和途径。第二,对法的应然性研究,即主要研究法的价值,揭示出法的价值取向、价值目标、评判法的价值标准,为改革和完善法律制度提供指导原则和理想模式。第三,对法的实然性的研究,法的实然性包括两个方面:一是法律规定的实然性(法律的静态),二是法律运行的实然性(法律的动态)。对前者的实然性研究,即分析法的要素、结构、层次、体系,对后者的实然性研究,即考察和检测法的实际运行、法的实际效力、实际作用和实际效果。传统法学对法的实然性的第二方面缺乏最基本的研究,而这正是社会学法学的研究重点。参见张文显:《二十世纪西方法哲学思潮研究》,法律出版社2006年版,第92~99页。

沙盒制度作为一个实践意义极强的法律制度，无疑有着深厚的社会学法学底蕴。

1. 利益的平衡——基于利益法学的视角

勃兴于20世纪30年代的德国的利益法学，秉持了社会学法学注重法律运行的实然性的传统，强调"法官在审理案件时不应当仅仅注意法律条文的字句并通过逻辑推论从中演绎出判决，而应注意发现具体案件中各种冲突的利益，特别是社会利益，从而使判决真正反映立法的意图，以符合立法者为解决各种利益之间的冲突所规定的原则"。[①] 利益法学的直接思想渊源是鲁道夫·耶林（Rudolf Jhering）对概念法学的批判和他的法目的论。耶林认为，人是有目的的动物，人的活动也是有动机的，而作为人类活动一部分的法律显然也是有目的的，这一目的便是平衡个人利益和社会利益，实现利己主义和利他主义的结合，从而建立起个人与社会的伙伴关系。[②] 承继耶林利益平衡的观点，德国法学家菲利普·黑克（Philip Heck）高举反概念法学的大旗，开创了利益法学学说。其从两点认知阐释了利益法学的出发点："一是法官在审判过程中必须面对因诉讼两造的争端而产生的利益冲突，需要像立法者一样界定利益，并对利益冲突进行判决，但法官需要受到法律的约束，立法者作出的利益衡量优先于法官的个人评价，对法官具有权威性；二是制定法与现实生活中出现的大量问题相比是有缺陷的，它们不够完全，也并非没有矛盾之处，现代立法者意识到这个问题，故而希望法官不是依循字句，成为一个按照逻辑力学的定律运转的法律自动售货机，而应当根据利益的要求来服从法律，他们不仅要在既有的法律命令下进行逻辑涵摄，还要对欠缺的命令进行补充，对有瑕疵的命令进行纠正。"[③]黑克同时指出，法律是利益的产物，立法中的斗争不是为了准确定义概念，或者前后一致地运用已经确定的定义，而是为了满足各种利益，每一个法律命令都决定着一种利益冲突，都建立在各种对利益之间的相互作用之上，仿佛是这些对立力量角力的结果，法的最高任务是对利益进行平衡。[④]

具备着平衡性特质的金融监管沙盒制度，无疑很好地承继了利益法学

① 何勤华主编：《西方法学流派撮要》，中国政法大学出版社2003年版，第137页。

② 参见张文显：《二十世纪西方法哲学思潮研究》，法律出版社2006年版，第108页。

③ [德]菲利普·黑克：《利益法学》，傅广宇译，商务印书馆2016年版，第29页。

④ 参见[德]菲利普·黑克：《利益法学》，傅广宇译，商务印书馆2016年版，第16~18页。

所宣扬的“法的利益平衡之道”。立法者通过设置一个安全空间,来缓和金融监管和金融创新之间的紧张关系,平衡金融法律的安全、效率和公平导向,协调监管部门、金融机构和消费者三者之间的利益冲突。执法者根据立法者所确立的价值导向,在这一安全空间内对利益冲突依其个人评价,以及与其他主体的沟通,进行冲突的具体平衡。也即利益法学所阐述的,法官根据立法者在法律中展现的利益衡量,来对现实中具体的利益冲突进行平衡(判决)。从这一意义而言,监管沙盒与利益法学一样,并未给立法者提供利益衡量的标准,其提供的是一个有着价值导向的安全空间。这一价值导向便是金融安全、效率和公平,或者说监管部门、金融机构和金融消费者之间的利益平衡。而具体的策略(利益法学上的判决),则需要执法者(利益法学上的法官)作为独立思考的立法者的助手来践行。

2. 结果导向——基于实用主义法学的分析①

19 世纪末,资本主义世界开始由自由资本主义逐步进入垄断资本主义时代。但垄断并未消除或减缓原有的竞争状态,反而朝着更加激烈和破坏性更大的趋势发展,新旧利益冲突不断升级。此种状态在当时经济已经突飞猛进的美国更为明显,统治阶层亟须一种新的理论来应对和缓和不断恶化的各种矛盾。同时,尚无自身法哲学,却受到不顾法律实效,注重使用演绎推理的方式,将概念合乎逻辑地产生和发展的欧洲概念主义法学极大影响的美国法学界,也迫切地希望形成一种具有本土化特色的法哲学思想。在这些背景下,奥利弗·霍姆斯(Oliver Holmes)沿袭实用主义哲学②的进路,创立了实用主义法学。其于 1881 年发表了美国法学历史上著名的法学文章《论普通法》。在该论文中,霍姆斯全面系统地阐述了实用主义法学的

---

① 实用主义哲学的要义决定了很多法学理论家的观点和假设,并产生了诸多法哲学思想,例如,罗斯科·庞德(Roscoe Pound)创立的社会控制法学、以卡尔·卢埃林(Karl Llewellyn)为代表的现实主义法学、理查德·波斯纳(Richard Posner)的法律经济分析思想,等等。鉴于人数众多和观点的不一而足,故而本书在此仅有限列举与金融监管沙盒有着深厚联系的相关学派的某个代表人物的观点。

② 实用主义哲学由查尔斯·皮尔士(Charles Perice)在 1878 年引入,并确立了以“思维的任务在于确立信念,信念导致行动,观念的意义取决于行动的效果”为核心内容的“皮尔士原则”。参见苗金春:《语境与工具——解读实用主义法学的进路》,山东人民出版社 2004 年版,第 37 页。

基本理论,这标志着实用主义法学的诞生。[①] 霍姆斯的实用主义法学,以经世致用目的,反对一切公式化的、演绎的和抽象的推理,追求对司法活动的实际指导和指导司法的效率,[②]并认为"法律的生命不是逻辑,而是经验"。[③] 其将强调习惯和实践的重要性、鼓吹传统和经验优点的历史法学派秉持的语境主义,与强调法律是实现社会目的的一种有意识的人类产物的功利主义法学派坚持的工具主义进行了折中。一方面,霍姆斯赞成历史法学派的进路,他反对杰里米·边沁(Jeremy Bentham)的改革计划——企图把对社会和制度的重构建立在先验的基础之上,因为在建构社会和法律的过程中,没有一个基础的开始点,开始的唯一一点是发现你身处何时何地,传统并不是可以随便脱掉的外衣,它承载着大量已经形成的知识和背景;另一方面,霍姆斯指出,即使承认法律是有习惯和语境的,也并不必然代表它具有保守的含义。[④]

金融监管沙盒制度无疑内蕴着深厚的霍姆斯实用主义法学哲理。一方面,无论是监管沙盒这一制度本身,还是制度运作过程中的程式设置等内容,均是建构在先验性的认知基础之上,遵循着霍姆斯"历史必须成为法律研究的一部分,非此我们不能了解法律规则的精确范围"[⑤]的理论进路。例如,监管沙盒本身就是基于以往监管手段的前瞻性不足,以及监管部门与金融机构之间的紧张关系等认知之上建立起来的;贯穿监管沙盒全过程的信息交流,也是脱胎于对金融市场上严重的信息不对称和以往金融监管方式信息交流不畅而产生风险的认知;对参与沙盒试验的金融消费者全方位的保护措施,则是源于金融危机之后对金融消费者权益保护反弹式提升的认知,等等。但"与过去保持连续性并非无条件的命令,法律是一种功能性的

---

① 参见付池斌:《现实主义法学》,法律出版社2005年版,第159页。

② 参见何勤华主编:《西方法学流派撮要》,中国政法大学出版社2003年版,第50页。

③ [美]小奥利弗·温德尔·霍姆斯:《普通法》,冉昊、姚中秋译,中国政法大学出版社2006年版,第1页。

④ 参见苗金春:《法律经济学与实用主义》,载《河南社会科学》2008年第3期。

⑤ Oliver Wendell Holmes, "The Path of the Law", *Harvard Law Review*, Vol. 110, No. 5, 1997, pp. 991 – 1009.

工具方法,它能满足现在和未来的人类需要",[①]毕竟"你把一条龙拖出山洞,把它放在太阳之下,你才可能数清楚它的牙齿和爪子,才能发现它的力量所在,但把它拖出山洞只是第一步,下一步则是杀了它或者把它驯服,使之成为有用的动物"。[②] 由此,监管沙盒在另一方面也承继了这一现实性需求,贴近于金融行业的现实和未来的需要。例如,监管沙盒本身所呈现的试验性就是一个源于先期经验,但又不拘泥于此的监管手段;监管部门与金融机构在具体试验规则上平等和实时的沟通,也是超越以往自上而下管制型监管的方式;在沙盒试验中对外部准入性和管理性规则的暂停适用,则更是基于效果主义导向的考量,等等。

(1)罗斯科·庞德(Roscoe Pound)的社会控制法学

主要承继了詹姆斯实用主义哲学和霍姆斯实用主义法哲学思想[③]进路的庞德,可以说是社会学法学派最具代表性的人物。其认为社会学法学强调对于法律有关的社会事宜的关注,而非创立、解释或者是运用法律,并从8个方面阐释了社会学法学的基本纲领,[④]同时对社会法学的特征进

---

① 苗金春:《语境与工具——解读实用主义法学的进路》,山东人民出版社2004年版,第47页。

② 付池斌:《现实主义法学》,法律出版社2005年版,第159页。

③ 当然,庞德社会学法学的思想渊源颇为复杂,包括詹姆斯实用主义哲学、霍姆斯实用主义法哲学思想、沃德(Ward)和罗斯(Ross)关于社会力量和社会控制的学说,以及鲁道夫·耶林(Rudolf Jhering)的利益平衡观点都对庞德的法理学理论产生了一定的影响,但其主要的渊源还是实用主义的相关理论。

④ 庞德最早是在1911~1912年的一篇名为《社会学法学的范围和目的》的文章中将社会学法学的基本纲领归纳为6个方面,后来在其1959年的《法理学》一书中将这一纲领扩充到8个方面,本书参照的是其在《法理学》一书中的阐释。这8个纲领包括:①研究法律制度、法律律令和法律准则所具有的实际社会效果;②为准备法律制定工作进行社会学的研究;③研究使法律律令具有实效的手段;④对法律方法进行研究,既包括对司法的、行政的、立法的和法学的过程进行心理学的研究,也包括对各种理想进行哲学的研究;⑤对法律史进行社会学的研究;⑥承认法律律令特殊化适用的重要性——亦即承认合理和正当解决个别案件的重要性;⑦在普通法国家强调司法部的作用;⑧以上各点都是达至"使人们在实现法律秩序之各种目的方面的努力变得更为有效"这一目的的手段。参见[美]罗斯科·庞德:《法理学》(第1卷),邓正来译,中国政法大学出版社2004年版,第356~364页。

行了总结。[①] 在此基础上,庞德将法类比为一个社会工程,提出了"社会工程法学"的理论。[②] 他认为法作为一种社会工程,目的是尽可能合理地建筑社会结构,以有效地控制由于人的本性而不可避免地出现的社会矛盾和冲突,以最小的阻力和浪费最大限度地满足社会中人类的利益。[③] 由此,庞德开始关注利益的界定、分类,以及在平衡利益的过程中涉及的价值问题,并进一步将"社会工程法学"深化为社会学法学的标志性理论——法律的社会控制理论。

在庞德看来,"利益"是个人或集体的一种需求或者欲望,可以包括"个人利益"、"公共利益"和"社会利益"三种类别。[④] 就这一角度而言,庞德的思想充满了浓厚的耶林功利主义和黑克利益法学的气息,但却又不止于此,其将法律作为协调这些利益,保证重要利益的效果最大化的最主要手段。[⑤]

---

① 这5个特征包括:①关注法律的运作,而非权威性律令的抽象内容;②法律是一种既含有透过经验发现,也包括刻意制定这两种方式的社会制度;③法律强调的是对社会目的实现的助益,而非制裁;④应当从功能的角度来看待法律制度、法律准则和法律律令,而法律律令的形式只是一个手段问题;⑤社会学法学家们的哲学观多种多样,但都采用一种实用主义的方式。参见[美]罗斯科·庞德:《法理学》(第1卷),邓正来译,中国政法大学出版社2004年版,第294~301页。

② 社会工程法学理论认为法律和社会工程一样,是一个过程、一种活动,而不仅仅是一种知识体系或固定的建筑秩序,它是一种作为,而不是数学公式和机械规律按照亘古不变的指定方法而据以自我实现的一种被动工具,人们对一个工程师(法律工作者)的才能和胜任与否的判断,是以他所负责的工程的质量和效率,而不是根据他的工作本身是否符合一个传统的理想模式来进行。参见[美]罗斯科·庞德:《法律史解释》,邓正来译,商务印书馆2013年版,第204页

③ 参见张文显:《二十世纪西方法哲学思潮研究》,法律出版社2006年版,第104页。

④ "个人利益"是指:直接包含在个人生活中并以这种生活的名义而提出的各种要求、需要或愿望;"公共利益"是指:包含在一个政治组织社会生活中,并基于这一组织的地位而提出的各种要求、需求或愿望;"社会利益"是指:包含在文明社会的社会生活中,并基于这种生活的地位而提出的各种要求、需求或愿望。参见[美]罗斯科·庞德:《通过法律的社会控制》,沈宗灵译、楼邦彦校,商务印书馆2010年版,第41页。

⑤ 法律对于价值制度问题的处理路径包括三条:一是从经验中去寻找某种能在丝毫无损于整个利益方案的条件下,使各种冲突和重叠的利益得到调整,并同时给予这种经验以合理发展的方法。此时,尺度成为一个能够在最小阻碍和浪费的条件下调整关系和安排行为的实际东西。二是依照一定时间和地点的文明的法律假说来进行评价,当新提出的主张要求得到承认时,就用这些假说来衡量,当它们被承认后,就用这个尺度来调整它们和其他被承认的利益之间的关系,当它们与其他利益的关系被划定界限时,用来保障这些利益的手段也是用同一尺度来确定的。三是用某些关于法律秩序的公认的、传统的权威性观念——理想的法律秩序模式来评判各种利益。参见[美]罗斯科·庞德:《通过法律的社会控制》,沈宗灵译、楼邦彦校,商务印书馆2010年版,第66~71页。

庞德指出,在社会不断发展的过程中,法律秩序的建构无疑也不能停顿下来,应当在充分考察先期经验的基础上,以理性的思维来对调整社会主体之间相互关系,以及具体行为的各种方式进行适应性思考,使之能够以最小的成本和最少的阻碍,实现整个利益调整方案的效用最大化。①

易言之,庞德法律的社会控制理论强调法律基于社会效果的建构性特质,通过经验论的方法来寻求时下相互冲突或重叠的利益之间的平衡,从而实现社会效果的最大化。金融监管沙盒制度的产生,就是遵循此种思维进路,基于对金融市场上严重的利益冲突、金融体系的内生脆弱性等叠加问题的先验性认知被创造出来。一方面,常规监管手段的管理模式、规则的漏洞,以及相关参与者的素质等问题激化了金融市场充斥着的政府与市场、管制与自由、风险与创新、安全与效率等矛盾,难以促成监管部门、金融机构和消费者的利益(要求、需要和愿望)协调,推动金融行业安全、公平和效率的平衡,无法形成一个效用最大化的利益分配方案;另一方面,基于以往先验性基础上的金融监管手段改革并不能一蹴而就,金融系统的内生脆弱性和金融风险的传染性,使监管者在大刀阔斧改革的道路上“投鼠忌器”。但金融科技的迅速风靡却又造成市场上的金融创新者蠢蠢欲动,金融行业已经从“一种社会秩序深入到了另一种社会秩序”,以往的监管手段很难应对新“社会秩序”下的金融创新,监管者亟须一种能够更好地实现金融监管与金融创新之间张力的监管制度。有鉴于此,英国的监管者率先推出了监管沙盒这一试验性的手段,其营造了一个真实的试验性场景,通过利益相互冲突的各方之间的平等性协商,来对金融创新产品的风险进行测试。既促进了创新,也防范了风险;既保障了市场的活力,也划定了政府干预的界限,无疑是一种协调各方要求、需要和愿望之间冲突,以最小的利益达成最佳的社会效果的有效手段。

(2)卡尔·卢埃林(Karl Llewellyn)的现实主义法学

以庞德为代表的社会学法学在20世纪初期占据了美国法学界的大半江山。而到了20世纪20年代,社会学法学却遭到了历史的挑战,一种主要

---

① 参见[美]罗斯科·庞德:《通过法律的社会控制》,沈宗灵译、楼邦彦校,商务印书馆2010年版,第79~80页。

承继了霍姆斯实用主义法学的新法理学——现实主义法学开始兴起并迅速壮大,该学派以反对传统法学,提倡立足于现实而得名。卢埃林便是这一学派的主要创始人之一。1930 年,卢埃林发表了《现实主义法学——下一步》一文,第一次将现实主义法学提出来,并公开表述了该学派的基本观点,即"法律的'核心'就是官方的调整行为与受这种行为影响的那些人的行为和它们之间的相互关系"。[①] 随后,卢埃林又在其 1931 年发表的《关于现实主义的一些现实主义——答庞德院长》一文中,全面阐述了现实主义法学的理论,并归纳了其 9 大基本特征。[②] 自此,现实主义法学与社会学法学在美国并行不悖,成为其两大主流法学。

在卢埃林眼中,"本本上的法律"仅仅意味着有适用的可能性,而"行动中的法律"才是真正的法律。[③] 从制度的架构而言,监管沙盒本身作为"本本上的法律",主要是通过制度在市场中划定的一个"安全空间"来测试金融创新产品。而具体的测试规则,则并非预设的"本本中的法律",将由监管者和被监管者在平等的基础上,根据金融创新产品的具体情况制定出来并适用,可以说是"行动中的法律"。与此同时,现实主义法学者们认为,"社会是不断变化的,而且比法律变化更快,因此要不断审查各部分法律是否与社会需要相适应",[④]法律天然地带有滞后性特质。反映到金融行业,就是变化莫测且迅猛发展的金融创新产品和既定的金融监管规则之间的矛

① 付池斌:《现实主义法学》,法律出版社 2005 年版,第 106 ~ 107 页。

② 现实主义法学的 9 大特征包括:①法律是不断变化的,是由司法创造的;②法律是达到社会目的的一种手段,而不是目的本身,因此,应当不断研究各部分法律的目的和效果;③社会是不断变化的,而且比法律变化更快,因此要不断审查各部分法律是否与社会需要相适应;④为了研究起见,可暂时划分"现实"和"应当",意思是在确定研究目标时,必须诉诸价值判断,但在研究"现实"本身时,对有关事物关系的观察、说明和确立应尽可能不受观察者意愿或伦理观念所支配;⑤对以传统法律规制和概念来说明法院和人们的实际行为抱怀疑态度;⑥与以上特征相对应,对法律规则在法院判决中起重要作用的学说也抱怀疑态度;⑦主张对案件和法律情况作出比过去更狭窄的分类;⑧坚持从法律效果来评价法律;⑨坚持以上述方针持久地和有计划地解决法律问题。参见[美]卢埃林:《法理学:现实主义的理论和实践》,芝加哥大学出版社 1962 年版,第 55 ~ 57 页。转引自沈宗灵:《现代西方法理学》,北京大学出版社 1992 年版,第 313 ~ 314 页。

③ 参见付池斌:《现实主义法学》,法律出版社 2005 年版,第 106 页。

④ [美]卢埃林:《法理学:现实主义的理论和实践》,芝加哥大学出版社 1962 年版,第 55 ~ 57 页。转引自沈宗灵:《现代西方法理学》,北京大学出版社 1992 年版,第 313 ~ 314 页。

盾。监管者希望在控制风险的前提下推动金融创新的发展,被监管者则希望有更宽松的监管环境以发展金融创新产品。金融监管沙盒制度显然很好地平衡了这一矛盾,其划定的试验性安全空间,显然是不拘泥于当前法律规则,而以效果为导向的缓冲地带。具体试验规则的协商性和灵活性,很好地缓和了规则与现实、监管者和被监管者之间的冲突。

(二)金融监管沙盒制度的经济分析法学底蕴——基于科斯范式的考量

在现代政府从“守夜人”到直接参与社会资源分配和再分配职能的转变、经济学分析方法的普遍化、法学与经济学的互相结合、互相补充等因素的共同作用下,一种以“经济学(主要指微观经济学)的方法和理论来分析和研究法律的形成、结构、过程、效果、效率和发展状况的一个法学流派——经济分析法学”[①]于20世纪60年代在美国悄然兴起,并在20世纪80年代迅速发展起来。该学派的核心思想是“效益”,认为法的宗旨应当是将资源以价值最大化的方式进行分配和使用,所有的法律活动(立法、执法、司法、守法)和全部法律制度(公法、私法、审判)都应当以有效地利用资源,最大限度地增加社会财富为目的。[②] 罗纳德·科斯(Ronald Coase)可以说是这一学派的创始人,其首次将“交易费用和财产权”与“经济制度的结构及其运作”联系在一起,认为前者对后者具有重要意义。他提出的有关妨害法和整个法律制度的内在经济逻辑的观点,被人们称为“科斯定理”,这一定理是经济分析法学的理论基础和基本框架,经济分析法学的著作大多都是对其的适用。[③] 但事实上,科斯在其相关著作中从未界定和使用“科斯定理”这一概念,最早提出“科斯定理”概念的是乔治·施蒂格勒(George Stigler),其在《价格理论》一书中将这一术语表述为“在完全竞争条件下,私人成本与社会成本相等”。[④]

---

① 严存生主编:《西方法律思想史》,法律出版社2004年版,第457页。

② 参见徐爱国、李桂林、郭义贵:《西方法律思想史》,北京大学出版社2002年版,第394页。

③ 参见张文显:《二十世纪西方法哲学思潮研究》,法律出版社2006年版,第172~178页。

④ [美]乔治·J.施蒂格勒:《价格理论》,李青原、阎建亚、赵穗生、程三雁译,商务印书馆1992年版,第113页。

基于此,诸多经济学家和法学家对"科斯定理"进行了仁者见仁、智者见智的解读,并主要形成了以下推论:"科斯定理一:当交易成本为零时,不论法律对产权如何配置,私人交易总能导致有效率地使用资源;科斯定理二:当交易成本太高以至于不能讨价还价之时,资源能否得到有效率的使用,取决于产权配置的情况;科斯定理三:规范的科斯定理构建法律以便消除私人交易的障碍;科斯定理四:规范的霍布斯定理,构建法律以便减少因不能达成私人交易而带来的损失。"①通过以上表述我们似乎可以看到,"交易成本"是科斯定理中的核心概念,在交易成本不为零的社会常态下,产权的配置便成了重点。据此,科斯框架实际上将生产阶段之前的经济运行过程,划分为了"规则选择之时"的界权阶段和"规则选择之后"的交易阶段。② 依照这一更具一般性的理论框架,科斯定理可以重新表述为:在公共权威作出初始的权利界定之后,如果交易成本为零,私人之间总是可以通过随后的互利交易改变这一初始界定,直至实现资源配置的帕累托最优;③如果交易成本不为零,那么公共权威对权利的初始界定,则决定着市场的效率和资源配置的帕累托最优的达成。

所谓产权,是指对资源排他性的占有和使用,对其的界定将直接影响人们对某一行为成本和收益的计算,产权是经济决策的基础。④ 产权的界定,则是指立法机构或司法部门对特定规则下,权利类型或权利内容的澄清或者创造。⑤ 无疑,界权也需要成本,即同一资源用于其他用途可以得到相应资源的机会成本。如果在初始权利设定的过程中,界权成本远远大于市场配置资源的成本,将会抵销产权配置取得的效益,从而降低市场效率。法律界权是一个动态的过程,这在金融市场上表现得尤为明显。金融法治在不

---

① 王佐发:《科斯定理对中国法学的启示》,载《制度经济学研究》2007 年第 1 期。

② 这一表述借用了詹姆斯·布坎南(James Buchanan)"界权"是"对规则的选择"和"交易"是"规则下的选择"的表述。

③ 参见凌斌:《界权成本问题:科斯定理及其推论的澄清与反思》,载《中外法学》2010 年第 1 期。

④ 参见盛洪:《前言之一:新制度经济学家和他们的理论》,载盛洪主编:《现代制度经济学》(第 2 版·上卷),中国发展出版社 2009 年版,第 3 页。

⑤ 参见凌斌:《界权成本问题:科斯定理及其推论的澄清与反思》,载《中外法学》2010 年第 1 期。

同时代和不同指导思想下呈现出的“效率—安全—效率—安全”价值目标之流变，无疑也促成了法律界权的变化。从宽泛意义上说，每一次在价值目标转化过程中的界权变化，都是以金融危机作为代价的。与以往在危机过后加强监管或放松监管，严控风险或鼓励创新，从而赋予监管部门更多或更少的干预权、营造严格或宽松的监管环境、束缚或解放金融机构的创新欲望的界权变革相比，产生于金融监管大变革、金融科技风靡的后危机时代的金融监管沙盒制度，通过营造一个宽松的安全试验环境，为监管部门和金融机构的权力(利)行使提供了一个合理的区间。在这一区间，监管部门和金融机构的具体赋权由两者在协商的基础上达成确权契约，进而按照这一契约在划定的区间内运行金融创新产品。这样一种在试验性场域中对单个产品的“私人性”确权，实际上也是一种将界权的成本内化的一种方式，其在达成金融监管与金融创新目标上所付出的机会成本，显然低于在现实生活中公共权威不断调整的统一界权成本。

交易成本，简单来说就是一切不在物质生产过程中产生的成本，包括信息传递、谈判、维护产权等方面的成本。[①] 在金融领域，除产权界定的成本之外，监管部门和金融机构在既定的公共权威所明确的规则之下，因遵守和执行这一规则所需要付出的成本无疑也是巨大的。具体可以包括但不限于：监管部门在现场和非现场检查过程中产生的各种物质或非物质成本，金融机构的合规成本和研发成本，以及风险控制成本，等等。在面对金融创新之时，无论是在安全导向还是效率导向的既定规则之下，金融创新者不仅要承担研发的时间、金钱和人力成本，处于灰色地带的金融创新更是有着违法风险。此外，金融创新不确定的风险也增加了机会成本。金融监管沙盒制度通过在既定规则下营造真实性安全空间对金融创新产品进行测试的方式，则很好地解决了这一问题。一方面，与金融机构的平等和深度沟通，加深了监管部门对金融创新性状和风险的了解，同时有助于其把握金融创新的动向，减少了其在安全空间外的调研和试错成本；另一方面，获得试验空间准入资格的金融机构不必再担心受到空间外既定规则产生的后果，减少了其合规成本和违法风险，鼓励其更加积极地开展金融创新，进而产生更优

---

① 参见李昌麒、岳彩申主编：《经济法学》，法律出版社2013年版，第53页。

的社会效益。

二、金融监管沙盒制度的经济学基础——基于博弈论视角

博弈论(Game Theory)是研究决策主体的行为发生直接相互作用时的决策以及这种决策的均衡问题的,也就是说,当一个主体,好比说一个人或一个企业的选择受到其他人、其他企业选择的影响,而且反过来影响其他人、其他企业选择时的决策问题和均衡问题。① 一般认为,博弈论开始于1944年约翰·诺伊曼(John Neumann)和奥斯卡·摩根斯坦恩(Oskar Morgenstern)共同执笔的《博弈论和经济行为》一文,并于20世纪50年代发展到鼎盛时期。至20世纪90年代,由于博弈论在经济学领域的成功运用,约翰·豪尔绍尼(John Harsanyi)、约翰·纳什(John Nash)和莱因哈德·泽尔腾(Reinhard Selten)三位在博弈论方面作出了突出贡献的学者共同分享了1994年的诺贝尔经济学奖。②

在金融领域,20世纪80年代兴起的,认为金融创新主要是为了规避金融监管的"规避监管说",开创了金融创新和金融监管博弈的先河。该学说认为,政府的许多管制行为从某种意义而言是一种隐藏着的税收,增加了金融机构实施现有的营利活动和在管制之外获益的成本,这成为刺激金融主体通过创新行为来规避政府监管的重要缘由。③ 后世基于金融发展史而总结出来的"监管—创新—放松监管—再次创新"之脉络,则直接性地阐明了金融创新和金融监管之间的博弈关系。对其进行研究,不仅是对金融理论的丰富,也能更好地对金融监管体制进行设计和改革。毕竟金融创新和金融监管博弈的一个重要层面表现在两者之间的互补关系上,金融监管是金融创新的动力和保障,合理的金融创新又能节约监管成本,提高监管效率。④

---

① 参见张维迎:《博弈论与信息经济学》,格致出版社、上海三联书店、上海人民出版社2012年版,第2页。

② 参见张守文:《经济法理论的重构》,人民出版社2004年版,第135页。

③ 参见陶广峰、张宇润等:《金融创新与制度创新》,中国政法大学出版社2006年版,第12页。

④ 参见张志远:《后金融危机时代我国金融监管以及金融风险的博弈研究》,经济科学出版社2015年版,第84页。

一般而言,一个传统的博弈理论模型——正规形式博弈(有时也被称为策略形式博弈)的战略式表达包括三个要素:博弈的参与人、参与人可能的策略、每一种可能策略组合下参与人的收益。① 故而在对金融监管和金融创新进行博弈分析之前,本书作出如下假设:①博弈的参与方假定为两个,即金融监管部门和金融创新主体,在此分别用α(监管部门)和β(创新主体)表示。②创新主体的策略包括“创新”和“不创新”两种,监管部门的策略则是“监管”和“不监管”。③创新主体和监管部门都是理性的,以追求效益的最大化为目标,监管部门选择“监管”,是为了维护金融市场健康有序发展,遏制金融机构相关逐利行为的影响;选择“不监管”是因为监管成本高于收益,或者创新主体的逐利行为并未产生不可挽回的影响。创新主体选择“创新”是为了获取更大的收益,选择“不创新”则是基于创新的收益小于不创新的收益。④αn、βn分别代表监管部门和创新主体的收益,其中n=1,2,3,4。基于以上假设,我们可以得出如下的策略选择收益矩阵,见表1.1。

表1.1 金融监管与金融创新策略选择收益矩阵

创新主体(β)	监管部门(α)	
	监管	不监管
创新	α1,β1	α2,β2
不创新	α3,β3	α4,β4

根据表1.1我们可以得出以下4个策略选择:①监管部门选择监管时,按照金融创新源自对监管的规避的“规避监管学说”,创新主体也应当采用创新策略,即α1>α3,如此才能更好地保证其效益的最大化。②监管部门选择不监管之时,金融机构选择创新策略依然会赢得较大的收益,即α2>α4,毕竟创新主体在监管部门不监管策略下进行创新的风险成本,必然要低于监管部门在监管策略下的风险成本。③当创新主体选择创新之时,监管部门采取监管措施显然有助于其防止创新主体的逐利行为对金融市场秩

① 参见[美]道格拉斯·G.拜尔、[美]罗伯特·H.格特纳、[美]兰德尔·C.皮克:《法律的博弈分析》,严旭阳译,法律出版社2004年版,第2~3页。

序的破坏，促成其目标效益的最大化，即 $\beta1 > \beta2$。④当创新主体选择不创新之时，监管部门采取不监管的收益最大，即 $\beta4 > \beta3$，因为在创新主体不创新的境况下，监管部门采取监管策略比不采取监管策略增加了额外监管成本，并未得到更优的收益。我们将上诉 4 种策略选择下监管部门和创新主体最大效益进行下划线表示，并进行求解纳什均衡，[①]可以得出，在完全信息静态博弈纯策略选择的条件下，监管部门和创新主体实现各自最优策略的纳什均衡可以表述为：创新主体进行创新和监管部门进行监管，也即矩阵中的（$\alpha1$，$\beta1$）。[②]

整体来看，金融创新与金融监管的博弈过程呈现出一种创新不断涌现和不断地被承认的状态，迫使监管当局对现行制度规则作出修正和改良。监管部门只有通过在监管过程中的认知不断调整对创新产品的监管策略，才能更好地实现金融市场的稳定发展。[③] 此时，一个关键性的问题便浮出水面，即在监管部门和创新主体（监管，创新）的最优策略下，如何通过监管制度的优化来促成风险控制前提下的良好创新。这实际上也是回到了如何通过制度来缓和金融监管和金融创新之间的紧张关系这一金融领域的永恒话题中来。金融监管沙盒制度实际上便是基于此创立，其将监管部门的监管和创新主体的创新作为一个制度建构的前提，通过一个安全又真实的试验空间的设置，促成金融创新者和监管部门的良效沟通，既未扼杀创新主体的创新积极性，也使监管部门能更加深入地了解某一金融创新和发展趋势，让监管更具前瞻性和准确性。同时，相关金融准入规则的暂停适用，也极大地减少了创新主体的合规和违法成本，刺激了其创新欲望。

---

① 纳什均衡指的是这样一种战略组合，这种战略组合由所有人的最优战略组成，也即给定别人战略的情况下，没有任何单个参与人有积极性选择其他战略，从而没有任何人有积极性打破这种均衡。参见［美］朱·弗登博格、［法］让·梯诺尔：《博弈论》，黄涛译，中国人民大学出版社 2010 年版，第 10 页。

② 以上分析参见韩忠亮：《全球化背景下金融监管的博弈研究》，北京大学出版社 2013 年版，第 112～116 页。

③ 参见安辉：《金融监管、金融创新与金融危机的动态演化机制研究》，中国人民大学出版社 2016 年版，第 167 页。

第三节　金融监管沙盒制度的功能定位与局限性分析

一、金融监管沙盒制度的功能定位

(一)金融监管沙盒制度有助于缓和法律滞后性与创新超前性的矛盾

随着金融与大数据、区块链、人工智能等技术的进一步交融和大量资本的疯狂涌入,金融科技呈现日新月异的状态,这同样加剧了其与法律"一经颁布便落后于时代"这一特性的矛盾。既有法律所使用的法律概念或者调整手段总是会给企业的金融创新带来巨额的时间、金钱和人力成本,乃至直接扼杀金融创新;而金融创新产生的巨大效用却又极易促使人们对法律产生"恶法非法"的思考。英国金融行为监管局(Financial Conduct Authority, FCA)的《监管沙盒》报告对此阐述道:"其他产业已经证明在法规不确定的情形下,产品上市时间会增加1/3,并占到其终身收益的8%……其他产业已经证明在法规不确定的情形下产品的商业估值会减少15%"。[①] 澳大利亚证券和投资委员会(Australian Securities and Investment Commission, ASIC)也将"进入市场的速度"列为极大地影响金融科技企业进行创新的三大因素之一。[②] 试验性质的监管沙盒则很好地缓和了这一矛盾,其一方面使创新主体在较低成本的前提下对其产品进行验证,另一方面也在不修法的情形下帮助监管部门很好地把握创新风险。

整体来看,各国(地区)的金融监管沙盒制度均十分注重在不与现有法律框架冲突和自身权限范围内实现其运作,用以缓和法律滞后性和创新超前性之间的矛盾。例如,英国创设了限制性授权、无强制执行函、个别指导、

① See FCA, Regulation Sandbox, https://www.fca.org.uk/publication/research/regulatory-sandbox.pdf,2018-08-09.

② ASIC认为对于一个资源有限的企业来说,获得牌照所花费的成本对其具有重要的影响,而如果需要修改创新的话会产生更大的负担。See ASIC, "Regulatory Guide 257: Testing Fintech Products and Services without holding an AFS or Credit Licence", http://download.asic.gov.au/media/4160999/rg257-published-24-february-2017.pdf,2018-08-09.

豁免4种沙盒工具来对持牌和未持牌公司进行豁免,①并在文件中明确"限制性授权不能适用于开展《金融服务和市场法案》授权范围之外的活动""无强制执行函无法限制受测企业应当对消费者承担的责任""FCA在使用豁免工具时会受到欧盟立法的限制"等要求来划定FCA的豁免范围。② 澳大利亚区分了法律豁免、许可证豁免和个别豁免三种豁免模式,③同时对各类豁免方式的范围进行了严格限定。其中,许可证豁免罗列了证券的上市或报价、简单投资管理计划、支付产品等ASIC权限范围内的金融或信贷服务;个别豁免应当基于2001年《公司法》和2009年《国家信贷法》开展;④等等。这些极具创新性的沙盒工具,无疑值得我国在设立缓和法律滞后性与创新超前性矛盾的监管机制的过程中借鉴。

以金融科技推动金融和经济共同发展的优势在于,其通过对大数据、云计算、区块链等技术的应用来拓宽金融业务的边界、变革业务模式,进而实现金融资源跨时空的更优配置。⑤ 对政府而言,模式的创新和边界的拓展无疑容易造成对现有法律的突破;而信息的不对称,则使政府总是在鼓励创新与规制风险之间举棋不定。数据显示,我国2016年金融科技融资笔数和

---

① FCA对未持牌公司使用"限制性授权"豁免,即对受测公司发放在测试范围内的"限制性牌照",一旦公司满足授权要求,限制将被取消。对已持牌或为其提供外包服务的公司则根据情况采用以下三种工具之一:①无强制执行函(NALs),在发布该函到测试结束或被FCA关闭期间不会对测试活动采取强制性措施;②个别指导(IG),FCA可以对与公司正在进行测试项目的相关规则进行解释,如果公司按照这一解释开展活动,FCA便不会对其采取行动;③豁免,如果公司的测试活动明显地违反了相关规则,但其通过了"豁免测试",且在FCA的豁免权范围内,FCA便可以对其进行豁免或者修改特定的规则。See FCA,"Regulation Sandbox",https://www.fca.org.uk/publication/research/regulatory-sandbox.pdf,2018-08-09.

② See FCA,"Regulation Sandbox",https://www.fca.org.uk/publication/research/regulatory-sandbox.pdf,2018-08-09.

③ 法律豁免,指监管框架具有灵活性规定或者法律已经提供豁免,不需要许可;许可证豁免,即ASIC在受测企业满足一定条件的情形下,在测试期间免除其从事金融服务或者信贷活动的许可证要求;个别豁免,对超出以上两项豁免之外的特定产品或者服务、许可证豁免的延期或者修改开展的特殊豁免。See ASIC,"Regulatory Guide 257:Testing Fintech Products and Services without holding an AFS or Credit Licence",http://download.asic.gov.au/media/4160999/rg257-published-24-february-2017.pdf,2018-08-09.

④ See ASIC,"Regulatory Guide 257:Testing Fintech Products and Services without holding an AFS or Credit Licence",http://download.asic.gov.au/media/4160999/rg257-published-24-february-2017.pdf,2018-08-09.

⑤ 参见伍旭川、刘学:《金融科技的监管方向》,载《中国金融》2017年第5期。

金额,分别占全球的56%和77%,2017年则分别为51%和57%。① 虽然2020年这两项数据下降为9.4%和13.1%,但依旧排在全球前三的位置。② 如此庞大的数量以及金融与科技深入融合后的叠加风险,无疑给我国目前的监管模式和监管规则带来了巨大的压力。金融监管沙盒制度则为我们提供了很好地解决这一问题的理路:一方面,监管部门通过在其权限范围内豁免权的利用,对创新主体在现有监管框架下的正常要求进行一定的豁免,降低金融创新的合规与风险成本进而鼓励创新;另一方面,基于现实条件下的范围限定性测试能够很好地防止风险外溢,促成监管部门对创新风险的深度把握。同时,为变革现有阻碍创新的法律法规提供实践基础和进化方向,使规则更具前瞻性。

(二)金融监管沙盒制度有助于协调监管部门与创新主体的关系

金融监管沙盒制度为监管部门和创新主体提供了一个平等交流和博弈的平台。一方面,两者的信息交流贯穿金融监管沙盒的事前、事中、事后整个流程;另一方面,监管部门将与获得测试资格的创新主体在测试开始前,就具体参数、结果测量、实施范围等内容进行协商或者核验。对前者而言,这一制度使其更加了解创新主体的需求、具体产品的实质,以及当前监管规则的限制与不足,从而更好地把控风险和鼓励创新;而对后者来说,监管沙盒极大地帮助了其更好地了解现行监管框架,减少了外部合规成本。监管部门对其持续性的跟踪和监管带来的监管确定性上涨,也促成了投资者对该产品的信心,从而更好地获得融资。同时,受测主体在测试中获取的有关消费者对不同商业模式、新技术本身、定价策略等方面的接受程度的反馈信息,也能够促成其对金融创新产品进行更准确地评估和迭代更新,促成其快速融入市场。而通畅和平等的信息交流机制,也使创新主体更好地表达了自身诉求,为其持续创新打了一针强心剂。

---

① 参见零壹财经:《2016年全球金融科技投融资与指数报告》,载http://www.01caijing.com/article/13173.htm,最后访问日期:2018年8月11日;零壹财经:《2017年全球金融科技投融资与指数报告》,载http://www.01caijing.com/viewer/pdf.htm? filePath=attachment/201801/9432458A495B4F6.pdf,最后访问日期:2018年8月11日。

② 零壹财经:《2020年全球金融科技投融资简报》,载http://www.01caijing.com/article/273862.htm,最后访问日期:2022年11月20日。

例如,英国 FCA 会要求申请测试的企业在事前向其提交详尽的项目申请书,并在申请通过之后,指派专员与受测企业讨论详细的沙盒模式;在测试过程中,受测企业要保持其与 FCA 的联系,以保证其按照协商一致的模式开展测试;而在测试结束之后,受测企业需要向 FCA 提交最终报告,并根据情况决定是否提交其他解决方案。[①] 马来西亚不仅与英国一样,明确了受测企业和监管部门之间贯穿整个沙盒测试的信息交流机制,而且对事中、事后的信息交流规定得更加严密。其要求"受测企业应当定期向国家银行发送包括关键绩效指标和事件统计、关键问题及其解决等信息在内的中期报告,报告频率和具体细节由两者共同商定";"受测企业要在测试结束后 30 天内向国家银行提交最终报告,其内容应当包括成果和绩效指标、事故和客户投诉的解决、经验教训等"。[②] 此类信息交流和沟通机制,无疑使监管部门和创新主体之间的信息取得发生了从被动到主动、从堵塞到畅通、从强制到自愿的变迁,进而达到缓解信息不对称、衡平风险与创新的良好效果。

(三)金融监管沙盒制度有助于变革金融消费者的保护范式

当前,金融全球化、金融信息化、金融混业化、经济金融化的趋势已成定局,在充斥着无形化、信息化、复杂化产品和服务的金融市场上,金融消费者的天然劣势无疑将被再度放大。且不谈监管部门在理性人思维支配下出现的监管俘获、监管竞次、监管重复或真空等现象,法律法规的滞后性特质,以及金融机构在逐利动机影响下实施的监管套利、转嫁风险、虚化信息等行为,仅是金融消费者本身因为监管加强而降低自身获取信息动力的道德风险,便足以使其在金融市场上的获利乃至自保能力陷入持续弱化的逻

① See FCA,"Regulation Sandbox",https://www.fca.org.uk/publication/research/regulatory-sandbox.pdf,2018-08-14.

② See BNM,"Financial Technology Regulatory Sandbox Framework",http://www.bnm.gov.my/index.php?ch=57&pg=137&ac=533&bb=file,2018-08-14.

辑当中。在2008年金融风暴的刺激和双峰理论①的影响下,全球各主要经济体在后危机时代均将金融消费者的保护提升到了一个新的高度,纷纷通过制度革新和机构重组来促成对其的更优保护。

金融监管沙盒制度的主要目的之一就是保护消费者。英国《监管沙盒》报告开宗明义地表明"FCA为了消费者的利益,致力于促进金融服务的有效竞争"。② 这包括两层含义:一是FCA通过测试准确地把握金融创新的风险,进而更好地保护消费者;二是推动金融创新的良性竞争来提升消费者的福利。这一制度无疑很好地体现了金融消费者保护理念与机制的升华,将对其进行保护的核心目标由注重对知情权、自主选择权、公平交易权等权利的正向罗列保护,延展至通过产品和服务范围的扩大、获取途径的便利化、购买成本降低等方面的改善来使得消费者更加平等、合理地享受到更好的金融产品与服务,扩大其收益,处处体现了以消费者获益为中心。同时,在个案测试的基础上对具体的金融消费者权益保护方式的详尽协商,既能针对性地保护测试中的消费者权益,也为该项创新进入市场后的权益保护方式之确定提供了前瞻性探讨。

二、金融监管沙盒制度的局限性分析

(一)金融监管沙盒制度试验结果的准确性受到多种因素的影响

虽然在金融市场主体了解金融创新的成本、行业影响、经济效益、社会效果,探究商业模式、风险防控方法降低成本和提高经济效益,以及金融监管主体审查金融创新、测试社会效果、探索监管方法、保护消费者权益、防控金融风险、维护金融系统安全和稳定的目标合意的境况下达成的试验性监管方式——金融监管沙盒制度已然在全球范围内风靡,但与"试验性"相伴而生的"准确性"问题却未得到太多的关注。作为一种在"有限授权"的

---

① 该理论由英国学者迈克尔·泰勒于1995年提出,其核心是将旨在维护金融机构的稳健经营和金融体系的稳定,防止发生系统性金融危机或金融市场崩溃的审慎监管,以及通过对金融机构经营行为的监管,防止和减少消费者受到欺诈和其他不公平待遇的消费者权益保护作为两个并列的目标。See Michael Taylor, Twin Peaks: *A Regulatory Structure for the New Century*, London: Center for the Study of Financial Innovation, December 1995.

② See FCA, "Regulation Sandbox", https://www.fca.org.uk/publication/research/regulatory-sandbox.pdf, 2018-08-14.

基础上,针对某一特定金融创新产品创设的"特定安全测试空间",其本身的诸多限制性前提条件,以及试验性质必然导致的范围限缩,便足以让人对其试验的真实性和结果的准确性存疑。

除此之外,至少还有如下因素影响着试验结果的准确性:一是试验范围的限制使得场景与真实环境相比范围太小,与外界的真实状况难以完全匹配,从而对金融创新在测试中产生的结果是否能直接适用于真实生活场景存疑。二是参与测试的创新主体作为一个理性人,其追求利益最大化的天性在试验的环境下必然被无限放大。最典型的表现便是通过试验数据的造假,或者对监管部门的"俘获"来促成金融创新测试的顺利通过,从而影响对监管规则是否需要调整和如何调整的准确判断。三是参与试验的消费者将被提前告知且自主决定是否最终参与,这种在监管部门持续跟踪和有针对性的全方位保护措施下的测试,显然能将参与试验的消费者的风险降至最低。在现实生活中对消费者选择金融产品起关键性作用的风险收益因素将基本被剔除,其在试验过程中的侥幸心理将被无限放大,从而导致其对风险的认知与应对、投资的策略与现实生活中的行为产生较大差别,极易造成测试数据和结果的失真。

(二)金融监管沙盒制度对监管者提出了更高的要求

随着公共治理理念在金融领域的延伸,一种"为了实现监管预期目标,对实施监管的主体和客体进行包括对金融监管机构的治理、监管者的激励和问责机制的设计、监管工具的选择等方面内容进行一系列的制度安排"①的金融监管治理模式开始逐渐被接受。而"监管机构的独立性、负责和尽职性、透明度、监管人员的正直诚实品质(操守)"②则成为良好监管治理的4个基本标准。金融监管沙盒制度这一极具"共治"意味的监管工具,无疑对监管部门提出了更高的要求。毕竟制度架构只是一种"本本上的规定",

① 江曙霞、郑亚伍:《金融监管治理的激励机制研究》,载《厦门大学学报(哲学社会科学版)》2012年第3期。

② Udaibir S Das, Marc Quintyn, "*Crisis Prevention and Crisis Management: The Role of Regulatory Governance*", *IMF Working Paper*, WP/01/163, September 2002.

“监管部门在日常监管中的具体行为，才是金融监管中最为重要的部分”，①独立性、负责和尽职性、透明度、监管人员操守，显然也成为促成该制度良好运作的基本要点。

总体来看，金融监管沙盒制度至少对监管者提出了以下要求：一是树立包括有效促进金融公平竞争、推动金融资源最优配置、保护消费者权益并以其最大获益为根本、对金融创新和市场进行动态评估等内容的监管理念。二是监管者应当具备更高的专业能力，包括对金融创新的准确识别和认知，对金融创新产品的监管成本和测试成功收益及市场效益的前瞻性判断，等等。三是监管者需要转变长期以来秉持的“自上而下”管制型监管思维和数据报表型的监管方式，加强与市场创新主体的平等、及时沟通，并建立良好的信任关系。四是监管者在执行过程中必须有明确的目标和严格的执行力。

(三)金融监管沙盒制度对创新主体的挑战

虽然说与在现实环境和完全监管条件状态下，进行金融创新所带来的高昂的合规成本、时间成本和风险控制成本相比，创新主体在试验环境和限制性监管条件下的金融监管沙盒制度中，开展对处于灰色地带或风险尚不明确的金融创新的测试，能够极大地节约上述成本；但监管沙盒的试验性质也表明，创新主体在参与试验之后，并不能保证通过测试的金融创新产品，一定能够获得完全监管条件状态下的最终许可，创新主体仍然要承担一定的不可预期成本。就这个角度而言，该制度似乎成为创新主体推出金融创新产品之前，一个增加成本的不必要工具。但参与监管沙盒得出的效益性结论、对监管规则的更深入了解，以及与监管部门沟通之后，促成创新主体更准确把握创新和违法之间界限等收益，又使创新主体有足够的动力参与这一测试。除不可预期的成本外，创新主体参与监管沙盒的前期准备成本、对消费者保护的财务成本、测试过程中与监管部门的交流成本，以及测试结束之后的退出成本等相关测试成本，均对创新主体的支付能力提出了挑战，一些初创类公司很可能无力承担。

---

① ［荷］乔安妮·凯勒曼、［荷］雅各布·德汗、［荷］费姆克·德弗里斯编著：《21世纪金融监管》，张晓朴译，中信出版集团2016年版，第33页。

第四节　金融监管沙盒制度的发展概况与存在的问题

一、境外金融监管沙盒制度的发展概况

(一)境外金融监管沙盒制度的发展趋势

为了在全球金融科技浪潮中,确保英国是一个具有吸引力的创新型市场,同时打造其“金融科技全球领导者”的地位,英国 FCA 于 2014 年 10 月推出了“创新工程”(project innovate)项目,并设立“创新中心”(innovation hub),旨在为金融创新企业提供了解金融法规、实现与监管对接、协助取得许可授权等各类支持。2015 年 11 月,FCA 向英国财政部递交了一份名为《监管沙盒》的可行性和实用性报告,并于 2016 年正式启动该项目。作为一种在真实但受限的环境中对金融创新进行测试,并以此判定是否可以大规模商用的制度,金融监管沙盒制度一方面能够在防范各类风险的前提下最大限度地促进金融创新,很好地平衡金融市场上安全与效率之间的关系,构建监管与创新的良性互动模式;另一方面,其以扩大消费者获益为中心的理念和多样化的保护机制,全方位地维护了消费者的权益。同时,此种隔离性的试错机制也很好地防止了金融创新风险的外溢,以至于其一经提出便被盛赞为“金融监管的里程碑式创新”。

截至 2020 年,已经有五十多个国家和地区发布了开展监管沙盒的相关文件,并形成各具特色的实践手段(见表 1.2)。同时,有一些国家和地区在监管沙盒的启发下,设立了功能相近的制度。例如,日本设计了一个名为“金融科技试验中心”的新服务,用以帮助企业应对在发展过程中出现的合规问题和行业风险,搭建日本金融科技投资方与金融监管机构之间的沟通桥梁,其类似于一个早期的“监管沙盒”;[1]立陶宛央行于 2018 年 1 月宣布将针对区块链初创企业推出一个名为“LBChain”的监管沙盒计划,使区块

① 参见佚名:《日本拟建金融科技试验中心》,载 http://www.weiyangx.com/249498.html,最后访问日期:2018 年 8 月 19 日。

链创新企业能够在监管者的支持下开展对技术创新的有限测试。①

表 1.2 各主要国家和地区的监管沙盒文件

国家(地区)	颁布机构	颁布时间	文件名称
英国	金融行为监管局(FCA)	2015 年 11 月	《监管沙盒》
阿布扎比	全球市场金融服务管理局(FSRA)	2016 年 5 月	《金融科技监管实验室》
马来西亚	马来西亚国家银行(BNM)	2016 年 10 月	《金融科技监管沙盒框架》
泰国	泰国中央银行(BOT)	2016 年 10 月	《沙盒监管》
新加坡	新加坡金融监管局(MAS)	2016 年 11 月	《金融科技监管沙盒指南》
澳大利亚	澳大利亚证券和投资委员会(ASIC)	2017 年 2 月	《监管指南 257:在未持有澳大利亚金融服务和信贷执照的情况下测试金融产品和服务》
我国台湾地区	“立法院”	2017 年 5 月	“金融科技创新试验条例”
中国香港特别行政区	香港金融管理局	2016 年 9 月	《金融科技监管沙盒》
	香港证券及期货事务监察委员会	2017 年 9 月	《香港证监会监管沙盒》
	香港保险业监管局	2017 年 9 月	《香港保险科技监管沙盒》

从实践来看,英国无疑走在了各国家(地区)的前列。从 2016 年 5 月至今,FCA 已经开展了七个批次的试验。其中,第一批次共收到了 69 份测试申请,有 18 个项目最终参与了试验;第二批次共收到了 77 份申请,有 24 个项目最终参与了试验;第三批次共收到了 61 份申请,有 18 个项目最终参与了试验;第四批次共收到了 69 份申请,有 29 个项目最终参与了测试;第五批次共收到了 99 份申请,有 29 个项目最终参与了测试;第六批次共收到了

① See Bank of Lithuania, “The Bank of Lithuania to launch blockchain sandbox platform-service”, http://www. lb. lt/en/news/the-bank-of-lithuania-to-launch-blockchain-sandbox-platform-service, 2018 - 8 - 19.

68 份申请,有 22 个项目最终参与了测试;第七批次共收到了 58 份申请,有 13 个项目最终参与了测试;自 2021 年 8 月开始,FCA 不再按照批次接受测试申请,转为全年开放模式,始终接受公司在任何时间提交的测试申请。① FCA 于 2017 年 10 月发布的《监管沙盒经验报告》显示,迄今为止的沙盒测试已经很好地达到了其初始设定的 4 个目标:“一是帮助企业极大地减少创新进入市场的时间和成本,第一批次的受测企业已经有 75% 成功完成了测试,在该批次中有 90% 的企业会向市场推出其受测产品,大多数受测企业在测试结束后都获得了完全授权,第二批次的受测企业也已经有 77% 在测试中获得了进展,预计其受测产品走向市场的比例将会与第一批次接近;二是推动了创新企业获得融资,在第一批次受测企业中,有 40% 在测试过程中或成功完成测试之后获得了融资;三是促成产品在受测后有效地走向市场,FCA 在前两批沙盒试验中共收到了 146 份申请,其中有 50 份被接受,41 个项目已经完成或正在测试当中,在第一批受测企业中,有 1/3 的企业会在向市场推广该产品前,根据测试中的经验对自身进行修正;四是通过 FCA 和受测企业的合作,为新产品和服务建立适当的金融消费者保护措施,FCA 为所有的测试项目制定了一套标准的安全措施,并为一些特殊情况制定了个性化的保障措施。例如,FCA 要求沙盒中的所有企业制定退出计划,以确保测试能够在任何时候关闭,同时最小化对参与消费者的潜在损害。”②

随着沙盒理念的迅速普及、实践队伍的不断壮大,以及监管沙盒实效的良好发挥,FCA 基于对金融科技和市场是全球性的现实考虑,以及某些跨国公司提出的,通过监管合作来开展横跨多个司法辖区的沙盒测试之建议,产生了建立一个“全球沙盒”(global sandbox)的构想。这一想法有可能允许公司同时在不同的司法管辖区内进行测试,并允许监管机构共同合作,通过测试来识别和解决共同的跨境监管问题。诚然,FCA 也认识到,由于现有沙盒的多样性管理结构和特点,建立一个在多个司法辖区内同时测试的

---

① See FCA, “Regulatory Sandbox”, https://www.fca.org.uk/firms/innovation/regulatory-sandbox/accepted-firms, 2022 - 10 - 18.

② See FCA, “Regulatory Sandbox Lessons Learned Report”, https://www.fca.org.uk/publication/research-and-data/regulatory-sandbox-lessons-learned-report.pdf, 2018 - 10 - 23.

多边沙盒困难重重。其指出,当前的一个可行性选择是,构建一个由已经有自身的沙盒模型的监管者们组成的国际监管学院,已经与这些监管机构合作的公司可以同时在他们的辖区内开展测试,这也意味着监管者们可以共同分享和相互学习新的商业模式。①

以"全球沙盒"倡议为基础,英国金融行为管理局联合美国消费者金融保护局、阿布扎比国际金融中心、加拿大魁北克省金融市场管理局、澳大利亚证券与投资委员会、巴林中央银行、迪拜金融服务局、格恩西岛金融事务委员会、中国香港金融管理局、加拿大安大略省证券事务监察委员会、新加坡金融管理局以及世界银行集团扶贫协商小组 11 家金融监管机构和组织,于 2018 年 8 月 7 日建立了一个"全球金融创新网络"(Global Financial Innovation Network,GFIN)。该网络旨在促进不同地区的金融监管机构在金融安全、消费者福利和保护、金融包容与竞争、金融创新等方面的合作和知识共享,并共同参与新兴的政策问题,且推动金融创新的跨境测试。其从三个方面来促成这一新想法的实现:"一是架构监管机构网络,监管者和相关组织可以就新的创新趋势、自己的本地试验、相关测试和倡议等信息和知识进行分享,并为公司提供可以获取到的联系信息;二是政策工作和监管试验的联合,联合监管者在关键政策问题上的合作,支持标准制定机构的工作,这同样也可以包括监管机构在监管科技工具上的联合;三是跨境试验,为企业提供一个试验跨境解决方案的环境。"②

为了推动金融包容和促进金融机构与金融科技公司的联系,国际金融公司(International Finance Corporation,IFC)与新加坡金融监管局(Monetary Authority of Singapore,MAS)构建了一个"东盟金融创新网络"(ASEAN Financial Innovation Network,AFIN),该网络由银行、金融科技公司和非银行机构共同协作。在该网络中,参与者可以开发对业务、监管和技术的共同方案,其主要通过一个"行业沙盒"(industry sandbox)来实现这一目的。③

---

① See FCA,"Global Sandbox",https://www. fca. org. uk/firms/regulatory-sandbox/global-sandbox,2018 - 09 - 16.

② Global Financial Innovation Network (GFIN) Consultation document, https://www. fca. org. uk/publication/consultation/gfin-consultation-document. pdf,2018 - 09 - 16.

③ See AFIN,"About AFIN",http://afin. tech/index. php/about-afin/,2018 - 09 - 16.

2018年9月17日,AFIN宣布启动API交易所(API Exchange,APIX),这是一个金融机构的在线全球金融科技市场和沙盒平台(online global fintech marketplace and sandbox platform),是世界上第一个跨界开放架构平台,将促成非银行金融机构、金融科技公司通过全球的共同市场互相连接、金融行业参与者之间的沙盒协同实验以及推动亚太地区的数字转型和金融包容性,这一平台已于2018年11月的新加坡金融科技节上亮相。[①]

由此,我们可以看到,金融监管沙盒制度作为一种"在采取一定保护措施的前提下,对金融创新进行真实市场环境下测试"的监管机制,与当前既防风险又促创新的监管趋势高度契合,很好地满足和平衡了各方利益。金融监管沙盒制度无疑已经且将继续在世界范围内获得更多的青睐。

(二)境外金融监管沙盒制度的典型实例

安·赛德曼(Ann Seidman)和罗伯特·赛德曼(Robert Seidman)主张的"法律不可移植论"认为,不同国家和地区的法律架构和人们遵守法律的不同因素之考量,使不同国家和地区的人面对相同法律之时的态度不一,对法律的直接性移植将很难产生相同的绩效,甚至有可能造成"水土不服"。[②]经历过多次金融危机的世界各国家和地区也逐步认识到,对法律采用"拿来主义"的方式并不可取,但却可以在借鉴的基础上,吸取有益经验来建构本土化的制度。故而在构建本土的金融监管沙盒制度之时,各国家和地区均从实际出发,构建了各具特色的金融监管沙盒制度。

1. 多种选择——英国金融监管沙盒制度[③]

作为金融监管沙盒制度的首创国,英国在监管沙盒的制度架构方面无疑是各国的典范。FCA实际上在其《监管沙盒》报告中,为金融创新主体提供了三种沙盒模式,除较为详尽地阐释了"授权式沙盒"外,还包括"虚拟沙盒"和"伞型沙盒"。

---

① See AFIN, "World's First Cross-Border, Open-Architecture Platform to Improve Financial Inclusion", http://afin. tech/index. php/2018/09/20/worlds-first-cross-border-open-architecture-platform-to-improve-financial-inclusion/,2018-09-21.

② 参见[美]安·赛德曼、[美]罗伯特·赛德曼:《发展进程中的国家与法律:第三世界问题的解决和制度变革》,冯玉军、俞飞译,法律出版社2006年版,第52页。

③ See FCA,"Regulation Sandbox",https://www. fca. org. uk/publication/research/regulatory-sandbox. pdf,2018-09-22.

授权式沙盒是英国 FCA 组织开展的项目,整个流程大致可以分为以下三个阶段(见图 1.1):首先是准入阶段,拟申请测试的企业在规定时间内向 FCA 提交申请书,该申请书包括入门指南、个人相关信息、创新方法的信息、测试计划的信息 4 个部分;FCA 将会根据申请书的内容,主要以企业提出的该项创新是否在测试接受的范围之内、是否不同于已经在市场上存在的制度、是否为消费者权益的保护提供了良好的计划、是否真的需要通过沙盒来进行测试、企业是否已经做好测试的准备工作 5 个标准来对该创新进行细致审查;如果计划被批准,FCA 将指派专门的官员作为联络员,并与申请企业详尽讨论包括测试参数、结果的测量、报告要求和安全措施在内的最佳沙盒模式。其次是运作阶段,FCA 批准企业开始测试并进行监管,企业按照与 FCA 协商一致的最佳沙盒模式中的要求进行测试。最后是结束阶段,企业向 FCA 提交有关测试结果的最终报告,在 FCA 收到和审查该报告之后,企业决定是否提交沙盒之外的解决方法,如果提交,则需要经 FCA 最终审核之后再推向市场。

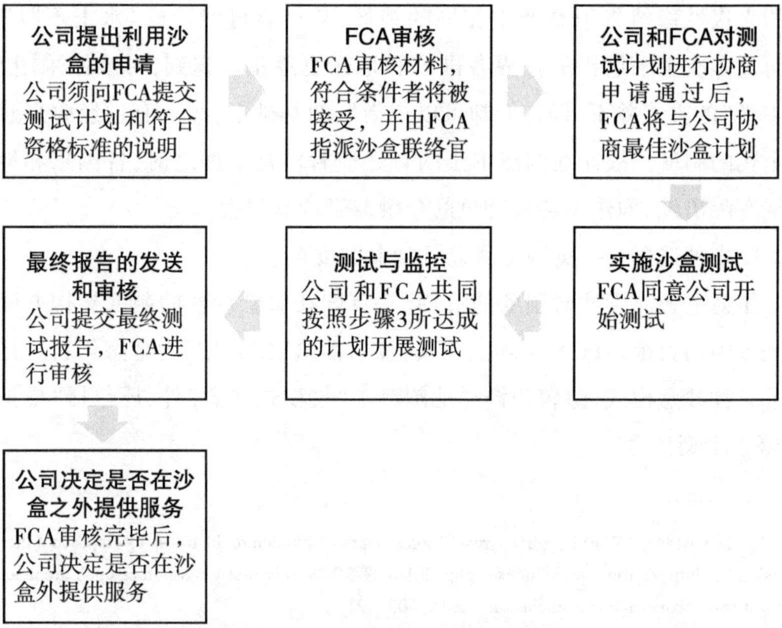

图 1.1　英国授权式沙盒运作流程

资料来源:FCA, Regulation Sandbox, https://www.fca.org.uk/publication/research/regulatory-sandbox.pdf,2018－09－22。

虚拟沙盒(virtual sandbox)是一种以行业间协作为基础,以云计算为技术手段建立的测试方案。企业可以通过虚拟沙盒,利用公共数据和其他企业提供的相关数据对其产品或服务进行测试,并邀请企业或者消费者尝试其新方案。虚拟沙盒的优势在于,所有的创新者都可以在无须授权的情况下进入沙盒进行测试,且该测试并非基于真实的环境开展,不会对消费者和金融系统造成损害。FCA 鼓励行业间引入虚拟沙盒,并会在不违反相关规则的情况下为其提供数据支撑。

伞型沙盒(sandbox umbrella)实际上是一种监管权的传递,即先在 FCA 的批准下成立一家非营利公司作为伞型沙盒,其受 FCA 的直接监管。没有获得 FCA 授权成为沙盒企业的创新者,可以在该伞型沙盒公司的授权和监管下,作为其委派的代理人提供金融产品或者服务。与授权式沙盒极其严格的审核与授权相比,伞型沙盒无疑为创新主体极大地减少了测试成本。

2. 范围宽广——新加坡金融监管沙盒制度

为了打造一个"全球性智能金融中心",新加坡政府开展了多项战略部署。包括打造以初创公司、金融机构、投资者、技术公司、研究所、创新专业人员和政府机构等部门构成的,充满活力和协调性的金融科技生态系统;通过应用程序编程接口(API)开放银行业务平台,促成该行业的迅速创新;打造具有强大的研发人才、创新人才和专家的队伍;等等。① MAS 认识到,金融科技是建设智能金融中心的关键要素,而提供有利于技术创新应用的监管环境,则是关键的驱动力。但随着金融科技的迅速发展,基于其创设的金融产品和服务正在朝着更加复杂的状态演变,它们在是否能够满足监管要求方面无疑也存在不确定性。此时,一些金融机构或者初创企业,可能会出于谨慎而选择并不开展创新或推广其产品或服务,这将导致诸多很有前景的金融创新被扼杀,从而错过发展的机会。② 为了在把控风险的前提下促成金融创新的迅速发展,MAS 也引入了金融监管沙盒制度,其于 2016 年 6 月 6 日发布了名为《金融科技监管沙盒指南》的咨询意见稿,并在当年

① See MAS, "Smart Financial Centre", http://www.mas.gov.sg/Singapore-Financial-Centre/Smart-Financial-Centre.aspx, 2018-09-23.

② See MAS, "FinTech Regulatory Sandbox", http://www.mas.gov.sg/Singapore-Financial-Centre/Smart-Financial-Centre/FinTech-regulatory-sandbox.aspx, 2018-09-23.

的11月16日发布了名为《金融科技监管沙盒指引》的正式文件。① MAS鼓励更多的金融创新主体参与到金融科技沙盒试验当中,并促成该创新产品有机会在新加坡和海外得到更为广泛的运用。② 故而新加坡监管沙盒的目标受众十分广泛,涵盖了所有的金融机构,以及任何有兴趣的公司("申请人")。这些创新主体都可以申请进入监管沙盒,对在生产环境中所产生的金融创新产品或服务开展测试,但也要在一个明确的空间和时间范围之内,同时提供包括对失败的后果和金融体系整体安全,以及健全的维护措施在内的各项保障措施。③

整体来看,新加坡为了给金融创新主体营造一个宽松的监管环境,其金融监管沙盒制度极大地拓宽了金融创新主体,以及金融创新产品或服务的范围。整个沙盒测试的程序可以包括如下4个阶段(见图1.2):④一是申请阶段,拟参加沙盒测试的金融创新主体向MAS提交包括申请人基本信息;与申请人相关的组织机构、核心业务、牌照信息等相关概述;金融创新符合监管沙盒评价标准的详细信息三个表格在内的全套申请信息。二是评估阶段,MAS对收到的上述一整套申请信息,根据《金融科技监管沙盒指引》中的评估标准开展为期21个工作日的评估。如果通过,将进入正式试验阶段;如果未通过评估,MAS将会对其未通过评估的原因作出书面说明。同

① 2021年11月9日,MAS发布了一个"沙盒+"(Sandbox Plus)计划,主要从三个方面对其金融科技监管沙盒进行优化:一是将参与沙盒的资格标准从技术创新的最早采用者扩展到早期采用的群体;二是增加对创新主体的财政补贴;三是符合条件的测试者将获准参与一个特定平台(Deal Fridays),使创新主体的产品能够接触到沙盒测试之外的消费群体。该计划从2022年1月1日正式实施。由于新的金融科技监管沙盒计划启动时间较短,且并未对运作流程进行变更,故而本书仍以MAS于2016年发布的《金融科技监管沙盒指引》及其实践为样本。See MAS,"MAS Enhances its FinTech Regulatory Sandbox with Sandbox Plus", https://www.mas.gov.sg/news/media-releases/2021/mas-enhances-fintech-regulatory-sandbox-with-sandbox-plus, 2022-12-08.

② See MAS, "Understanding and Applying to the Sandbox", http://www.mas.gov.sg/Singapore-Financial-Centre/Smart-Financial-Centre/FinTech-regulatory-sandbox/Understanding-and-applying-to-the-sandbox.aspx, 2018-09-23.

③ See MAS, "Fintech Regulatory Sandbox Guidelines", http://www.mas.gov.sg/~/media/Smart%20Financial%20Centre/Sandbox/FinTech%20Regulatory%20Sandbox%20Guidelines%2019Feb2018.pdf, 2018-09-23.

④ See MAS, "Fintech Regulatory Sandbox Guidelines", http://www.mas.gov.sg/~/media/Smart%20Financial%20Centre/Sandbox/FinTech%20Regulatory%20Sandbox%20Guidelines%2019Feb2018.pdf, 2018-09-23.

时，鉴于监管沙盒的初创性，申请人也可以在与MAS协商之后，对申请材料进行调整并重新提交。三是试验阶段，在这一阶段，受测主体应当着重注意对客户的保护，告知其正在参与沙盒测试、向其披露与金融服务相关的关键风险、提供相应的解决方案和保护措施等，并按照与MAS协商好的方式开展测试。如果受测主体在这一阶段拟对正在测试的金融创新作出重大变革，可以提前1个月向MAS进行申请，并详细说明情况。四是退出阶段，受测主体在退出过程中可能会面临三种状况。首先是至少在测试结束前一个月提出扩展测试期限的申请，MAS将对申请进行审查并逐个审批；其次是在MAS和受测主体对测试结果均感到满意，且受测主体符合沙盒要求状况下对金融创新在沙盒外进行推广；最后是基于对测试结果不满意、测试结束后无法达到监管要求、金融创新有重大缺陷等情况，停止继续测试。

截至2022年11月，已经有10家企业参与了新加坡的监管沙盒，其中有8家已经完成测试，还有2家的测试于2022年12月31日和2023年5月3日结束。①

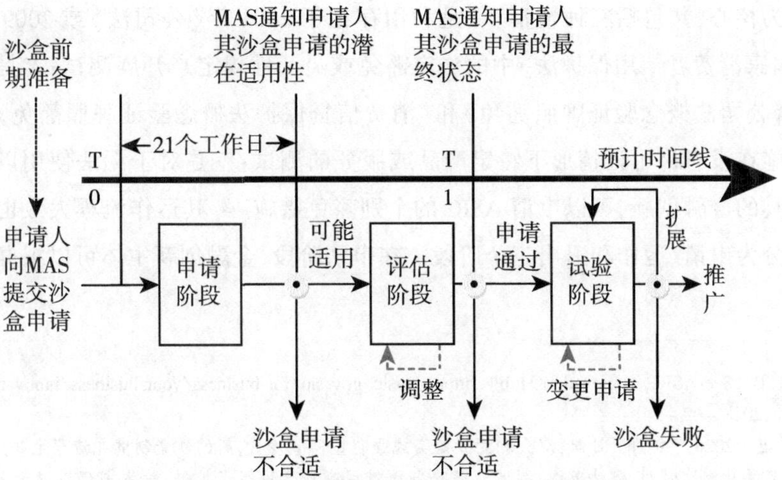

图1.2 新加坡金融监管沙盒运作流程

资料来源：MAS, Fintech Regulatory Sandbox Guidelines, http://www.mas.gov.sg/~/media/Smart%20Financial%20Centre/Sandbox/FinTech%20Regulatory%20Sandbox%20Guidelines%2019Feb2018.pdf, 2018-09-24。

---

① See MAS, "Sandbox", https://www.mas.gov.sg/development/fintech/sandbox, 2022-11-17.

3.牌照豁免——澳大利亚金融监管沙盒制度

在金融科技风靡的全球浪潮下,澳大利亚 ASIC 于 2015 年 3 月成立了旨在帮助金融科技初创公司更好地了解其监管体系,促成有利于消费者的金融创新的"创新中心"(innovation hub)。这一中心使金融科技初创公司有机会获得特定的信息和非正式援助渠道,尽可能地简化其获得相关牌照许可的过程。[①] 2016 年 12 月,ASIC 相继发布了《公司法概念验证牌照豁免》[ASIC Corporations(Concept Validation Licensing Exemption)Instrument](2016/1175 号文件)和《消费信贷保护法概念验证牌照豁免》[ASIC Credit(Concept Validation Licensing Exemption)Instrument](2016/1176 号文件),允许合格的公司无须获得牌照,便可以在 12 个月的期限内,测试指定类型的金融产品顾问和信贷中介服务。ASIC 于 2017 年 2 月发布《监管指南 257:在未持有澳大利亚金融服务和信贷执照的情况下测试金融产品和服务》,完整地建构了澳大利亚的金融监管沙盒制度(见图 1.3)。[②]

整体来看,澳大利亚的监管沙盒以对金融牌照或信用证牌照的暂时豁免为核心,共包括三种情形:一是利用存在于 2001 年《公司法》或 2009 年《国家消费者信用保护法》中的法定豁免或灵活性规定来开展测试;二是依靠《公司法概念验证牌照豁免》和《消费信贷保护法概念验证牌照豁免》来实施在没有许可证情形下特定产品或服务的测试;三是对于无法使用以上工具的金融创新,可以申请 ASIC 的个别豁免措施。[③] 其运作流程大致也可以分为申请、运作和退出三个阶段。在申请阶段,金融创新主体可以根据其

---

① See ASIC,"Innovation Hub",https://asic. gov. au/for-business/your-business/innovation-hub/,2018 - 09 - 24.

② 2020 年 9 月 1 日起,澳大利亚开始实施强化型监管沙盒,新的沙盒制度在流程上并无变化,只是从测试时间、测试范围、测试业务等方面对现有沙盒进行了扩展,故本书仍以澳大利亚最初的监管沙盒为样本进行分析。截至 2022 年 11 月,强化型监管沙盒已经有 12 家公司参与。See ASIC,"Comparison of Key Features of the ASIC Sandbox and the Australian Government's Enhanced Regulatory Sandbox",https://download. asic. gov. au/media/5763623/comparison-asic-sandbox-enhanced-regulatory-sandbox-published - 25 - august - 2020. pdf,2022 - 11 - 21;ASIC,"Enhanced Regulatory Sandbox Exemption Users",https://asic. gov. au/for-business/innovation-hub/enhanced-regulatory-sandbox/enhanced-regulatory-sandbox-exemption-users/,2022 - 11 - 21.

③ See ASIC,"Regulatory Sandbox",https://asic. gov. au/for-business/your-business/innovation-hub/regulatory-sandbox/,2018 - 09 - 25.

自身条件、需求和创新产品的性状来选择上述三种沙盒模式中的一种,并向ASIC提交相应的申请材料,ASIC会根据材料进行评估,决定创新主体是否能够开展测试;在运作阶段,获得准入资格的创新主体按照要求对其创新产品开展测试;在退出阶段,创新主体可以选择延长测试期间、通过测试并获得牌照之后在市场上进行产品推广、停止受测产品的运作。①

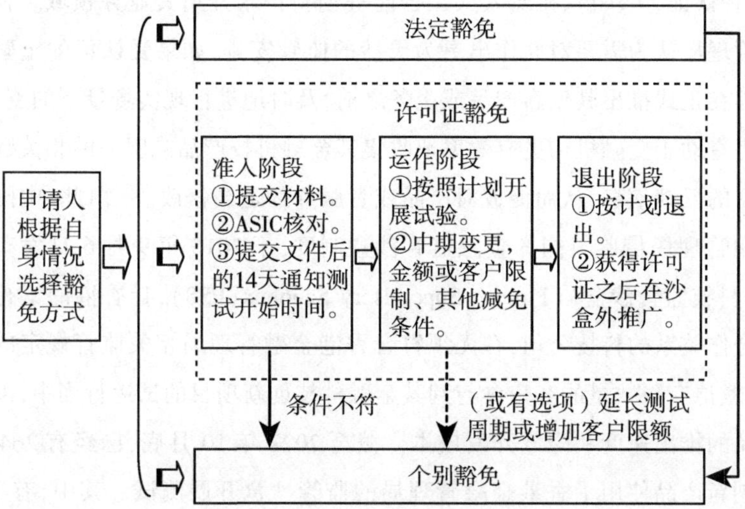

图1.3　澳大利亚金融监管沙盒框架

资料来源:笔者根据澳大利亚ASIC《监管指南257:在未持有澳大利亚金融服务和信贷执照的情况下测试金融产品和服务》自行整理。

值得注意的是,澳大利亚的监管沙盒具有以下三个典型特征:一是金融科技许可证豁免主要针对的是中介机构提供的服务(如咨询和处理某些产品),并不适用于创新主体直接发行金融产品或提供信贷服务;二是即便通过了金融科技许可证豁免,创新主体要在市场上推广创新产品,还是应当取得相关的金融牌照,但是会有一定的便利条件;三是在金融科技许可证豁免的模式下,如果创新主体申请延期、变更创新产品内容和想要获取更加特别的救济措施,将直接进入个别豁免的模式当中。截至2018年8月28日,已

① See ASIC, "Regulatory Guide 257: Testing Fintech Products and Services without holding an AFS or Credit Licence", https://download. asic. gov. au/media/4420907/rg257-published-23-august-2017. pdf, 2018-09-25.

经有6家公司参与了澳大利亚的监管沙盒试验,其中有3家正在进行测试,其他3家则已经结束或出于其他原因退出了监管沙盒测试。①

4. 分业开展——中国香港特别行政区金融监管沙盒制度

随着全球金融科技的长足发展,香港金融管理局(Hong Kong Monetary Authority,HKMA)已经认识到该地区的银行业正在运用包括移动支付服务、生物认证、区块链、机器人人工智能等创新技术开拓其业务领域。香港金融管理局认为需要对此作出更为灵活的监管安排,如果受认可的金融机构能够在正式推出其创新产品或服务之前,及时地进行现实场景下的测试,无疑将有助于金融机构更有效率地收集其金融科技产品或服务的相关数据与用户的反馈信息,从而促成对产品或者服务的适当修改。② 由此,中国香港金融管理局借鉴英国的金融监管沙盒制度,于2016年9月6日发布了《金融科技监管沙盒》(Fintech Supervisory Sandbox,FSS),让香港的银行和有着合作关系的科技公司,在无须符合香港金融管理局相关监管规定的环境下,邀请有限数量的客户参与到其金融科技创新项目的试运行当中,以加快产品的推出速度和降低开发成本。截至2022年10月底,已经有264项金融创新产品使用了香港金融管理局的监管沙盒开展测试。其中,有188项是银行与科技公司合作进行的。③

鉴于对香港金融管理局实施监管沙盒产生的效果的认识,香港证券及期货事务管理委员会(Security and Futures Commission,以下简称香港证监会)和香港保险业监管局(Insurance Authority,以下简称香港保监局)于2017年9月29日分别推出了《香港证监会监管沙盒》与《香港保险科技监管沙盒》。香港证监会认为,如果企业能够真诚和认真地在监管之下利用

---

① See ASIC, "Entities Using the Fintech Licensing Exemption", https://asic.gov.au/for-business/your-business/innovation-hub/regulatory-sandbox/entities-using-the-fintech-licensing-exemption/, 2018-9-25.

② 参见香港金融管理局:《金融科技监管沙盒》,载 https://www.hkma.gov.hk/media/chi/doc/key-information/guidelines-and-circular/2016/20160906c1.pdf,最后访问日期:2018年9月25日。

③ 参见香港金融管理局:《金融科技监管沙盒》,载 https://www.hkma.gov.hk/gb-chi/key-functions/international-financial-centre/fintech-supervisory-sandbox-fss/,最后访问日期:2022年11月21日。

金融科技开展金融创新,将会为投资者带来更多和更优质的产品和服务,进而使香港的金融服务业受益。同时,由于创新主体金融创新的核心环节可能是一项崭新的金融科技,为了维护市场稳定和保障投资者权益,很有必要在其起步阶段,于受限的监管环境之下,先对企业提供金融产品和服务的可靠性,以及内部监控系统进行测试和检查,再让创新主体将相关产品和服务扩展至整个市场。[①] 故而推出了"香港证监会监管沙盒",为持有牌照的法团和获得适当牌照的初创企业,提供一个受限制的监管环境,开展《证券及期货条例》项下的规范活动。这一制度能让合资格企业在发牌制度下,通过与证监会进行紧密沟通并受到严谨监督,能够有效率地识别及处理与其规范活动相关的风险及关注事项。[②]

与香港金融管理局一样,香港保监局留意到已持牌的保险公司,很有可能在其商业活动中运用金融科技创新来实施项目,但是对这些项目是否符合香港保监局的相关监管规定并不确定。为此,香港保监局提供了一个弹性监管安排,推出了"香港保险科技监管沙盒",优先考虑让个别保险科技项目在沙盒的环境下试行,让保险公司收集足够的数据,向保监局证明该保险科技的应用可以大致符合守则、指引和其他规范做法的相关监管规定。香港保监局认为此举能够使得保险公司在新的保险科技项目推出市场前的受控环境中,获得实际的市场数据和使用者体验的反馈,并提供相关资料让保监局可根据保险业界的最新科技应用发展,适时修订监管规定。[③]

基于金融监管沙盒制度的运作实践,以及香港证监会与香港保监局监管沙盒的发布,香港金融管理局于 2018 年对其"金融科技监管沙盒"进行了升级改造,增加了金融科技监管聊天室,希望以此推动创新主体和监管部门在项目开发初期的直接性实时沟通。同时,通过对混业金融科技项目提供的"一点通"服务,实现了香港金融管理局、香港证监会和香港保监局三

---

① 参见香港证券及期货事务监察委员会:《关于公布证监会监管沙盒的通函》,载 https://www.sfc.hk/edistributionWeb/gateway/TC/circular/openFile? refNo = 17EC63,最后访问日期:2018 年 9 月 25 日。

② 参见香港证券及期货事务监察委员会:《证监会监管沙盒》,载 https://www.sfc.hk/web/TC/sfc-fintech-contact-point/sfc-regulatory-sandbox.html,最后访问日期:2018 年 9 月 25 日。

③ 参见香港保险业监管局:《保险科技专区》,载 https://www.ia.org.hk/tc/aboutus/insurtech_corner.html#1,最后访问日期:2018 年 9 月 26 日。

个沙盒的协调运作,创新主体可以依其需求接通不同的沙盒。[①] 与其他国家(地区)的金融监管沙盒制度相比,中国香港的监管沙盒除“分业开展”这一直观性的特征之外,对参与主体的要求也是十分苛刻的,即必须是已经持有许可牌照的金融机构,如果是初创企业,也必须获得适当的牌照。同时其金融监管沙金盒制度明确表明,不会放松监管的要求,只是为金融创新提供一个先行测试的机会。

5. 关注影响——马来西亚金融监管沙盒制度

为了大力支持能够改善马来西亚金融服务质量、效率和可得性的金融创新,马来西亚中央银行(Bank Negara Malaysia, BNM)于 2016 年 6 月设立了金融科技促进小组(Financial Technology Enabler Group, FTEG)。该小组由马来西亚中央银行内部的跨职能小组组成,负责制定和加强监管政策,以促进马来西亚金融服务业的技术创新。[②] 2016 年 10 月 18 日, BNM 正式发布了《金融科技监管沙盒框架》。与其他国家(地区)的金融监管沙盒制度相比,马来西亚的监管沙盒框架在制度架构和运作模式上并无太多特点,均是大致按照准入、运作和退出等流程开展(见图 1.4)。不同的是其十分注重创新主体和创新产品的社会影响力,这主要体现在对两者准入资格的评价标准方面,将“申请人是一个领导和管理能力都很诚信的人”和“创新产品、服务或解决方案能够为马来西亚的经济融资或投资填补漏洞或者提供新机会”两项内容均列为评价指标或加分项。[③] 截至 2018 年 9 月,已经有 7 家公司参与到马来西亚的监管沙盒测试当中,其中 1 家已经于 2018 年 5 月 24 日完成试验,其他 6 家正在测试过程中。[④]

---

① 参见香港金融管理局:《金融科技监管沙盒》,载 https://www.hkma.gov.hk/chi/key-functions/international-financial-centre/fintech-supervisory-sandbox.shtml,最后访问日期:2018 年 9 月 26 日。

② See FTEG, “Financial Technology Enabler Group”, https://www.myfteg.com/about, 2018-09-26.

③ See BNM, “Financial Technology Regulatory Sandbox Framework”, http://www.bnm.gov.my/index.php?ch=57&pg=137&ac=533&bb=file, 2018-09-28.

④ See BNM, “List of Approved Participants in Regulatory Sandbox”, https://www.myfteg.com/approved-participants-in-sandbox, 2018-09-28.

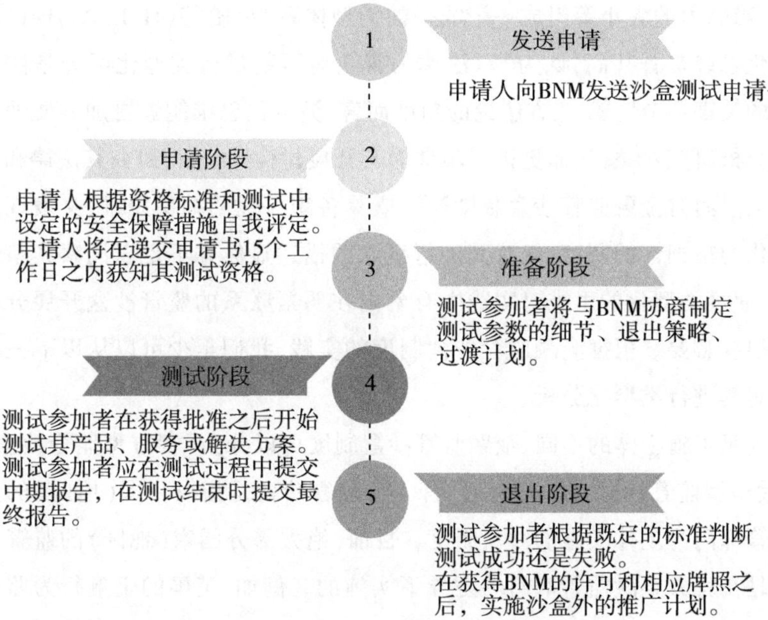

图1.4　马来西亚金融监管沙盒运作流程

资料来源:笔者根据马来西亚 BNM《金融科技监管沙盒框架》自行整理。

(三)金融监管沙盒制度的类型化分析

类型化分析始于自然科学,后被借用到社会科学当中,作为分析社会现实共同和区别意义的工具,类型化是把类似的品质、功能或行为与其他不类似的品质、功能或行为区分开来。[①] 此种分析方法运用到法学领域,则成为主要通过对事物共同特征进行归纳式的提炼,使陈述者能够形而上地把握陈述对象,进而确保陈述外延的周延性与安定性,却又导致概念抽象化和空洞化的概念法学相辅相成的重要工具。历史地看,法学领域的类型化思维兴起于20世纪上半叶,主要根据研究对象的特征进行类属的划分,并且把具有类似特征的社会现象和经验事实,依据一定的标准划分为一个类型的行为事实,然后再在各个不同类型的行为事实之间,根据其内在要素联系的

① 参见[美]约翰·R.康芒斯:《资本主义的法律基础》,寿勉成译,商务印书馆2003年版,第436页。

强弱、影响力的大小等组成一个统一的类型体系。[①] 哈特(H. L. A. Hart)对类似化思维赞誉甚高,认为“以法律的视角对事物进行类型化区分是法律决策的关键环节”。[②] 从方法论的角度而言,类型化思维能够更加方便地掌握和分析研究对象,从而更进一步地对其开展建构性分析,研究其法律和现实意义。面对金融监管沙盒制度这一既具备统一性的抽象思维,又表现出具体化的精细性的制度,仅对其进行概念的描述显然并不足以洞察其整体架构,通过类型化的思维对实践中有着内在要素联系的监管沙盒开展分析无疑很有必要。根据金融监管沙盒制度的实践,我们至少可以从以下三个角度对其进行类型化分析。

按照实施主体的不同,金融监管沙盒制度可以分为“官方型监管沙盒”与“代理型监管沙盒”两个类别。官方型监管沙盒是指以一国(地区)的金融监管部门为主体实施的沙盒制度。目前,绝大部分国家(地区)的监管沙盒都是在官方金融监管部门的主导下实施的。例如,英国的金融行为监管局,马来西亚的马来西亚国家银行,泰国的泰国中央银行(Bank of Thailand, BOT),阿布扎比的全球市场金融服务管理局(Financial Services Regulatory Authority, FSRA),等等。代理型监管沙盒主要是指某个组织或者法人实体,在一国(地区)金融监管部门的授权下和监管之下,开展对金融创新产品测试的类型。这一类型主要包括英国在行业间开展的虚拟沙盒(virtual sandbox),以及基于被授权的非营利性公司的实施的伞型沙盒(sandbox umbrella)、韩国证券交易所旗下的韩国证券信息公司(Korea Securities Information Company, KOSCOM)开展的“智能投顾沙盒”。

按照针对的行业和具体业态的不同,金融监管沙盒制度可以分为“行业型监管沙盒”与“业态型监管沙盒”。行业型监管沙盒主要是基于分业监管体制建立起来的,中国香港特别行政区的金融管理局、证券及期货事务监察委员会、保险业监管局分别建立的《香港金融科技监管沙盒》《香港保险科技监管沙盒》《香港证监会监管沙盒》的状态,即为典型的行业型监管沙

---

① 参见张斌峰、陈西茜:《试论类型化思维及其法律适用价值》,载《政法论丛》2017 年第 3 期。

② H. L. A. Hart, “Positivism and the Separation of Law and Morals”, *Harvard Law Review*, Vol. 71, No. 4, 1958, pp. 593 – 629.

盒。业态型监管沙盒主要是按照各国家和地区准予(或者说扶持)具体金融业务的相关产品进入监管沙盒开展测试所进行的分类。例如,在大多数国家都关注的金融科技领域,泰国央行针对贷款、货币支付和转账等领域开展了监管沙盒,[①]韩国证券信息公司(KOSCOM)针对智能投顾业务设置了"智能投顾沙盒"平台,立陶宛央行针对区块链初创企业设置了监管沙盒,等等。

按照沙盒实施的行政区域的不同,金融监管沙盒制度可以划分为"国内型监管沙盒"与"国际型监管沙盒"。国内型监管沙盒是指在一国(地区)的行政区域内实施的监管沙盒,其又可分为中央金融监管部门实施的适用于整个国家(地区)的监管沙盒,如各国现行的由中央监管部门设计的监管沙盒;以及一国(地区)内部地方行政主管部门或地方金融监管部门在本区域内实施的监管沙盒,如美国亚利桑那州为了推动本地区金融科技、加密货币和区块链等产业发展,推出的监管沙盒计划。[②]

国际型监管沙盒主要是指以国家(地区)作为主体搭建的"沙盒测试桥梁",即使得某一金融创新产品(主要是跨国金融集团的产品)在不同的行政区域内同时开展测试,促成各国(地区)金融监管部门的深度合作。通过测试来识别和解决共同的跨境监管问题,把握宏观金融风险,其基于对金融科技创新和金融市场全球性的认知而产生。英国 FCA 与中国、新加坡和韩国等市场建立的合作伙伴关系;新加坡与澳大利亚、法国、瑞士和韩国等其他国家签署的多份金融科技合作协议;中国香港金融管理局与波兰金融监管局、巴西中央银行、阿布扎比国际金融中心金融服务监管局开展的金融科技合作等,便是对构建全球监管沙盒的良好铺垫。前文所述的英国对"全球沙盒"的倡议、全球金融创新网络的建立、东盟金融创新网络与其全球首个跨国界、开放式的沙盒平台——API 交易所(API Exchange,APIX),无疑

---

① See Erin Hobey, "Brief: Thailand Finally Pursues Fintech, Preps Regulatory Sandbox", https://www.crowdfundinsider.com/2016/09/90443-brief-thailand-finally-pursues-fintech-preps-regulatory-sandbox/, 2018-09-30.

② Aaron Stanley, "Arizona Becomes First U.S. State To Launch Regulatory Sandbox For Fintech", https://www.forbes.com/sites/astanley/2018/03/23/arizona-becomes-first-u-s-state-to-launch-regulatory-sandbox-for-fintech/#24a35fd51372, 2018-09-30.

也是国际型监管沙盒的最佳体现。

二、我国金融监管沙盒制度的发展概况

自金融监管沙盒制度出现伊始,我国便对其进行了一定的关注,除我国香港特别行政区和台湾地区相继于2016年和2017年发布了金融监管沙盒制度的相关文件外,其他省市也开展了相关的前期试点。例如,上海银监局早在2015年便率先借鉴境外金融监管沙盒经验,创设了"银行业务创新监管互动机制",为现有政策不完善、无覆盖、不清晰的领域提供先行先试的"绿色通道"。这一机制通过创新监管互动机制提交申请,监管部门会同银行业机构一起探索创新、提供政策辅导、讨论该政策对实体经济的意义,对这些现行法规未覆盖及不尽完善领域的创新业务予以"特别监管"服务。这种"特别监管"就是互动监管,即监管部门和机构相互间进行充分沟通。此种以"个案试点+全程互动"的方式"有条件"地开展先行先试的机制,无疑能够在促进银行业在风险可控的前提下,加快提升服务实体经济的能力。该机制自2015年启动至2018年1月,一共收到了58项银行申请,落地33项,授信总额高达895亿元。① 随着金融监管沙盒制度在全球范围内的逐步风行和我国金融科技产业的迅猛发展,包括北京、深圳、赣州、贵阳在内的城市也纷纷加入这一潮流当中,相继开展了金融监管沙盒制度的相关实践。

在2017年2月16日的《中国互联网金融安全发展报告2016》发布会上,北京市金融工作局提出,北京市人民政府将以位于北京房山区的"北京互联网金融安全示范产业园"作为试验地,对互联网金融进行"监管沙盒"模式的试验。② 深圳市人民政府于2017年3月21日发布了《关于促进福田区金融科技快速健康创新发展的若干意见》,该意见将"沙盒标准"作为其7个服务平台的建设重点之一,无疑为"监管沙盒"的试点提供了政策支持和

---

① 参见上海自贸区:《上海自贸区探索"监管沙盒",为创新开"绿色通道"》,载https://mp.weixin.qq.com/s?__biz=MjM5MDk1NDM2OA%3D%3D&idx=1&mid=2656215016&sn=53a36b655a091cd71ce86665cf33a6d5,最后访问日期:2018年9月30日。

② 参见零壹财经:《北京将对互联网金融推行"监管沙盒"模式》,载https://news.p2peye.com/article-492502-1.html,最后访问日期:2018年9月30日。

准备。[①] 2017 年 7 月 9 日，由赣州市人民政府、国家互联网应急中心、新华网股份有限公司、赣州新链金融信息服务有限公司共同组建和运营的“赣州区块链金融产业沙盒园暨地方新型金融监管沙盒”，是我国第一个由政府部门主导组建的“监管沙盒园区”。该园区集信息科技、金融创新、沙盒监管、产业扶持于一体，积极探索利用区块链技术对区块链金融类产业设立扶持、发展、监管平台，进行扶持、发展、监管的技术创新，推动区块链金融类产业的良好健康发展。[②] 而在 2017 年 7 月 25 日于贵阳举办的“区块链 ICO 行业生态体系建设研讨会”上推出的“区块链 ICO 监管沙盒计划”，则成为国内首个具有监管和自律性质，由政府指导、民间行业组织规划和执行的沙盒计划。[③]

2019 年 12 月，中国人民银行启动金融科技创新监管试点工作，北京成为首个监管沙盒试点地区，随后，包括上海、重庆、深圳、河北雄安新区、杭州、苏州、成都、广州、山东、湖北、贵州等在内的地区分别于 2020 年和 2021 年被列入试点名单。截至 2022 年 4 月，全国共有 156 个项目“入盒”，有 7 个项目“出盒”，其中银行类金融机构的参与度最高，占比达 55.5%。同时，证监会也于 2021 年 3 月在北京启动资本市场金融科技创新试点工作，首批试点共有 16 个项目进入试验阶段。此外，非金融领域也正在跟进监管沙盒试点工作，2022 年 4 月 1 日，市场监管总局、工信部、交通运输部等五部委联合发布《关于试行汽车安全沙盒监管制度的通告》，开始在汽车领域构建监管沙盒制度。整体来看，我国目前的金融监管沙盒制度主要呈现三个方面的特征：一是以“官方型监管沙盒”为主导，“代理型监管沙盒”为补充。在我国地方层面的相关实践中，中国人民银行、证监会以及各地区的金融监管沙盒均由政府主导，属于典型的“官方型监管沙盒”；个别地区早期的金融监管沙盒，如贵阳市的“区块链 ICO 监管沙盒计划”，则是在政府的指导

① 深圳市福田区政府：《关于促进福田区金融科技快速健康创新发展的若干意见》，载 http://www.szft.gov.cn/bmxx/tztgs/cyzc/tzyhzc/201706/t20170607_9031666.htm，最后访问日期：2018 年 10 月 11 日。

② 参见赣州区块链金融产业沙盒园：《关于园区》，载 http://www.gzfinpark.com/help/about，最后访问日期：2018 年 10 月 11 日。

③ 参见赵静、龙章榆：《〈区块链 ICO 贵阳共识〉发布》，载 http://gz.people.com.cn/n2/2017/0726/c194827-30530829.html，最后访问日期：2018 年 10 月 11 日。

和协助下，由多个民间行业组织具体规划和执行，属于“代理型沙盒”。二是以金融科技为基础，以行业进行界分。虽然我国当前的金融监管沙盒均针对金融科技展开，但依旧出现了业态型监管沙盒的导向，即不同主管机构的金融监管沙盒吸引的大都为各自管辖范围内的市场主体参与。三是实体区域与制度规则并行。早期大都将一个特殊行政区域作为特定的试验地，进行金融监管沙盒的实践。例如，上海银监局的“银行业务创新监管互动机制”便是利用了自贸区的平台，在上海自贸区内实施；北京市的“监管沙盒”以位于房山区的“北京互联网金融安全示范产业园”为试验基地。2019年金融监管沙盒制度正式确立之后，则表现出由“点”到“线”再到“面”的发展趋势，即由区域金融中心逐步扩展到周边省份/自治区。

三、境内外金融监管沙盒制度发展现状评析

比照金融机构设立、运行、终止的存续周期，金融监管一般也可以从时间序列上划分为准入监管、过程监管和退出监管三个阶段。根据前文对各国（地区）金融监管沙盒制度的规则架构和相关实践的简单描述，虽然它们在细节上略有不同，但共同的运作模式却是清晰可见，即均包含了准入、运作和退出三个阶段。此时，一个关键性的问题便在于，金融监管沙盒制度的各个阶段分别包含哪些必要的构成要素。各国（地区）在构成要素的设置上是否具有一致性，同时，它们又是以何种具体的方式来实现金融安全、金融公平和金融效率的平衡，协调监管部门、金融机构和消费者之间的关系。

无疑，金融监管沙盒制度能够给创新主体带来的种种益处，及其“容量”的有限性，使之在事实上成为一种“稀缺性生产资源”。故而在准入模式的设置上，各国（地区）大都采取了较为严格的审批方式，并从程序和实体两个角度进行明确规定。此时，在对各国（地区）监管沙盒准入阶段的程序性和实体性要件进行个性化分析的基础上，归纳其共同特征，探求它们是如何通过该两个层面具体规则的设置，识别符合当前发展趋势和金融消费者需求的金融创新产品或服务、保证创新主体有足够的能力承担测试可能造成的后果、实现程序的正当性，就显得尤为必要。除此之外，在当前流行的“官方型监管沙盒”模式下，因政府固有的失灵现象延伸到这一“稀缺性生产资源”的分配过程当中，极有可能产生的，包括对创新主体和消费者设

置歧视性准入条件、侵害消费者对能够进入沙盒测试的具体金融创新的自主选择权在内的违背实质公平之现象,也需要进行重点关注。

金融监管沙盒制度运作阶段的规则设置需要考虑的问题包括:如何在加强沙盒主管部门对测试过程监控能力的同时,实现平等基础上的充分交流;如何协调监管沙盒与当前法律法规之间的关系,以及确保沙盒主管部门豁免行为的合法性;如何保证监管沙盒的制度弹性以应对突发需求;等等。其主要通过事中信息交流机制、豁免方式和中期变更机制三个关键性构成要素的设置来实现。各国(地区)均对此作出了本土化的规定,对这些规定进行详细分析与对比,无疑有助于我们更好地了解前述问题的具体解决路径。同时,对于创新主体通过隐瞒不利信息和捏造优势条件的方式所造成的"逆向选择"和"道德风险",进而影响监管沙盒透明度的问题,也应当在进行具体分析的基础上提出应对策略。

在金融监管沙盒制度的退出阶段,如何保证在消除潜藏的风险、妥善处理各主体权利义务关系、及时阻隔风险传染的前提下实现各主体的安全退出,显然成为其规则设置的重点。而对于能够从微观上直接体现沙盒测试短期行为效果的相关主体的退出后行为,是应当采用"强制性规范"来明确,还是通过"任意性规范"来规定,也是需要详细探讨的问题。此外,监管沙盒的制度构建绝非一次性的立法行为,而应当是一个动态调整的过程,故而通过有针对性的立法后评估机制的构建,对其规则设置和实施效果进行评判,同样显得十分必要。

我国长期以来的"命令—控制型"监管方式对金融创新产生的阻碍作用,以及金融消费者常规保护范式上的缺憾,均对金融监管沙盒制度这一能够在防范风险的前提下最大限度地促进金融创新的发展,实现对金融消费者的全方位保护并提升其福利的监管方式之引入,提出了迫切的需求。此时,在详尽分析金融监管沙盒制度的各项基本构成要素和境外实践的基础上,探求我国监管沙盒的整体引入之路径和具体规则的设置,显然成了亟待解决的问题。

鉴于此,本书便是遵循着金融监管沙盒制度的共通流程,以前述5个典型国家(地区)的金融监管沙盒制度为样本,对其准入、运作、退出阶段各项基本构成要素的共性和个性,以及突出的问题进行详尽分析,以期为我国金融监管沙盒制度的正式建构提供有益借鉴。

本章小结

金融监管沙盒制度之所以被称为是“金融监管史上的里程碑事件”,并不在于称谓的新颖性,而是在于其对计算机领域来源不可信、具备破坏力或无法判定程序意图的程序提供试验环境进行测试,防止风险影响系统的“沙盒”概念引入金融领域,为推动金融史发展的金融监管与金融创新这对矛盾互动体添入了润滑剂,并很好地架构起金融消费者保护这一支点,促成了稳定中的平衡。具体而言,监管沙盒通过客户、资金规模、所连接应用等方面的限制性条件,设置了一个内嵌于真实市场的“安全空间”,对性状不明、风险不定、无法满足完全监管要求的金融创新进行试验。测试其是否为能够促进市场的有效竞争,提升人们福利的真正金融创新,并在这一过程中寻求监管规则和消费者保护的完善,具有试验性、特定性、参与性和平衡性的特征。

从法律层面看,金融监管沙盒制度能够很好地协调与金融法治的确定性如影随形的滞后性,以及金融创新的日新月异之间的矛盾,这也是对金融法治长期以来在安全与效率的价值取向之间循环往复的更优解决路径。从主体层面看,金融监管部门和金融机构一直以来的对立统一关系,将更多地朝着平等博弈和良善合作的方向发展,长期以来被忽略的金融消费者也将从权益的保护转向权能的赋予,这能很好平衡三者的关系以及它们对安全、效率、公平的价值追求。但监管沙盒的试验性也带来了对其准确性的挑战和疑虑,而沙盒内部全新的关系厘定与交流形式,同样需要监管部门、金融机构和金融消费者摆脱以往的思维行动窠臼,这对三者的适应性提出了更高的要求。凡此种种,无疑需要各方在实践中不断探索并予以解决。

当前,金融监管沙盒制度已经在世界范围内遍地开花,包括英国、新加坡、美国、韩国、澳大利亚、马来西亚、阿布扎比等国家,以及我国香港特别行政区和台湾地区都已经出台相关的文件构建其自身的金融监管沙盒制度。其中,又以多种模式的英国监管沙盒、适用范围广泛的新加坡监管沙盒、以牌照豁免为中心的澳大利亚监管沙盒、分业开展的中国香港监管沙盒,以及注重创新主体与产品社会影响的马来西亚监管沙盒最为典型。我国大陆(内地)早在2015年就出现了类金融监管沙盒制度实践,2019年12月正式确立了“中国版金融监管沙盒制度”。就目前的发展情势而言,金融监管沙盒制度无疑将继续在世界范围内获得更多的青睐。

面的设置、决定者、信息和证据、对话、结果的确定性5个形式要素,成为大多数程序的基本构成要件。①

不过,在金融监管沙盒制度准入机制这一实际上只存在行政决定主体和行政相对人的场域,以及倡导从自上而下的管制型监管,转变为自下而上的互动型监管的新型监管机制而言,前述对立面的设置和纠纷解决的第三方决定者的概念,似乎显得太过宽泛且不合时宜。通过尤尔根·哈贝马斯(Jürgen Habermas)的"交往行为理论"建构的正当法律程序之要素的视角来进行分析,或许将显得更具现实意义。哈贝马斯眼中的"交往行为"是指两个以上具有言语和行为能力的主体之间的互动,这些主体使用口头的或者口头之外的手段,建立起一种人际关系。② 而"人类语言和行为当中内在的交往理性,则成为促使参与者就世界中的存在达成沟通的关键性因素,只有当允许互动——主宰这种互动的不是靠强制所达成的共识,而是直接或间接靠交往达成的沟通——存在的时候,参与者相互之间的关系才是合理的"。③

类似于金融监管沙盒制度的准入这样一种行政性行为,可以说是典型的"交往行为",该行为的过程实际上也是一个寻求共识的过程。行政主体和相对人双方通过交往与沟通,在确定的事实根据与法律根据的基础上,形成行政决定,只有在行政主体无偏见(主体适格)的基础上,具备听取意见和说明理由程序要素的行政行为才能构成一个完整的沟通行为。由此我们可以看到,正当法律程序必须具备"排除偏见、听取意见和说明理由"这三项核心程序要素,才能被视为"正当"。④ 各国(地区)金融监管沙盒制度准入阶段的程序性要件,均体现了正当法律程序的以上特征,并表现出这样一

① 对立面的设置是指存在复数的利益对立或者竞争的主体;决定者在多数情况下是指解决纠纷的第三者或者程序的指挥者;信息和证据一般是指与待决事项相关的事实、知识、资料、根据等;对话则是程序主体(特别是在对立面)之间为达成合意而针对争论点所开展的意见交涉方式;结果即程序中产生的根据事实和正当理由作出的最终决定。参见孙笑侠、应永宏:《程序与法律形式化——兼论现代法律程序的特征与要素》,载《现代法学》2002年第1期。

② 参见刘东亮:《什么是正当法律程序》,载《中国法学》2010年第4期。

③ [德]尤尔根·哈贝马斯:《交往行为理论:第一卷 行为合理性与社会合理性》,曹卫东译,世纪出版集团、上海人民出版社2004年版,第10~11、281、322页。

④ 参见刘东亮:《什么是正当法律程序》,载《中国法学》2010年第4期。

种共通脉络：金融创新主体先根据监管沙盒规则的要求，向各国（地区）的沙盒主管部门提交包括企业背景（性质、资金、能力等）、对创新产品或服务的评估与其商业可行性、测试计划等相关文件，再由该国（地区）的沙盒主管部门对这些文件进行评估，并及时作出准予或不准予进入沙盒空间开展测试的决定。同时，在这一过程中，不管最终决定如何，都保持主管部门与创新主体及时准确的信息交流。以下将就样本国家（地区）金融监管沙盒制度准入阶段的程序性要件进行具体考察和比较分析。

二、金融监管沙盒制度准入阶段程序性要件的实例分析

（一）金融监管沙盒制度准入阶段程序性要件的实例考察

1. 英国金融监管沙盒制度准入阶段的程序性要件考察

作为金融监管沙盒制度的首倡国，英国 FCA 在创新主体申请进入监管沙盒开展测试的过程中，十分注重创新主体对相关信息的提供。通常而言，创新主体需要向 FCA 提交一份包括入门指南、主体信息、创新方法、测试计划信息 4 个部分的申请书。其中主体信息包括：①创新产品的全称；②公司名称和办公地点；③总公司注册地址；④联系电话与电子邮箱；⑤企业的网站地址；⑥企业和相关业务或有关联的实体是否由 FCA 授权或注册；⑦是否已经在英国开展了业务；⑧是否计划与其他公司一起联合参与这项沙盒测试。[①] 创新方法的信息包括：①对创新产品及其发展阶段进行简短的总结性介绍；②解释这一创新产品是一个合规活动，或者能够在英国的金融服务市场当中合规运行（基于主体范围的判断标准）；③解释产品的创新点以及在市场上的竞争对手（基于真正创新的判断标准）；④这一创新如何给消费者带来好处（基于消费者利益的判断标准）；⑤提供创新产品可能存在的风险，以及在沙盒测试中缓解它的方法（基于消费者利益的判断标准）；⑥解释需要从 FCA 获得什么帮助以支持该创新产品在沙盒中的测试（基于沙盒需要的判断标准）。[②] 测试计划信息包括：①描述打算在沙盒中开展测

① See FCA, "Regulation Sandbox", https://www.fca.org.uk/publication/research/regulatory-sandbox.pdf, 2018-10-15.

② See FCA, "Regulation Sandbox", https://www.fca.org.uk/publication/research/regulatory-sandbox.pdf, 2018-10-15.

试的方案；②描述测试目标，以及测试成功的衡量标准；③阐述开展沙盒测试的时间表和关键点；④描述什么类型的客户将会参与该项测试，创新主体打算如何提供；⑤描述在该产品测试过程中可能出现的，对消费者和企业的关键风险，并阐述降低这些风险的方式；⑥描述沙盒退出计划，以及如果在测试过程中失败，将如何结束测试；⑦测试成功后的下一步计划。[①] 在收到包含以上申请信息的申请表之后，FCA 将依据其既定标准对测试申请进行评估。如果通过评估，FCA 将委派专门的沙盒联络官与受测主体共同商定包括宽免政策、测试要求与边界、报告频率与要求、审核方式、客户保护手段、测试结果的评估和退出计划等内容在内的沙盒测试计划。在达成合意之后便进入测试阶段。

2. 新加坡金融监管沙盒制度准入阶段的程序性要件考察

新加坡 MAS 对金融监管沙盒制度的准入程序进行了较为详尽的规定，具体而言，可以包括如下步骤：[②]

（1）在提交正式申请之前，创新主体可以，同时应当与 MAS 进行先期的邮件联系，以对沙盒监管的相关问题进行探讨。

（2）创新主体提出正式申请，向 MAS 提交《申请人基本信息表》和《沙盒申请详细信息汇总》两个申请文件。其中，《申请人基本信息表》包括申请机构名称、地址、电话、注册国家和主要营业地址，联系人的名称、职务、电子邮箱和电话等基本信息。《沙盒申请详细信息汇总》包括 4 个部分的内容：①申请机构的详细信息，包括组织机构的概况（结构、业绩等）、机构关键人员档案（知识结构、经验等）、机构的财务状况、被授权的情况。②拟参加沙盒测试的金融创新产品或服务的详细信息，包括该创新产品或服务拟解决的问题、存在的好处、商业模式（目标客户和案例等）、技术架构和解决方案、与现有产品的对比、准备情况。③现有法律法规对该拟测试产品的监管要求，以及创新主体在测试中希望得到的监管放松的细节，包括相关的

---

① See FCA, "Regulation Sandbox", https://www.fca.org.uk/publication/research/regulatory-sandbox.pdf, 2018-10-15.

② See MAS, "Fintech Regulatory Sandbox Guidelines", http://www.mas.gov.sg/~/media/Smart%20Financial%20Centre/Sandbox/FinTech%20Regulatory%20Sandbox%20Guidelines%2019Feb2018.pdf, 2018-10-15.

监管规定、合格的法律从业人员的法律意见(不必须)、在测试过程中需要的放松监管法律法规的具体细节、阐述如何在退出沙盒测试之前满足现实的监管要求。④沙盒测试计划的全部细节,包括在沙盒中开展的具体试验、提供监测和评估试验进展的具体指标和相应值、沙盒的边界(开始和结束的时间、客户类型与数量限制、其他量化限制、最大损失和影响的量化等)、对沙盒测试过程中的风险和失败的控制措施、客户的退出和过渡计划。

(3)MAS 在收到以上申请之后,将在 21 个工作日内对其进行审查,并尽量在此期间内将结果书面告知创新主体。与此同时,申请人可以与 MAS 在商谈之后,对申请材料进行调整并重新提交。

(4)如果申请通过,将进入"试验阶段";如果申请未通过,MAS 会将拒绝原因告知申请人,申请人在满足申请条件时可以重新提交申请。

3. 澳大利亚金融监管沙盒制度准入阶段的程序性要件考察

根据本书第一章第四节对澳大利亚金融监管沙盒制度的整体性描述,ASIC 的监管沙盒实际上包含了法律豁免、个别豁免和金融许可证豁免三种情形。其中,法律豁免是基于法律已有的豁免规则开展,只要遵照相关规定实施即可,并不需要特别程序。个别豁免的程序则较为简便,主要包括将申请副本发送至指定邮箱、缴纳相关费用、确保符合《监管指南 51:申请豁免》的规定三个步骤。[①] ASIC 的《监管指南 257:在未持有澳大利亚金融服务和信贷执照的情况下测试金融产品和服务》对前两种情形着墨不多,主要是对"金融许可证豁免"进行了详细阐述,这表明澳大利亚的金融监管沙盒制度是以"金融许可证豁免"模式为核心。故而此处将以该模式的程序性要件作为考察对象。

与其他国家(地区)相比,澳大利亚监管沙盒"金融许可证豁免"模式下的准入程序可谓极其简便。最大的特点便是其没有"申请—批准"程序,创新主体只要符合《监管指南 257:在未持有澳大利亚金融服务和信贷执照的情况下测试金融产品和服务》中"许可证豁免"的资格要求和拥有规定的相

---

① See ASIC, "Regulatory Guide 257: Testing Fintech Products and Services without Holding an AFS or Credit Licence", http://download.asic.gov.au/media/4160999/rg257 - published - 24 - february - 2017.pdf, 2018 - 10 - 15.

关文件,并向澳大利亚 ASIC 提交一个意图使用许可证豁免的书面申请,以及提供一些必要的信息之后,便可获得 12 个月的金融科技许可证豁免。其中,相关的必要信息包括创新产品的信息和其他信息。前者主要是指:①寻求依靠许可证豁免的法人名称;②创新主体的澳大利亚商业号码(ABN),澳大利亚公司号(ACN)和澳大利亚注册实体号码(ARBN)(如果有);③是否是在澳大利亚开展业务的外国公司,是否是基于公司法 Pt5B.2 注册;④重要联络人和联系电话;⑤主要业务地址;⑥网站详情(如果有);⑦所有董事和控制人的姓名和出生日期;⑧是否有任何专家协助(如顾问),如果有的话,他们的相关情况;⑨简要介绍创新和业务模型,重点介绍向客户提供的服务和提供这些服务的过程。[①] 后者则涵盖了:①每个企业董事和控制人的破产检查证明副本;②每个董事和控制人的国家刑事历史证明副本;③外部争议解决机制(EDR)的资格确认;④适当补偿安排的确认(如 PI 保险安排)。[②] 正式的测试将在创新主体通知 ASIC 意图使用许可证豁免的 14 日之后开始,ASIC 会以书面通知创新主体测试阶段的开始日期。

4.我国香港特别行政区金融监管沙盒制度准入阶段的程序性要件考察[③]

虽然香港金融管理局、香港证监会和香港保监会均推出了自身的金融监管沙盒制度,分别为银行、证券期货以及保险行业提供金融科技测试服务。同时,提供了不同创新企业接入所属沙盒的"一点通"服务。但就其目前所公开的文件来看,三个机构均未对相关的申请程序作出说明,只是明确

---

① See ASIC, "Regulatory Guide 257: Testing Fintech Products and Services without holding an AFS or Credit Licence", http://download.asic.gov.au/media/4160999/rg257 - published - 24 - february - 2017.pdf, 2018 - 10 - 15.

② See ASIC, "Regulatory Guide 257: Testing Fintech Products and Services without holding an AFS or Credit Licence", http://download.asic.gov.au/media/4160999/rg257 - published - 24 - february - 2017.pdf, 2018 - 10 - 15.

③ 参见参见香港金融管理局:《金融科技监管沙盒》,载 https://www.hkma.gov.hk/media/chi/doc/key-information/guidelines-and-circular/2016/20160906c1.pdf,最后访问日期:2018 年 10 月 16 日;香港证券及期货事务监察委员会:《证监会监管沙盒》,载 https://www.sfc.hk/web/TC/sfc-fintech-contact-point/sfc-regulatory-sandbox.html,最后访问日期:2018 年 10 月 16 日;香港保监局:《保险科技沙盒》,载 https://www.ia.org.hk/tc/aboutus/insurtech_corner.html,最后访问日期:2018 年 10 月 16 日。

规定了确切的测试范围和时间、风险管理措施、客户保障措施、退出计划等。不过从其相关文件的表述来看，创新主体进入监管沙盒开展测试均需要经过三个主管机关的严格审批，并由后者发给相关的限制性牌照。值得一提的是，香港金融管理局在前期实践的经验之上设置了一个“金融科技监管聊天室”，旨在帮助创新主体在新的金融科技创新构思初期，与金融监管部门进行沟通，获取相关的监管反馈意见，从而避免走冤枉路，并加快推出新的金融科技产品的时间。创新主体可以通过电子邮件，或者预约视频会议或面谈的方式与金融监管部门进行沟通。

5. 马来西亚金融监管沙盒制度准入阶段的程序性要件考察

马来西亚金融监管沙盒制度的准入程序大致可以分为4个步骤：①

首先，由申请人对照马来西亚BNM颁布的《金融科技监管沙盒框架》中有关资格标准、保障措施等内容，对自身条件开展自我评估，同时明确其业务或活动是否受到BNM的管制，并确定其商业模式。

其次，在确定自身条件之后，向BNM提出正式的申请，并提交包括有CEO或由CEO授权人员签署的申请信、申请表格、申请表格中相关信息的证明文件、测试打算达到的主要目的和衡量这些目的的适当指标4个申请文件。其中，申请表格包括三个部分的内容：(1)金融科技公司和金融机构的联系信息。前者的内容主要指公司名称、SSM注册号、网站地址、关键人物姓名(首席执行官、首席财务官等)、电子邮箱、电话号码、邮寄地址、股东、公司在马来西亚经营的性质和规模(200字以内)、在马来西亚创造的高技能工作的细节；后者则包括金融机构的名称、关键官员姓名(如CEO或创新负责人)、电子邮箱、电话号码和邮寄地址。(2)产品、服务或解决方案的相关信息，包括：①描述拟测试的产品、服务或解决方案；②资格条件，即解释真正的创新点、如何评估其效用、申请主体具备的能支持沙盒测试的资源、商业计划等；③潜在风险和保障措施；④测试的预期结果；⑤测试时间、资金来源、基础设置等其他相关信息。(3)金融机构与合格金融科技公司的合作细节(服务外包、股权参与等)。

---

① See BNM, “Financial Technology Regulatory Sandbox Framework”, http://www.bnm.gov.my/index.php?ch=57&pg=137&ac=533&bb=file,2018-10-16.

再次,BNM 将在收到创新主体完整申请材料的 15 个工作日内,通知获得参加沙盒资格的申请人。为了缓解 BNM 的审核压力和给予创新主体充分的考虑时间,BNM 对被拒绝的创新主体设置了为期 6 个月的冷静期,即创新主体应当在申请被拒绝后经过 6 个月,才能再次向 BNM 提出申请。

最后,BNM 将与获得测试资格的创新主体参加者协商以下内容:①包括范围、时间、监管灵活性要求和报告频率等在内的测试参数;②测试结束时测试成功或失败的具体工具;③在测试失败或被终止时的退出方式;④在成功测试和退出沙盒后,大规模部署产品、服务或解决方案的过渡计划。

样本国家(地区)金融监管沙盒制度准入阶段的程序性要件对比见表 2.1。

表 2.1　样本国家(地区)金融监管沙盒制度准入阶段的程序性要件对比

国家(地区)	前期接触	申请材料	审查期限	信息交流
英国	无明确规定	创新主体需要提交一份包括入门指南、主体信息、创新方法、测试计划信息在内的申请书	无明确规定	①申请测试的企业提交申请书;②FCA 告知申请主体是否通过评估的决定;③FCA 的联络官与通过评估的创新主体商定测试计划
新加坡	可以且应当进行前期交流	创新主体需要提交《申请人基本信息表》和《沙盒申请详细信息汇总》两个申请文件	21 个工作日	①创新主体在测试前与 MAS 就沙盒的相关问题进行沟通;②在 MAS 的评估过程中,创新主体可以在与之商谈之后,调整申请材料并重新提交;③MAS 书面告知申请是否通过,并阐明未通过的原因

续表

国家(地区)	前期接触	申请材料	审查期限	信息交流
澳大利亚	无明确规定	无具体规定,但要求提供一些必要的信息	并无审查期限一说,但将在创新主体提交相关文件后的14日通知其测试开始时间	①创新主体向ASIC提出许可证豁免的书面申请与相关信息。②ASIC通知创新主体测试开始的具体时间
马来西亚	无明确规定	提交由CEO或由CEO授权人员签署的申请信、申请表格、申请表格中相关信息的证明文件、测试打算达到的主要目的和衡量这些目的的适当指标4个申请文件	15个工作日	①申请测试的企业提交申请材料;②BNM告知申请主体是否通过评估的决定;③BNM与通过评估的创新主体商定测试计划
中国香港特别行政区	可以通过“金融科技监管聊天室”,与主管机关开展交流	无明确规定	无明确规定	①可以通过“金融科技监管聊天室”与主管机关进行监管方面的交流;②创新主体向主管机关提交相关的申请材料,主管机关审核后作出是否准予开展沙盒测试的决定

注:表中内容为笔者根据英国《监管沙盒》;新加坡《金融科技监管沙盒指南》;澳大利亚《监管指南257:在未持有澳大利亚金融服务和信贷执照的情况下测试金融产品和服务》;马来西亚《金融科技监管沙盒框架》;中国香港金融管理局《金融科技监管沙盒》;中国香港证监会《香港证监会监管沙盒》;中国香港保监会《香港保险科技监管沙盒》自行整理。

(二)金融监管沙盒制度准入阶段程序性要件的实例分析——基于正当法律程序的视角

根据前文的描述,绝大多数现代程序均包含了对立面的设置、决定者、信息和证据、对话以及确定性的结果5个基本要素,这些要素完整地体现于调解程序、审判程序、立法程序和选举程序当中,但却在行政程序中遭遇了现实的"滑铁卢","行政活动的无所不在使得与之有关的形成决定的条件无限多样化,进而导致统一的行政程序的类型无从寻找"。[①]

作为一种典型的行政程序,金融监管沙盒制度似乎也难以完全契合于上述5个基本要素,却也有一些基本联结点。例如,监管部门设定的监管沙盒准入规则,以及创新主体提交的,有关机构本身、金融创新产品或服务的信息、测试计划等内容,就是"与待决事项相关的事实、知识、资料、根据";创新主体和监管部门就金融创新产品或服务开展的事前信息交流,无疑是"意见交涉方式"的现实体现;而监管部门基于前述内容作出的允许或禁止创新主体开展沙盒测试的最终决定,则成为准入程序的终点——确定性的结果。

在明确了上述形式上的程序性基本构成要素之后,我们需要考虑的便是这一准入法律程序是否正当的"正当性"问题。在著名法学家阿尔佛雷德·汤普森·丹宁勋爵(Alfred Thompson Denning)的眼中,法律的正当程序是指法律为了保持日常司法工作的纯洁性而认可的各种方法。[②] 虽然此种正当的法律程序是基于审判程序的延展,却也在一定程度上影响了其他法律程序。美国法学家迈克尔·贝勒斯(Michael Bayles)从三个语境区分了法律程序的正当性,即集体决定的语境,包括对问题作出决定的活动与官员或代表的选择;通常诉诸强力(战争或强制)、谈判、调解、咨询、仲裁或审判来解决的,两造或多造之间的冲突;以及对个人或者组织施加负担或赋予利益的"负担/权益决定"。[③] 金融监管沙盒制度的准入程序显然属于一种

---

① 季卫东:《法律程序的意义》(增订版),中国法制出版社2012年版,第54~55页。

② 参见[英]丹宁勋爵:《法律的正当程序》,李克强、杨百揆、刘庸安译,法律出版社2015年版,第2页。

③ 参见[美]迈克尔·D.贝勒斯:《程序正义——向个人的分配》,邓海平译,高等教育出版社2005年版,第2~3页。

“负担/权益决定”,即监管部门对创新主体赋予参加沙盒测试的权益。

无疑,正当法律程序包含的多项程序要素使之内涵颇为丰富,而也正是如此,人们在正当法律程序的标准判断问题上难以达成共识。① 由此,一个能够最大限度地消除人们的认识分歧,具有直观性的简单的正当法律程序的形式标准,便显得很有必要。本书前述基于哈贝马斯“交往理论”推导出的,正当法律程序的“排除偏见、听取意见和说明理由”三项核心程序要素便具有这一特质。本书将以此为基准来阐释样本国家(地区)金融监管沙盒制度准入程序的正当性。

在行政主体没有偏见(主体适格)方面,样本国家(地区)均以“有着拟开展沙盒测试的拥有金融科技创新产品或服务的金融创新主体”为基准,根据自身特质明确了主体类型,对适格主体并无偏见,甚至更倾向于对初创企业的扶持。即便是要求参与测试的机构为已经持牌的机构,以保证具有足够的资源来支撑沙盒测试的香港证监会的监管沙盒,也为初创企业提供了“取得适当牌照”的选项。②

样本国家(地区)十分注重在金融监管沙盒的准入程序中听取相对人的意见,这主要体现在其信息的交流方面。一般而言,包括创新主体提交申请材料、监管部门与批准开展沙盒测试的创新主体商议具体的测试计划两个主要部分。其中,中国香港“金融科技监管聊天室”的设置,以及新加坡在创新主体正式申请之前应当与监管机构开展交流的规定,无疑更好地体现了“听取意见”这一要素。

说明行政行为的理由实际上已经包含于前述的信息交流当中。但就表2.1的统计来看,似乎只有新加坡明确规定会以书面形式通知申请人是否通过评估,并阐明未通过的原因,其他样本国家(地区)均未对此作出硬性要求。这使得准入程序正当性的三个要素并未形成完整的“闭环”,具有改进的必要。

值得一提的是,在澳大利亚并不采取“申请—审核”程序的“许可证豁

---

① 参见刘东亮:《什么是正当法律程序》,载《中国法学》2010年第4期。

② 参见香港证券及期货事务监察委员会:《关于公布证监会监管沙盒的通函》,载 https://www.sfc.hk/edistributionWeb/gateway/TC/circular/openFile?refNo=17EC63,最后访问日期:2018年10月18日。

免”情形下,只要创新主体符合沙盒规则的资格要求,并向监管部门提交相关文件即可开展沙盒测试的模式,无疑将在“排除偏见”和“说明理由”方面有着更优的表现。

此外,监管部门审查时限的规定实际上也十分重要,毕竟“迟到的正义是非正义”,在瞬息万变的金融科技时代,效率的重要性更加凸显。表2.1显示,并非所有的样本国家(地区)都会对审查时限进行明确规定,此种状态显然有悖于监管沙盒“在控制风险的前提下促成金融创新的发展”这一价值指导。我国在建构金融监管沙盒制度准入程序的过程中应当着重注意以上关键点。

第二节　金融监管沙盒制度准入阶段的实体性要件及其实例分析

一、金融监管沙盒制度准入阶段的实体性要件

从本质上看,市场准入是国家或政府发挥“看得见的手”的作用的典型表现,是国家或政府对市场经济行为进行的直接干预,是国家或政府调控市场经济、干预指导经济社会发展的正式制度安排,自然也就是国家或政府履行管理经济社会职能的现实表现。[①] 在金融领域,政府往往通过严苛的牌照制或宽松的备案制来对金融主体或金融产品准入进行规制:牌照制的严格事前审核有助于解决参与主体泥沙俱下、风险防控能力参差不齐、客户保护水平高低不一等问题;备案制则在防止垄断、促进充分竞争、降低准备成本、倒逼创新、提升服务等方面有着极大的优势。虽然与以往的监管手段相比,金融监管沙盒制度更加注重监管部门与金融创新主体在平等沟通的基础上,对监管规则和创新产品或服务开展微观技术和宏观方向的探讨,但这一探讨却是基于沙盒内部开展,大多数国家(地区)在准入的实体性要件方面,均设置了较为严格的标准。毕竟测试本身面对的就是一个性状和风险

① 参见鲁钊阳:《论我国互联网金融市场准入法律制度的完善》,载《现代经济探讨》2017年第2期。

并不明确的金融创新,滥竽充数的主体与创新的进入,无疑将极大地增加监管成本和风险系数,导致颗粒无收甚至引发连锁风险。

从整体来看,金融监管沙盒制度主要通过对创新主体的类别(银行、证券公司、保险公司、金融科技公司等)、资质要求、企业性质、财务状况,金融创新产品或服务的类型、创新性、作用,以及所提供的测试计划中消费者保护措施、风险控制机制等的周延性,来决定创新主体和产品或服务是否能够进入沙盒开展测试。在具体要求的设置上表现为:创新主体是否有足够的能力(主要是资金方面的)保证测试的正常运行和损害补救、创新产品或服务是否是一种颠覆性创新、能否带来良好的经济和社会效益、是否有完备的纠纷解决机制和消费者保护措施、能否进行有效的风险隔离等共性化标准。在这些标准的基础上,演化出个性化的规则。以下将就样本国家(地区)金融监管沙盒制度准入阶段个性化的实体性要件进行考察,并开展类别化分析。

二、金融监管沙盒制度准入阶段实体性要件的实例分析

(一)金融监管沙盒制度准入阶段实体性要件的实例考察

1. 英国金融监管沙盒制度准入阶段的实体性要件考察与实践分析

英国政府科学办公室(Government Office of Science)在其2015年3月发布的《金融科技的未来:英国作为金融科技的世界领导者》一文中指出,英国政府已经认识到金融业和科技业是本国较具价值的资产之一,它们是相互依存的,两者结合产生的颠覆性创新被称为"金融科技",其对英国金融行业的未来定位非常重要。为了巩固英国在金融科技方面的领先地位,有必要为金融科技公司在英国的蓬勃发展培育最佳的投资环境、适当的税收制度、适当的监管框架和最好的基础设施。[①] 金融监管沙盒制度便是推动英国金融科技良好发展的基础设施之一,该制度主要为开展金融科技创新的金融机构、金融创新公司,以及为它们提供外包或技术服务的专业性公司营造一个测试创新产品、服务、商业模式和交付机制的安全空间,能够帮

---

① See Government Office of Science, "Fintech Futures: The UK as a World Leader in Financial Technologies", https://assets.publishing.service.gov.uk/government/uploads/system/uploads/attachment_data/file/413095/gs-15-3-fintech-futures.pdf, 2018-10-18.

助创新企业在受控环境中测试创新产品和服务,以更低的成本降低进入市场的时间,在新的产品或服务中完善消费者保护措施,获得更好的融资渠道。[①] 同时,该制度也能够为消费者提供更好的金融服务,并促成FCA在新产品或服务进入市场之前,制定更优的消费者保障措施。为了更好地达到前述目的,保证整个监管沙盒的公正与透明,FCA明确并公布了5个标准(见表2.2),来对拟进入监管沙盒开展测试的创新主体及其创新产品或服务进行评估,即①企业及其所提出的该项创新是否在测试接受的范围之内,新的解决方式是否为支持金融服务业而设计;②新的解决方式是否不同于已经在市场上存在的制度;③该金融创新是否为消费者权益的保护提供了良好的计划,同时带来了可识别的良好利益,这一点必须贯穿沙盒测试阶段的始终;④企业参与沙盒测试的目的是什么,该创新是否真的需要开展沙盒测试;⑤企业是否已经做好测试的准备工作,包括是否在开发新的解决方案、理解可适用规则,以及为缓和风险投入了合适的资源。[②]

表2.2 英国金融监管沙盒制度的准入标准

资格标准	关键问题	积极指标	消极指标
创新主体及其产品是否属于沙盒测试的范围	创新主体是否正在寻求在英国金融服务市场,提供受FCA监管的业务,或支持受监管业务的创新	该创新是针对英国金融服务市场而进行的	该创新并不打算在英国金融服务市场上使用
创新产品是否为真正的创新	创新产品是否是新的,或者与市场上现有的同类产品有着显著不同	当前的市场上很少甚至没有类似的产品;研究表明该产品是一个真正的创新,有着越阶性的发展	市场上已经有很多类似的产品;研究表明其创新性不足,与市场上已经存在的产品或者服务并没有太大区别

① See FCA, "Regulatory Sandbox", https://www.fca.org.uk/firms/regulatory-sandbox, 2018-10-18.

② See FCA, "Regulation Sandbox", https://www.fca.org.uk/publication/research/regulatory-sandbox.pdf, 2018-10-18.

续表

资格标准	关键问题	积极指标	消极指标
消费者能否从创新产品或服务中获益	创新产品或者服务是否直接性地，或者通过加大市场竞争的方式，给消费者带来了可识别的并且有良好前景的利益	该创新产品或者服务能够直接或间接地为消费者带来更优的交易；已经明确了创新产品或服务会给消费者带来的任何可能的风险，并提供了缓解措施；该创新产品或服务将促进市场的有效竞争	该创新产品或服务可能对消费者、金融市场或金融系统产生损害；其看起来像是为了规避监管
是否真的需要进行沙盒测试	是否真的需要通过沙盒来测试创新产品或服务，如申请人是否并不需要使用沙盒工具就能够开展实践	该创新产品或服务难以适应现有的监管框架，使得将之推向市场变得十分困难或成本十分高昂；在现实的环境中对该产品或服务开展测试将对创新主体十分有益；创新主体没有别的方法来与FCA达成合作或者实现沙盒测试的目标；完全的授权过程对于这一需要在短期内生存下来的创新产品或服务来说过于昂贵或者困难	沙盒测试并非实现创新主体所需要达到的目标，或想要得到的答案所必需的；没有FCA的支持，创新主体也能对其创新产品或服务开展测试；一个专门的主管部门或者由FCA直接支持的团队就能够回答想要通过测试来获知的问题
创新主体是否已经准备好开展测试	创新主体是否已经准备好在一个真实的市场环境中，通过真正的消费者来开展测试	创新主体有一个包括明确的目标、测试参数和成功标准在内的完善的测试计划；目前已经开展了一些初步测试；有足够的资源和能力来支撑沙盒测试的完成；对消费者设置了足够的保护措施，并能在必要的情况下进行补救	创新主体的测试目标不明确，或者测试计划不完善；几乎没有开展初步的测试；没有必要的资源进行沙盒测试；提供的客户保障措施不充分，或者不能提供适当的补救措施

资料来源：FCA, Applying to the regulatory sandbox, https://www.fca.org.uk/firms/regulatory-sandbox/prepare-application, 2018-10-18。

FCA在收到拟参加沙盒测试的创新主体提交的申请材料之后，将严格按照以上标准对创新主体及其创新产品或服务进行评估，并作出是否准予开展沙盒测试的决定。截至 2021 年 8 月,FCA 已经开展了 7 个批次的试验。其中,前 4 个批次共接收了 276 份申请,有 89 个项目最终参与了沙盒测试,占提交申请拟参加测试的创新主体的 32.25%。从前述的数据来看,虽然 FCA 十分鼓励不同规模和类型的创新主体开展金融科技创新,但最终参与沙盒测试的创新主体仅占申请总量的 1/3 的准入率表明,FCA 在准入标准的设置和评估方面非常严格。以下拟对前 4 批参与沙盒测试的公司与测试项目进行详细考察和分析(见表 2.3)。

表 2.3　英国金融监管沙盒测试公司及测试项目明细

公司名称	产品描述
	第一阶段
Billon	基于分布式账本技术的电子货币平台,有助于使用手机安全地转移和持有资金
Bitx	基于区块链技术的跨境汇款服务
Blink Innovation Limited	一种有自动提示功能的保险产品,当航班被取消时,旅行者能够立即预订新的机票
Bud	一个在线的平台,允许用户在同一界面上管理他们的金融产品,具有个性化的洞察力
Citizens Advice	半自动咨询工具,可以使投资顾问和客户,对可行的债务解决方案的关键特征进行对比
Epiphyte	一家旨在使用区块链技术提供跨境支付的服务提供商
Govcoin Limited	一家技术提供商,与工作和养老金部(DWP)合作,确定使用现金以外的手段或快速支付计划进行紧急支付的可行性。付款平台将使用区块链技术,以允许 DWP 将信用信息传送到移动设备,进而直接传送到第三方
HSBC	这是一个与名为"Pariti"的技术公司合作开发的应用程序,该公司是一家金融科技创业公司,目的在于帮助客户管理其资产
Issufy	一个能够简化投资者、发行公司及其顾问的整个首次公开发行(IPO)过程的平台
Lloyds Banking Group	一种旨在改善客户体验的方法,可以通过电脑和手机体验
Nextday Property Limited	一家互联网物业公司,如果它们无法在 90 天内出售其物业,则将提供无担保的免息贷款给客户

续表

公司名称	产品描述
Nivaura	基于区块链技术开展私募证券发行及其周期管理的平台
Otonomos	在区块链上以电子方式代表私人公司股份的平台,使他们能够管理股权,进行在线询价,方便转让
Oval	一个应用程序,帮助用户通过放置少量的钱建立储蓄。这些储蓄可用于早期偿还现有贷款。Oval 将与 Oakam(一家消费信贷公司)和一些客户在测试期间进行合作
SETL	一种以分布式账本技术开展的零售支付系统
Tradle	利用分布式账本技术开发的个人和商业身份认知系统
Tramonex	一个基于分布式账本技术的电子货币平台,通过对"智能合约"的使用,将捐款转移给慈善机构
Swave	一个微型储蓄应用程序,提供跨账户的界面。基于用户的消费行为来计算可能的节约量,在用户进行消费的时候,存入小额的零用钱
第二阶段	
Asset Vault	Asset Vault 使消费者能够将其所有资产编入安全的在线表格,并更好地了解其总价值。Asset Vault 将与保险公司合作,通过适当的保险产品来保护消费者及其资产
Assure Hedge	一个基于网络的平台,提供外汇(FX)资讯,以协助中小企业和个人免受货币波动造成的损失
Beekin	利用人工智能和数据共享建立替代性资产的透明度和流动性,并为小投资者提供风险管理和分析服务
BlockEx	一个基于分布式账本技术建立的债券发行、私募和周期管理平台
Canlon	一项保险业务,如果没有提出索赔,则可以节省部分净保费偿还保单持有人
Disberse	基于区块链技术跟踪融资的发展,并提供个性化服务的平台
Evalue	为全体员工提供全面自动化的在线咨询服务,旨在帮助他们制定和达到现实的退休目标
Experian	抵押资格工具,可用于帮助处于研究观察阶段的购房者,根据贷方的可负担性标准,通过提高其资格来购买房屋

续表

公司名称	产品描述
Flood Flash	Flood Flash 提供了基于突发事件的洪水保险，即使在高空地区也是如此。一旦公司的传感器检测到洪水已经超过一定深度，客户就会收到预先约定的赔偿
InsureA Thing	一种替代性保险业务模式
Money Dashboard	一款通过汇总来自在线账户的金融交易，并将其传送到抵押贷款人处，可以即时查看消费者负担能力的工具
Moneyhub Enterprise	Moneyhub 结合人工智能，数据分析和心理学，推动消费者实施积极的财务行为
Nimbla	Nimbla 通过在线平台为英国中小企业提供灵活的贸易信贷保险和发票管理工具
Nivaura	Nivaura 主要是通过集中式系统或模块式基础设施，使金融资产的发行和管理变得自动化
Nuggets	一种消费者区块链应用程序，为用户提供一个单独的生物识别工具，用于登录、付款和身份验证，而不共享或存储私人数据
NViso	一个在线平台，为客户提供基于人工智能和面部识别技术，得出的行为评估资料
OKLink	一种在 OKLink 区块链集群结算系统上，结合国内电汇资金的跨国汇款服务
Oraclize	基于分布式账本技术的电子货币平台，通过使用智能合同和法定保证令牌将数字身份证转换为安全数字钱包
Paylinko	基于分布式账本技术的支付解决方案，使用户能够使用发送链接的方式来接收付款
Sabstone	一个基于区块链技术的平台，旨在帮助公司从客户那里获得不需要发票的早期付款
Saffe	面部识别支付和认证服务提供商
Systemsync	中小企业的员工福利对照平台，可以从工资单中自动缴纳养老金
YouToggle	一个应用程序，使用手机远程信息处理来监控用户的驾驶行为，并创建一个单独的评估值，可以与汽车保险公司共享以获得折扣。当交通事故发生时，驾驶信息也可以作为证据

续表

公司名称	产品描述
ZipZap	跨境汇款平台,通过选择包括数字货币在内的最有效的手段来实现跨境支付
第三阶段	
Barclays	一种监管科技,用以跟踪 FCA 监管手册中对相关规则的升级,并将其贯彻到企业的内部政策中
BarkatVentures	一个进行国际货币汇兑的平台
Chynge	基于分布式账本技术的跨境汇款系统,其内包含了一个交易监控系统。该系统由虚拟人工智能合规机器人提供动力,以更有效地处理洗钱、资助恐怖主义和欺诈
Curl	一种可以通过@用户名来进行直接转账的消费者支付系统
EconomicDataSciences	利用人工智能帮助投资经理将诸多风险和目标数据化,并实现最佳平衡的技术解决方案
Etherisc	使用区块链上的智能合同来自动化地撮合飞行保险
FirstdirectandBud	一个从交易和人口统计数据中挖掘客户属性,以匹配不同来源的金融和非金融产品的程序
FutureFlow	一种交易监控系统,通过对交易金额中的单个价值单位进行标记来监控货币在经济中的流动,并且可以促成各方之间共享匿名信息,帮助防止金融犯罪
Nationwide	一个能够自动为用户提供储蓄指导和投资建议的解决方案
Orca	一个聚集了 P2P 的投资平台,有助于形成多元化的投资组合
Rebank	能够使用统一的登录窗口,登录多个商业银行账户的平台
ResonanceX	一个能够使价值发现、实施资产托管行为实现无缝对接的自动化的新电子平台
Sherpa Management Services	为会员提供一个账户来建立和管理多重保险风险的保险方案。Sherpa 提供一个动态产品,使会员可以根据需求来增加或减少投保金额
Solidi	基于区块链的支付平台,使用加密货币,以更快的速度和更低的交易成本进行转账
SphericalDefenceLabs	一个可以检测基于新型技术的漏洞的安全保障系统
SquareBook	为首次公开发行/私募发行建立的新方法,其目标是比现有方法更公平和更透明

续表

公司名称	产品描述
Wrisk	根据保险内容来对保险产品进行风险评分的新方法
Yoti	一家能够为客户创建一个基于加密技术和生物识别技术的数字身份的服务提供商。该身份不仅能与用户的现实身份相连接,也能在用户同意的前提下,将这些身份信息分享给金融机构
第四阶段	
BlockEx	利用分布式账本技术促进发行和管理受管制债券的平台
Capexmove	使用分布式账本技术的平台,允许小公司以更有效和简化的方式筹集资金
Chasing Returns	一个基于心理学的风险平台,能够促进良好的资金管理习惯,并改善客户交易差异合同(CfD)的结果
Community First CreditUnion	一个促进创建与传统形式不一样的客户身份令牌,以便帮助他们访问英国银行账户
Creativity Software	一个监管科技方案,支持在英国的监管活动,通过基于移动电话网络的地理定位服务实现更安全的客户认证。其目的是利用地理定位技术来保护英国银行客户免受欺诈和犯罪
CreditSCRIPT	一个投资平台,能让专业和机构投资者通过一个单一的接入点进入广泛的在线贷款市场
Dashly	完全自主的"随时在线"抵押贷款咨询平台,持续跟踪和比较借款人现有的抵押贷款,并在需要支付转换费用时提醒他们
Etherisc	在区块链上使用智能合同来提供全自动的航班延误保险的服务
Fineqia	基于区块链的数字平台,使公司能够发行和管理债务和股票证券
Fractal	利用分布式账本和人工智能技术,通过将信贷申请数字化,将贷款发放与基础金融数据连接起来,为中小企业融资提供动力
Globacap	为中小企业和机构投资者提供融资平台,促进债券和股票发行过程的简化
Hub85	一个完全自动化的治理解决方案,使金融组织能够监视和理解电子表格如何用于受管制的活动。可以监控和强制遵守规则,识别文件错误并量化企业风险

续表

公司名称	产品描述
London Media Exchange	促进买卖合同电子化的平台。从短期来看,这将提高市场参与者的透明度,从长期来看,这将导致衍生品的发展
Mettle	一个通过前瞻性的财务管理、智能发票和简易收据等,来帮助小企业主决策的服务
Mortgage Kart	基于客户的需求和情况,自动地帮助他们选择最合适的按揭贷款方式
Multiply	将金融建模和智能学习结合在一起的服务,直接向消费者提供具有特定产品推荐的整体金融计划
Natwest	基于分布式账本技术的治理模型,使组织能够协作开发和运行分散的应用程序。该模型在一个区块链上创建的智能契约中编纂社会规则,并将在成功测试后打开源代码
NorthRow	使用账户数据增强 KYC、客户端登录和监控流程以支持身份验证和财务适用性的服务
Pluto	在 Facebook 上的"聊天机器人",允许顾客购买和管理旅游保险。使用说明是用简单的英语写的,顾客可以问"聊天机器人"他们所涵盖的内容。团体折扣和自动索赔处理也可以使用
Salary Finance	一个与工资挂钩的借贷平台,为消费者提供一天或一周的收入明细。通过让员工更准确地获得他们的收入资料,他们将能更好地管理自己的预算,解决意想不到的需求
Token Market	采用分布式账本技术的融资平台,旨在更有效地促进私人公司股票的发行
Tokencard	使消费者能够在智能钱包中管理他们的资产,并以更为简便的方式偿还信用卡
Universal Tokens	利用区块链技术在保险产品销售中增加信任和改善用户体验的服务
Veridu Labs	由人工智能和云计算支持的,能够保证隐私的 KYC 和 AML 解决方案,以便于登录客户端并访问商业银行
World Reserve Trust	使用 Sìlùbi(一种利用允许的 DLT 网络的资产链接智能令牌)促进更便宜和更快捷的全球贸易支付和结算的服务
Zippen	使个人能够在一个地方转移和增加其养老金的服务,其优势在于提供便利或产生经济优势或两者兼有
1825(part of the Standard Lifegroup)	为接近退休的消费者提供自动化建议。计划由自动建议工具生成,该工具考虑如何使用可用的流动资产和非流动资产来满足消费者的需求和愿望

续表

公司名称	产品描述
20|30	基于分布式账本技术的平台,允许公司以更有效和更精简的方式筹集资金。这项测试将与伦敦证券交易所集团和Nivaura联合进行

资料来源:FCA,“Regulatory sandbox-cohort 1”,https://www.fca.org.uk/firms/regulatory-sandbox/cohort-1,2018-10-25;FCA,“Regulatory sandbox-cohort 2”,https://www.fca.org.uk/firms/regulatory-sandbox/cohort-2,2018-10-25;FCA,“Regulatory sandbox-cohort 3”,https://www.fca.org.uk/firms/regulatory-sandbox/cohort-3,2018-10-25;FCA,“Regulatory sandbox-cohort 4”,https://www.fca.org.uk/firms/regulatory-sandbox/regulatory-sandbox-cohort-4-businesses,2018-10-25。

注:根据FCA官网公布的第四批次公司信息,虽然说明有29家公司参与,但名单仅有28家。See FCA,https://www.fca.org.uk/firms/innovation/regulatory-sandbox/accepted-firms,2022-11-18.

FCA在其2017年10月发布的《监管沙盒经验报告》中指出,监管沙盒在经过一年的运行之后已经初步达成了其预设的总体目标,[①]包括:①通过沙盒测试获取的监管经验,减少了创新主体的创新产品或服务的落地时间与成本(第一批参与测试的企业有75%已经完成了测试,其中约有90%的企业会将其产品推向市场);②沙盒测试拓宽了创新主体的融资渠道(在第一批完成测试的企业中,有40%在测试过程中或完成后获得了投资);③促成创新产品或服务在通过测试后进入市场(第一批次完成测试的企业有1/3会基于沙盒测试的经验,在向市场推广前修正自己的创新产品);④沙盒测试促成监管部门与创新主体一起为创新产品或服务,设置适当的消费者保护措施。

FCA也对前两批开展测试的创新企业及其创新产品或服务进行了梳理。从行业分布来看(见图2.1),前两批次的创新企业主要分布于普通保险和保障、养老金和退休金管理、零售银行、零售投资、零售信贷和批发6个领域。其中,零售行业占了大半。根据表2.3我们可以看到,这一趋势在第三、第四批次的测试企业中有所改变,虽然有关零售银行的金融创新仍然占据很大比例,但与零售投资和信贷相关的金融创新比例也在逐步提高,并且

① See FCA,“Regulatory Sandbox Lessons Learned Report”,https://www.fca.org.uk/publication/research-and-data/regulatory-sandbox-lessons-learned-report.pdf,2018-10-25.

出现了一些有关监管科技的创新产品。从地域上看(见图2.2),前两批次受测企业绝大部分都是属于大伦敦地区的企业。大伦敦区以外的企业在第一、第二批次中的占比则分别为25%、35%,其中也包括了一些来自加拿大、新加坡、美国的企业。可以预见的是,随着FCA与众多外国企业开展金融监管合作以及"全球性监管沙盒"的逐步建立,将会有更多的外国企业参与到英国的沙盒测试当中。从企业的规模上看(见图2.3),FCA将真正的创新企业及其创新产品或服务,作为评估沙盒准入的关键性标准之一,图2.3体现的初创企业在前两批次的测试企业中占据绝大部分的状态,无疑从"企业规模的大小并不影响FCA对创新主体沙盒资格的评估"这一角度,体现了FCA的态度。这一数据同样表明,初创企业资源的有限性,使之比非初创企业更需要通过成本相对较低的沙盒来测试其产品。

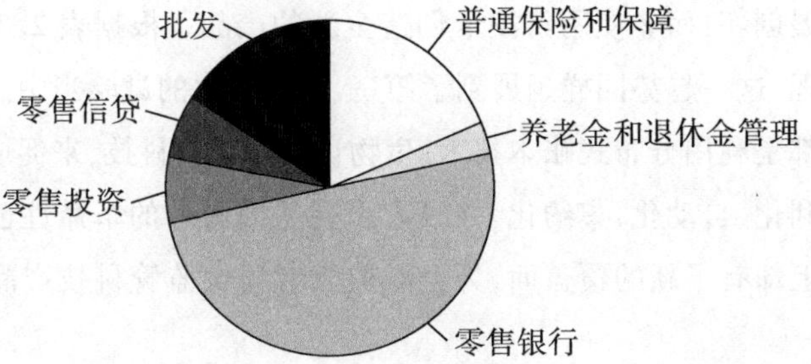

图2.1　英国金融监管沙盒第一、第二批次测试企业行业分布

资料来源:FCA, Regulatory Sandbox Lessons Learned Report, https://www.fca.org.uk/publication/research-and-data/regulatory-sandbox-lessons-learned-report.pdf,2018-10-26。

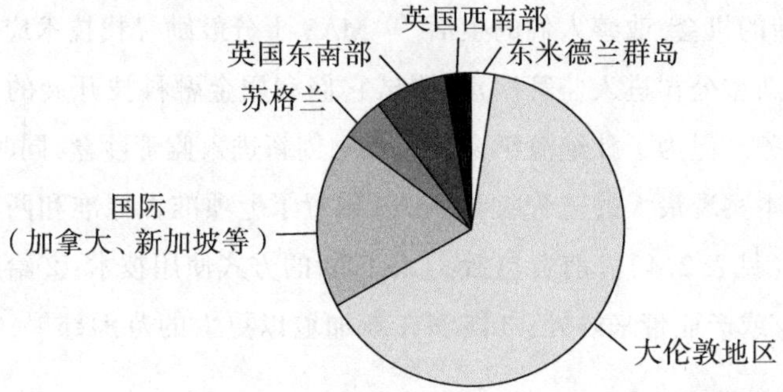

图2.2　英国金融监管沙盒第一、第二批次测试企业地域分布

资料来源:FCA, Regulatory Sandbox Lessons Learned Report, https://www.fca.org.uk/publication/research-and-data/regulatory-sandbox-lessons-learned-report.pdf,2018-10-26。

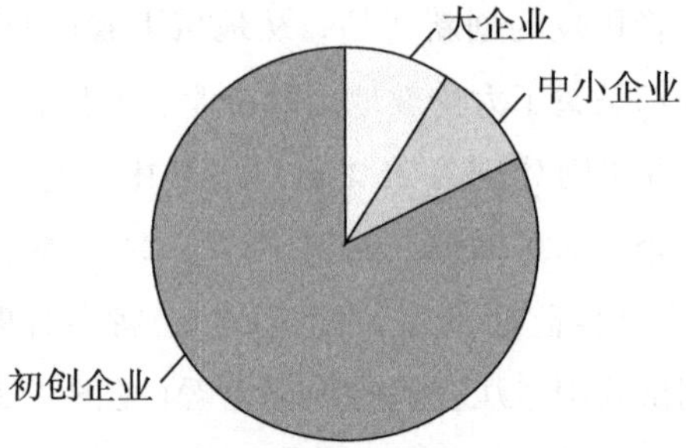

图 2.3 英国金融监管沙盒第一、第二批次测试企业规模分布

资料来源：FCA, Regulatory Sandbox Lessons Learned Report, https://www. fca. org. uk/publication/research-and-data/regulatory-sandbox-lessons-learned-report. pdf, 2018－10－26。

另外值得一提的是，FCA 认为，前两批次的受测企业绝大多数都是通过使用分布式账本技术、生物识别技术等新技术，以改善传统产品或者服务的方式开展创新，而非使用新技术创造全新的产品。根据表 2.3 的内容我们可以发现，这一趋势同样延展到了第三、第四批次的试验当中。也即大多数的创新都是利用分布式账本技术、生物识别技术等科技，来促成传统产品获取的便利化、自动化、集约化，并没有出现从内而外的革命性创新。但在业务范围上却有了新的覆盖面，为金融监管者提供监管科技产品即为典型例证。

2. 新加坡金融监管沙盒制度准入阶段的实体性要件考察与实践分析

新加坡 MAS 认为金融监管沙盒制度可以在其提供的，有必要监管支持的空间和时间范围内，促进更多的金融科技试验，提高效率，更好地管理风险，创造新的机会，改善人们的生活。① MAS 十分鼓励寻找技术应用型金融服务的创新型公司进入监管沙盒，测试它们利用金融科技开展的金融创新产品或服务。但为了杜绝滥竽充数的金融创新进入监管沙盒，同时，以最小的监管成本实现最大的监管收益，MAS 设置了七项准入标准和两项禁止准入的标准（见表 2.4）。前者包括：①以创新的方式使用技术；②给新加坡的消费者和/或产业带来好处；③能够在新加坡以更大的范围部署；④有明确

① See MAS, "Fintech Regulatory Sandbox Guidelines", http://www. mas. gov. sg/~/media/Smart% 20Financial% 20Centre/Sandbox/FinTech% 20Regulatory% 20Sandbox% 20Guidelines% 2019Feb2018. pdf, 2018－10－26.

的测试计划和预期结果；⑤有明确的测试边界；⑥能够评估重大风险并有减轻措施；⑦有明确的退出和过渡策略。[①] 后者则指：①拟参加测试的金融服务与新加坡已有的金融服务相类似；②申请人不能证明其已经就这一项开展了尽职调查。[②]

表 2.4　新加坡金融监管沙盒制度的准入和禁止标准

<table>
<tr><th>禁止标准</th><th>资格标准</th><th>评估(说明性和非穷尽性)</th></tr>
<tr><td rowspan="3">(1)拟参加测试的金融服务与新加坡已有的金融服务相类似，除非申请人可以证明：
①其正在应用的是一个不同的技术；或
②其产品虽然利用的是相同的技术，但是以不同的方式被应用。
(2)申请人不能证明其已就这一项目开展了尽职调查。包括在实验室环境中测试拟议的金融服务，并了解部署拟议金融服务的法律和法规要求</td><td>申请测试的金融创新服务包括新兴技术，或以创新的方式使用现有技术。例如，应该有研究表明，在新加坡市场上几乎没有或没有可比的产品</td><td rowspan="2">申请测试的金融创新服务在新加坡不可用。其利用技术来提高客户体验和简化操作。创新主体申请在沙盒测试期间，放松某些法律和法规的要求，因为它不能完全满足相关的法律和法规要求</td></tr>
<tr><td>申请测试的金融创新服务是否能够解决现实问题，或者给消费者或产业带来好处。例如，能够得到有关消费者或行业研究的证据支持</td></tr>
<tr><td>创新主体在成功完成沙盒测试之后，是否有意愿和能力在新加坡更广泛地部署通过测试的金融创新服务</td><td>创新主体获得了100万美元的资金。该公司的人员数量比2017年增加了一倍，并提供了业务计划和时间表，以便在新加坡更广泛地部署通过测试的金融创新服务</td></tr>
</table>

① See MAS, "Sandbox Infographics", http://www.mas.gov.sg/~/media/Smart%20Financial%20Centre/Sandbox/Sandbox%20Infographics.pdf, 2018-10-27.

② See MAS, "Sandbox Infographics", http://www.mas.gov.sg/~/media/Smart%20Financial%20Centre/Sandbox/Sandbox%20Infographics.pdf, 2018-10-27.

续表

<table>
<tr><th>禁止标准</th><th>资格标准</th><th>评估(说明性和非穷尽性)</th></tr>
<tr><td rowspan="4">(1)拟参加测试的金融服务与新加坡已有的金融服务相类似,除非申请人可以证明:
①其正在应用的是一个不同的技术;或
②其产品虽然利用的是相同的技术,但是以不同的方式被应用。
(2)申请人不能证明其已就这一项目开展了尽职调查。包括在实验室环境中测试拟议的金融服务,并了解部署拟议金融服务的法律和法规要求</td><td>沙盒测试的测试场景和预期结果是否明确和清晰</td><td rowspan="2">沙盒测试的人数将限制在50人以内,运行时间为6个月。用以测量对用户体验的改善,并验证潜在的风险暴露和缓解措施的有效性</td></tr>
<tr><td>沙盒测试的边界条件是否明确与合适。充分保护消费者的利益,维持行业的安全和健康</td></tr>
<tr><td>重大风险是否得到评估和减轻</td><td rowspan="2">申请测试的金融创新服务已经在内部环境中开展了对各种风险场景下的模拟测试。如果申请测试的金融创新服务必须在测试过程中中断,参与沙盒的用户将事先得到通知,并能确保其顺利退出</td></tr>
<tr><td>是否有明确的退出和过渡战略。正在申请测试的金融创新服务必须停止,或在离开沙盒后能够进行更广泛部署的情况下,应该明确可接受的退出和过渡策略</td></tr>
</table>

资料来源:MAS, Fintech Regulatory Sandbox Guidelines, http://www.mas.gov.sg/~/media/Smart%20Financial%20Centre/Sandbox/FinTech%20Regulatory%20Sandbox%20Guidelines%2019Feb2018.pdf,2018-10-27。

无论是从进度还是规模来看,新加坡在监管沙盒的具体实践方面与英国相比都逊色不少。截至2022年12月,MAS公布了10家进入沙盒开展创新产品或服务测试的企业(见表2.5),其中有8家企业已经完成测试。整体而言,与保险业务相关的企业占据目前参与沙盒测试企业数量的一半,其他则包括2家经营货币业务企业、2家资本市场经营者以及1家基金管理公司。在已经完成测试的8家企业中,有1家试验失败,其余均通过了测试。

表 2.5 新加坡金融监管沙盒测试项目明细

公司名称	归属地区	机构类型	开始日期	结束日期	项目内容
Policy Pay	新加坡	保险经纪人	2017 年 3 月	2017 年 8 月	使用算法分析旅行险、车险、宠物险的改善方案,客户可以使用其应用程序管理和购买保单
Kristal Advisor	新加坡	基金管理	2017 年 8 月	2018 年 8 月	投资人可以借助平台选择资产管理人和投资组合
Thin Margin	新加坡	境内货币兑换	2017 年 11 月	2018 年 7 月	提供 7 × 24 小时的 24 种外币网上兑换,并设置 52 个派送点
Inzsure Pte Ltd	新加坡	保险经纪人	2018 年 11 月	2019 年 10 月	通过对全球范围内的保险方案进行评估,为中小企业选择最优保险方案
MetLife Innovation Centre Pte Ltd(MICPL)	新加坡	一般直接保险人	2018 年 6 月	2018 年 12 月	特定病人可以通过应用程序自动连接医疗记录,并在数分钟内生成保单
Transfer Friend Pte Ltd	新加坡	汇款业务	2018 年 1 月	2018 年 7 月	提供跨境货币转账业务,在东盟地区的现金交付点共 1 万个,其中新加坡 100 个
ICHX Tech	新加坡	资本市场业务	2019 年 5 月	2020 年 1 月	投资者可以在其平台对证券通证(STO)进行发行和交易
LabyrinthX Technologies Pte. Ltd.	新加坡	资本市场业务	2022 年 8 月	2023 年 4 月	面向证券市场集体投资计划的平台
Trade Risk Solutions Pte Ltd	新加坡	保险经纪人	2022 年 4 月	2022 年 12 月	通过平台帮助客户识别和匹配个性化保险产品
Pand. ai Pte Ltd	新加坡	保险经纪人	2021 年 6 月	2022 年 3 月	以智能机器人的形式提供个性化的保险经纪服务

资料来源:胡滨、郑联盛等:《监管沙盒:理论框架与国际经验》,中国金融出版社 2020 年版,第 87 页;MAS, Sandbox, https://www. mas. gov. sg/development/fintech/sandbox, 2022 - 11 - 17。

3. 澳大利亚金融监管沙盒制度准入阶段的实体性要件考察与实践分析

澳大利亚ASIC基于其创新中心的实践认识到,进入市场的速度、组织能力以及获得融资三个因素,将成为阻碍金融科技企业开展金融创新活动的重要障碍。允许金融科技企业在获得经营许可牌照之前来测试它们的新产品或服务,则至少能够从以下两个方面缓解前述的创新障碍:①在企业花时间和金钱获得许可证之前,允许新产品或服务得到验证和改进;②为企业提供更多获得投资的机会,从而有助于满足遵守法律的成本。[①] 为此,澳大利亚根据其相关法律规定和ASIC的权限特征,设计了包含三种不同豁免方式的金融监管沙盒制度,以期更好地促进金融科技公司开展创新活动。与前述国家(地区)一样,澳大利亚也针对其监管沙盒设计了严格的准入标准,三种不同豁免方式的准入标准如表2.6所示。

表2.6 澳大利亚金融监管沙盒制度的准入标准

模式	主体标准	产品标准	其他标准
法定豁免	代表已经持有澳大利亚金融服务许可证(AFS)或信贷许可证的金融机构,提供服务的金融科技创新企业	需要持有AFS或信贷许可证,才能开展的金融或信贷服务	①被许可方必须持有创新主体所要代表其从事行为(如金融服务或信贷活动)的许可证。 ②除非创新主体是被许可方的雇员、经理或相关法人团体,否则就必须由被许可方指定创新主体为其授权代表或者信贷代表
	金融科技创新企业	不需要获取AFS或信贷许可证就能开展的业务	①立即结算的外汇合同。 ②在客户和发送资金的人之间,没有常设安排的一些资金划拨行为。 ③只能向一人进行支付的支付产品。 ④对企业或商业目的提供的信贷

① See ASIC,"Regulatory Guide 257:Testing Fintech Products and Services without holding an AFS or Credit Licence", http://download. asic. gov. au/media/4160999/rg257 - published - 24 - february - 2017. pdf,2018 - 10 - 28.

续表

模式	主体标准	产品标准	其他标准
许可证豁免	积极标准:开展需要取得 AFS 或信贷许可证的金融服务的金融科技创新公司。 消极标准:(1)金融服务领域:被禁止提供金融服务;已经持有 AFS;已成为获得 AFS 的金融机构的授权代表;是 AFS 持有人的一个关联法人实体。(2)信贷活动领域:被禁止从事信贷活动;已持有信贷许可证;已成为信贷许可证持牌人的信贷代表;是信贷许可证持牌人的一个关联法人实体	积极标准:(1)建议和处理交易类的金融服务:①对澳大利亚的证券进行罗列或报价;②由澳大利亚政府发行或拟发行的公司债券、股票和债券;③简单的投资管理方案;④存款产品;⑤一些一般保险产品;⑥ADIs 发布的支付产品。(2)作为相关信贷合同的辅助者:①最高信用额度不超过 25,000 澳元;②最高年费用率为 24%;③不受专门责任贷款义务的约束(不是反向抵押贷款或小额信贷合同);④不是消费者租赁。 消极标准:不适用于发行金融产品或提供信贷服务	①顾客限制,不超过 100 个零售客户,批发客户不受限。②数额限制,每个零售客户在与测试产品相连的产品中投入的金额不超过 1 万澳元;与测试产品相连接的信贷额度不得超过 2.5 万澳元;与测试产品相连接的普通保险合同中的保额不得超过 5 万澳元。对批发客户没有限额的限制。测试期间所有客户的参与资金总额不得超过 500 万澳元。③消费者保护,受测企业必须向客户提供服务、报酬、争议解决等信息。受测的信贷支持企业还必须遵守“负责任的贷款义务”。④适当的赔偿机制,一是保险要求,任何单一索赔和累计索赔的额度不得低于 100 万澳元;二是受测企业应获取长达 12 个月的终止后覆盖赔偿。⑤纠纷解决体系:一是符合标准和要求,或由 ASIC 批准的内部纠纷解决机制(IDR);二是参与一个或多个经 ASIC 批准的外部争议解决机制(EDR);三是受测企业应当在整个测试期间和测试结束后的 12 个月内,都保证 EDR 的运作
个别豁免	不能通过法定豁免或许可证豁免取得豁免资格的金融科技创新企业	不能通过法定豁免或许可证豁免进行豁免的金融科技创新	符合相关的豁免政策

资料来源:ASIC,“Regulatory Guide 257:Testing Fintech Products and Services without holding an AFS or Credit Licence”,http://download.asic.gov.au/media/4160999/rg257-published-24-february-2017.pdf,2018-10-29。

截至2018年8月28日,已经有6家公司参与了澳大利亚的监管沙盒测试。其中,有3家正在进行测试,其他3家则已经结束或出于其他原因退出了这一测试。① 从ASIC公布的信息来看,参与测试的6家公司均为澳大利亚的注册公司,采用的也都是金融科技许可证豁免的模式。其中,有3家公司主要从事与银行相关的业务,包括将银行账户与某些符合条件的应用程序相连接、通过应用程序更便捷地进行储蓄和存款转移、代理银行产品3种创新业务。另外3家公司则主要开展与投资建议相关的业务。其中,有2家是通过新的程序来提供证券投资建议,有1家是提供直接投融资方式的比较和建议(见表2.7)。② 与ASIC金融科技许可证豁免模式下严格的产品准入标准相一致的是,参与沙盒测试的金融科技创新公司并不直接发行金融服务产品或提供信贷服务,而均是采用新的技术开展"对金融产品的建议、处理和交易"与"对相关信贷活动的辅助"两项业务的创新。从测试时间来看,6家受测主体的初始设定均为12个月,但并不排除正在测试的受测主体会申请延期。

表2.7　澳大利亚金融监管沙盒测试公司及测试项目明细

公司名称	豁免模式	开始日期	结束日期	产品描述
Circle Software Services PtyLtd	金融科技许可证豁免	2017年11月14日	2018年11月14日	提供银行账户的安排使用,并将这些账户的信息与某些应用程序一起用于促进财富增长
Compeer Finance PtyLtd	金融科技许可证豁免	2017年10月10日	2018年10月10日	一个专门针对P2P和市场贷款的在线比较平台
Destinationsecr-et. comPtyLtd	金融科技许可证豁免	2018年1月17日	2019年1月17日	该公司为澳大利亚股票交易所的上市证券投资提供投资建议

① See ASIC, "Entities Using the Fintech Licensing Exemption", https://asic.gov.au/for-business/your-business/innovation-hub/regulatory-sandbox/entities-using-the-fintech-licensing-exemption/, 2018-10-30.

② See ASIC, "Entities Using the Fintech Licensing Exemption", https://asic.gov.au/for-business/your-business/innovation-hub/regulatory-sandbox/entities-using-the-fintech-licensing-exemption/, 2018-10-30.

续表

公司名称	豁免模式	开始日期	结束日期	产品描述
First Rung PtyLtd	金融科技许可证豁免	2017年8月21日	2018年8月21日	该公司提供了一个“应用程序”,客户可以使用它来安排储蓄,并且通过各种方式(直接转账、汇总、其他入账转账)来转移他们的资金。这些存款都将保存在澳大利亚银行的托管银行账户当中
Goodments Pty Ltd	金融科技许可证豁免	2017年5月12日	2018年5月12日	该公司提供了一个股票交易应用程序。根据散户投资者的可持续性概况(道德、可持续性和社会价值)将散户投资者与股票进行匹配
Wildcard Money PtyLtd	金融科技许可证豁免	2018年4月6日	2019年4月6日	安排和处理由授权存款机构发行的某些银行产品

资料来源:ASIC,“Entitiesusing the fintech licensing exemption”,https://asic. gov. au/for-business/your-business/innovation-hub/regulatory-sandbox/entities-using-the-fintech-licensing-exemption/,2018－10－30。

4.中国香港金融监管沙盒制度准入阶段的实体性要件考察与实践分析

香港金融管理局、香港证监会和香港保监局都认识到,通过金融监管沙盒制度对金融科技创新产品开展先期测试,能够给创新主体、监管机构和消费者带来益处。对创新主体而言,可以通过测试来对相关数据和用户的信息进行收集,并以此对创新产品作出修改,降低开发成本;对于监管部门而言,沙盒测试能够为其提供金融行业的最新科技应用发展动态,从而及时地修订相关的监管规则;对消费者而言,监管沙盒则可以通过对各类金融科技创新产品的刺激,为其带来更多和更优质的产品与服务,并使香港的整个金融服务行业受惠。鉴于此,香港基于其分业监管的格局,建立了三个隶属于不同部门的金融监管沙盒制度;并通过“一点通”的设置将三个沙盒相连,以便对跨界别金融科技产品开展测试。鉴于主管机关的不同,三个沙盒在准入的标准方面也有着各自的特色(见表2.8)。

表2.8 中国香港金融监管沙盒制度的准入标准

类型	主体标准	产品标准	其他标准
香港金融管理局《金融科技监管沙盒》	银行以及与之有合作伙伴关系的科技公司	银行推出的金融科技产品或其他科技项目	①边界:明确测试的范围及其阶段(如果有)、时间和终止的安排。 ②保障客户的措施:有在测试期间保障客户利益的措施。 ③风险控制措施:设置相关的风险控制补充措施,从而降低因未完全遵守监管规定而可能引发的风险。 ④准备工作:即将开展试验的相关系统和程序应当准备就绪,并保证经过了细致的检查。 ⑤银行不能利用监管沙盒来规避应当适用的监管规定
香港证监会《证监会监管沙盒》	已经持有香港证监会牌照的法人团体,以及拟从事《证券及期货条例》下受监管活动的初创企业	使用金融科技开展的,受香港证监会监管的业务创新	①香港证监会施加的发放准予试验的牌照条件:限制企业可以提供服务的客户类别,或者对每名客户设置投入金额的上限,以便限制该企业的受监管活动的业务范围和界限。在某些情况下,发牌条件也可能包括要求企业制定适当的投资者赔偿计划,或定期接受证监会的监督性审核。 ②投资者保障措施:符合资格的企业应当制定充分的投资者保护措施,以处理他们在沙盒内测试时识别出的实际或潜在风险或关注事项。 ③监管沙盒不应当被视为用以规避适用法例和监管规定的途径

续表

类型	主体标准	产品标准	其他标准
香港保监局“保险科技沙盒”	已经持有香港保监局牌照的保险公司,以及与之有合作伙伴关系的科技企业	保险科技和其他科技项目	①有明确的范围和条件,包括:时间和期限,或预期正式推出市场的日期;保险业务的规模和类型,以及目标使用者;所涉及的科技;测试的预期成果和成功条件。 ②风险的管理控制措施:保险公司应当有足够的管控程序,以达到香港保监局相关监管规定的目标。 ③客户保障:保险公司应当有足够的措施在测试期间保障客户的利益。 ④保险公司的资源和准备工作:保险公司应当为沙盒测试准备足够的资源,并显示出该保险科技项目已经准备好进行测试。 ⑤退出策略:保险公司应当向香港保监局提供退出策略以终止试验失败的测试。 ⑥监管沙盒不应当被用来规避适用的和相关的监管规定

资料来源:香港金融管理局:《金融科技监管沙盒》,载 https://www.hkma.gov.hk/media/chi/doc/key-information/guidelines-and-circular/2016/20160906c1.pdf,最后访问日期:2018 年 11 月 2 日;香港证券及期货事务监察委员会:《关于公布证监会监管沙盒的通函》,载 https://www.sfc.hk/edistributionWeb/gateway/TC/circular/openFile? refNo = 17EC63,最后访问日期:2018 年 11 月 2 日;香港保险业监管局:《保险科技专区》,载 https://www.ia.org.hk/tc/aboutus/insurtech_corner.html#1,最后访问日期:2018 年 11 月 2 日。

香港金融管理局公布的数据显示,截至 2022 年 10 月底,已经有 264 项金融创新产品使用了其监管沙盒开展测试。在这 264 项金融创新产品中,有 188 项是银行与科技公司合作进行的(见表 2.9)。[①] 整体来看,参与香港金融管理局监管沙盒的创新主体所采用的核心技术十分广泛,包括当前最

① 参见香港金融管理局:《金融科技监管沙盒》,https://www.hkma.gov.hk/chi/key-functions/international-financial-centre/fintech-supervisory-sandbox-fss/,最后访问日期:2022 年 11 月 21 日。

流行的生物识别技术、分布式账本技术、合规科技、软令牌、聊天机器人等。尤其以合规科技为最,占比近1/2。

表2.9 中国香港金融监管沙盒制度的使用情况统计

所涉及的技术	试验数量
生物认证	9
软令牌	7
聊天机器人	3
分布式账本技术	8
应用程式界面	16
合规科技	128
优化手机应用程式	23
其他	70
合计	264

资料来源:香港金融管理局:《金融科技监管沙盒》,https://www.hkma.gov.hk/gb_chi/key-functions/international-financial-centre/fintech/fintech-supervisory-sandbox-fss/,最后访问日期:2022年11月21日。

5. 马来西亚金融监管沙盒制度准入阶段的实体性要件考察与实践分析

马来西亚BNM认为,金融科技的进步推动了新的业务模式和解决方法的产生,有助于提升顾客价值和金融机构的风险管理经验,而良好的监管环境则是发展金融科技的关键性因素,包括审查和调整可能无意中抑制创新或使创新失效的监管程序或要求。① 在这一过程中,BNM引入了金融监管沙盒制度,使金融科技创新可以在一个有着特定参数和时间的场景中被部署和测试。但鉴于沙盒测试的失败可能导致参与者及其客户的财务损失或造成其他风险。同时,为了防止沙盒测试成为某些企业用来规避既有监管规则的工具,BNM和其他国家(地区)的监管机构一样,也为监管沙盒的准入制定了严格和详细的实体性标准(见表2.10)。

---

① See BNM, "Financial Technology Regulatory Sandbox Framework", http://www.bnm.gov.my/index.php? ch=57&pg=137&ac=533&bb=file,2018-11-02.

表 2.10　马来西亚金融监管沙盒制度的准入标准

主体标准	产品标准	其他标准
①经《金融服务法 2013》(FSA)、《伊斯兰金融服务法 2013》(IFSA)、《货币服务业务法 2011》(MSBA)或《发展金融机构法令 2002》(DFIA)授权、注册、规定的金融机构。②与前述金融机构合作的,利用或计划利用金融科技的公司。③一个经营 FSA、IFSA、MSBA 规定的业务的金融科技公司	积极标准:产品、服务或解决方案有以下潜力:①可以提高金融服务的可得性、效率、安全和质量。②提高马来西亚金融机构风险管理的效率和有效性。③为马来西亚经济融资或投资填补漏洞或提供新机会。消极标准:不适合在现行法律和规章下已经可以运作的产品、服务或解决方案	积极标准:①申请人对产品、服务或解决方案的实用性和功能进行了评估,并确定了相关风险。②申请人必须提供沙盒测试所需的资源。③必须有一个在退出沙盒之后大规模推广的可行性商业计划。④产品、服务或解决方案与国家银行当前的相关规定不符。⑤申请人是一个领导和管理能力都很诚信的人。消极标准:沙盒不能用来规避既有法律和规则

资料来源:BNM,"Financial Technology Regulatory Sandbox Framework",http://www.bnm.gov.my/index.php? ch = 57&pg = 137&ac = 533&bb = file,2018 - 11 - 02。

截至 2018 年 10 月底,已经有 7 家公司参与到马来西亚的监管沙盒测试当中。[①] 从受测主体来看,有 5 家公司是单独开展测试,另外 2 家则是在与金融科技公司共同合作的基础上进行测试。从业务类别来看,参与沙盒测试的业务类型比较广泛。其中,对综合性的财务顾问和保险业务平台的测试成为主流,转账汇款与货币兑换服务次之。从测试时间来看,BNM 明确规定测试的初始时间为 12 个月,且一般不会延长测试周期。但当前的实践表明,除两家受测主体的初始时间是 12 个月以外,其他受测主体均将测试实践延长了 6 ~ 12 个月的时间,这显示马来西亚在测试时间的设定方面具有较大的弹性。马来西亚金融监管沙盒测试项目明细见表 2.11。

① See BNM,"List of approved participants in Regulatory Sandbox",https://www.myfteg.com/approved-participants-in-sandbox,2018 - 11 - 02.

表 2.11 马来西亚金融监管沙盒测试项目明细

公司名称	业务活动	开始日期	结束日期
Go Bear Ltd	财务顾问/保险业务综合平台	2017 年 1 月 13 日	2018 年 12 月 31 日
Get Cover Sdn Bhd	财务顾问/保险业务综合平台	2017 年 5 月 25 日	2018 年 12 月 31 日
Money Match Sdn Bhd	汇款及货币兑换服务	2017 年 5 月 25 日	2018 年 12 月 31 日
World Remit Ltd	转账汇款服务	2017 年 5 月 25 日	2018 年 5 月 24 日
CIMB Bank Bhd & Paycasso Verify Ltd	客户的电子识别服务(E-KYC)	2017 年 10 月 20 日	2019 年 4 月 30 日
Jirnexu Sdn Bhd	财务顾问/保险业务综合平台	2017 年 10 月 20 日	2019 年 4 月 30 日
OCBC Bank Bhd & Moxtra Inc	银行安全聊天程序	2018 年 2 月 23 日	2019 年 2 月 21 日

资料来源:BNM, List of approved participants in Regulatory Sandbox, https://www.myfteg.com/approved-participants-in-sandbox, 2018-11-02。

(二)金融监管沙盒制度准入阶段实体性要件的比较分析

对各国(地区)金融监管沙盒制度准入标准进行纵向考察,有助于对该国(地区)特色化要求进行深入认知,而对其开展国别(地区)间的横向比较,则无疑将对我们了解其异同、比较优劣,进而获取构建我国金融监管沙盒制度的启示大有裨益。故而本书在此选取了样本国家(地区)金融监管沙盒制度准入机制的主体与产品标准、测试时间与计划、消费者保护措施、风险隔离和控制措施几个基本构成要素,开展类别化的比较分析。

1. 金融监管沙盒制度准入阶段中主体与产品标准、测试时间与计划的比较分析

受测主体和产品类型的要求、明确的测试期间以及合理的测试计划,可以说是金融监管沙盒制度准入阶段最基本的构成要素,样本国家(地区)大都对此作出了明确规定,其主要内容如表 2.12 所示。

表 2.12　样本国家(地区)金融监管沙盒制度准入阶段中主体与产品标准、测试时间与计划对比

样本	主体标准	产品标准	测试时间	测试计划
英国	所有的金融机构、金融创新公司,包括为其提供外包或技术服务的专业性公司	有利于消费者保护和促进有效竞争的颠覆性金融创新	6个月	创新主体有一个包括明确的目标、测试参数和成功标准在内的完善的测试计划。在创新主体获得准入资格后,FCA将会与其就以上内容进行具体协商
新加坡	在金融服务中开展技术应用的创新型公司	利用金融科技开展的金融创新服务	6个月	创新主体有一个包括测试场景、预期结果、限制条件等在内的测试计划
澳大利亚[1]	金融科技创新企业,包括根据2001年《公司法》Pt 5B.2注册的境外公司	金融创新产品或服务	12个月	在金融科技许可证豁免的情形下,ASIC并未要求创新主体提供一个明确的测试计划,只是罗列了一些必须达到的减免条件(见表2.6)。同时,要求简要介绍这一创新和业务模型,重点介绍向客户提供的服务和提供的过程
马来西亚	受相关法律规制的金融机构以及与它们合作的金融科技公司,自己开展受相关法律规制的金融业务的金融科技公司	产品、服务或解决方案是真正的金融创新	12个月	要求创新主体提供测试时间、测试的主要目的与衡量指标等相关计划。BNM会与获得准入资格的创新主体协商确定包括范围、时间、监管灵活性要求和报告频率等测试参数

续表

样本	主体标准	产品标准	测试时间	测试计划
中国香港特别行政区	银行、持牌的保险公司以及与它们有合作伙伴关系的科技公司。已经持有香港证监会牌照的法人和拟从事《证券及期货条例》下受监管活动的初创企业	金融科技产品或服务	未明确	香港金融管理局和香港保监会均要求创新主体提供一个包括明确的时间和范围界限、预期成果和成功条件等在内的测试计划。香港证监会虽然没有明确规定以上内容,但是强调其将对受测主体采取更为严格的监管和开展密集的沟通

资料来源:笔者根据英国《监管沙盒》;新加坡《金融科技监管沙盒指南》;澳大利亚《监管指南257:在未持有澳大利亚金融服务和信贷执照的情况下测试金融产品和服务》;马来西亚《金融科技监管沙盒框架》;中国香港金融管理局《金融科技监管沙盒》;中国香港证监会《香港证监会监管沙盒》;中国香港保监会《香港保险科技监管沙盒》自行整理。

注:[1]鉴于个别豁免的兜底性质,故而整体上看澳大利亚的监管沙盒制度的主体和准入标准非常宽泛。

具体地看,在准入的主体和产品标准方面,样本国家(地区)主要从法律主体资格或业务主体资格的角度,对参与监管沙盒的主体标准进行了限定,虽然标准的宽严程度和具体范围略有不同。例如,英国和新加坡基本上将所有的法律主体均设定为合格主体,马来西亚通过具体的法律法规划分准入主体,中国香港则将已经持有规定的牌照作为主要的准入标准。但根据样本国家(地区)所规定的产品标准我们可以发现,其核心都指向了"开展真正的金融科技创新活动"的法人主体。这一活动既包括使用新的技术拓展传统业务、利用新的技术创造新的业务两种模式,也涵盖了金融产品、服务和解决方案多种类别。

在测试的期间方面,样本(地区)大都规定了6个月或12个月的初始测试期间(中国香港并未在相关规则中明确),同时均表明,测试时间可以基于受测主体的申请而延长。从实践来看,新加坡和澳大利亚在测试过程中大都按照其预设的时间开展,马来西亚的监管沙盒则弹性较大,在前述受测的7家企业中,有5家企业将测试时间进行了延长。

在测试计划方面,为了更好地了解创新产品和创新主体希望通过测试达到的目的,完整地把握测试过程,由创新主体事先向样本国家(地区)沙盒主管部门提交包括测试时间、范围、预期目标、参数指标等在内的测试计划成为主流做法。并且大多规定在创新主体通过准入审核之后,主管机关将与其对提交的测试计划进行详细的商议。

总体而言,样本国家(地区)金融监管沙盒制度准入阶段中有关主体和产品标准、测试时间和计划的规定,主要呈现以下两个趋势:一是虽然样本国家(地区)看似在相关文件中,对监管沙盒的主体和产品准入进行了较为烦琐的规定(即便是采用"形式审核方式"的澳大利亚,也详细地规定了创新主体需要提供的相关信息),但也是出于以最小的成本促进真正的金融创新,并防止沙盒成为规避监管的工具之目的。这同样是在帮助企业进行更加准确的自我定位,以及认识其所开展的金融创新。同时,对于确实需要通过沙盒来测试其真正创新的企业而言,这些条件也并非太过艰难。二是在测试的时间上都有灵活性安排,设置了延长测试时间的条款。但鉴于对监管成本的考虑,也大都规定了"出于对风险或结果更加准确的把握"等触发条件。

2. 金融监管沙盒制度准入阶段中消费者保护措施的比较分析

研究表明,金融消费者保护与金融危机呈现一种此消彼长的状态,加强对前者的保护(即便只是加强了某一方面),能够显著地降低金融危机的发生概率。[①] 作为后危机时代出现的新型监管工具,金融监管沙盒制度同样受到了双峰理论的影响,自其出现伊始便贯穿着保护消费者的理念。英国在其监管沙盒报告中开宗明义地表明"FCA为了消费者的利益,致力于促进监管金融服务的有效竞争"。这实际上包含了两个层面的含义:从狭义上看,FCA在整个沙盒测试的过程中会要求受测主体对消费者提供全方位的保护措施,并通过测试过程中对金融创新产品风险的把握,将对消费者保护的改良经验延伸至外界的监管规则当中;从广义上看,则是监管沙

---

① 参见戴国强、陈晨:《金融消费者保护与金融危机——基于全球142个经济体的实证研究》,载《财经研究》2015年第3期。

盒通过对金融创新的推动，来提升消费者获取更加便捷和优质的金融产品。

样本国家（地区）在其监管沙盒文件中均明确表明了这一态度。例如，新加坡 MAS 认为监管沙盒能够“改善人们的生活”；澳大利亚 ASIC 认为监管沙盒能够促进金融创新的发展，“为投资者和金融消费者带来良好的结果，进而推动其信任和信心相平衡”；等等。英国更是在其《监管沙盒经验报告》中指出，沙盒能够改良弱势群体的金融服务可得性，促成金融普惠。例如，一家受测企业让用户能够更快地完成诸如市政税、燃气和电力等费用的缴纳；一家企业试用了一种新的信息披露方式，即利用平板电脑上的视频，对分行内销售的各种银行产品的关键特征作出说明，并在出售后通过电子邮件进行跟进。[①] 由此我们可以看到，对消费者进行全方位的保护，已然成为样本国家（地区）监管沙盒计划的重点内容。

样本国家（地区）金融监管沙盒制度准入阶段消费者保护措施对比见表 2.13。

表 2.13 样本国家（地区）金融监管沙盒制度准入阶段消费者保护措施对比

国家（地区）	消费者保护措施
英国	FCA 提供了 4 种可供选择的消费者保护方式： ①公司只能对包含在测试范围内的消费者提供新方案，且明确告知其风险和可获得的补偿。 ②公司对个案进行信息披露、保护与补偿的针对性协商与架构。 ③参与测试的消费者享有与普通消费者一样的权利。例如，消费者可以先向公司投诉，然后向英国金融巡查专员（FOS）投诉。如果公司投诉失败，还可以向金融服务补偿计划（FSCS）寻求救济。 ④公司将承担消费者在测试过程中蒙受的所有损失，并且应当证明其有这个支付能力

① See FCA, “Regulatory Sandbox Lessons Learned Report”, https://www.fca.org.uk/publication/research-and-data/regulatory-sandbox-lessons-learned-report.pdf, 2018 - 10 - 26.

续表

国家(地区)	消费者保护措施
新加坡	①明确界定测试的边界条件。为了确保沙盒的正常实施,同时充分保护消费者的利益,维持行业的安全和健康,故而需要对消费者数量、资金投入量和其他投资者的适当性进行考量。 ②设定与消费者的信息交流计划,包括:参与沙盒计划的持续时间、限制条件以及相关风险披露;提前通知消费者沙盒计划的终止和延期,或者金融服务计划将进行更广泛的适用。 ③在测试计划被迫停止或者将进行更广泛的适用的情形下,制订消费者的退出和转移计划。 ④处理消费者查询、反馈或投诉的渠道
澳大利亚	1. 限制对大量客户可能产生风险的不良行为。 2. 协助消费者了解正在测试的产品和服务。消费者应当知道他们正在与谁交易并了解正在测试的服务的性质,受测主体应当根据下列内容向消费者提供相应的信息: (1)提供金融服务的受测主体应当向消费者提供的信息包括: ①测试主体的姓名(提供服务的人的姓名)和联系方式。 ②提供的服务种类和这些服务涉及的产品种类的信息。 ③这些服务所收到的任何报酬(包括佣金)的信息。 ④关于测试主体和任何可能影响测试主体所提供服务的,金融产品的发行人之间的关系的信息。 ⑤关于争端解决系统的信息。 (2)提供信贷服务的受测主体应当对信用合同"不适合"消费者进行初步评估,信用合同将不适用于"合同不符合消费者的要求和目标"或"消费者将根本无法支付其付款义务,或根本无法承担实质性的困难"的两类消费者。 同时其应当向消费者提供以下信息: ①信用指南中通常包含的信息(除信用证号码以外)。 ②价格信息。 ③提案文件。 (3)所有的受测主体都应当同时向消费者提供以下信息: ①受测主体不持有执照。 ②所提供的服务是基于金融科技许可豁免开展的测试。 ③一些与执照持有者所提供的服务形成的常规保护方式将不适用。 3. 确保在发生争议时提供追索权,必须为顾客安排因创新主体没有遵守应负义务或不当行为,造成的损失与伤害的补偿机制,包括: ①符合标准和要求或经 ASIC 通过的内部争议解决(IDR)方案。 ②作为由 ASIC 批准的一个或多个外部争议解决(EDR)方案的会员。 4. 限制客户所投入的金额

续表

国家(地区)	消费者保护措施
马来西亚	①充分披露参与测试的客户面临的潜在风险,并确认这些客户充分理解并且接受。 ②限制参与客户的数量和/或交易总额或频率。 ③限制客户参与的阶段。 ④限制测试时间。 ⑤提供消费者救济机制,包括沙盒参与者在明确规定的情况下获得经济补偿的可能性
中国香港特别行政区	香港金融管理局"金融科技监管沙盒"要求创新主体在沙盒测试期间应当有足够的措施来保障消费者的利益,一般应当包括: (1)通过妥善的程序来挑选能了解所涉及的风险,并自愿参加测试的消费者。 (2)经过强化的消费者投诉处理程序。 (3)就测试的任何失误导致消费者蒙受经济损失,作出及时和公平的赔偿。 (4)消费者退出沙盒测试的适当安排
	香港证监会监管沙盒要求合格的受测企业应当制定充分的投资者保护措施,以处理在沙盒测试过程中识别出的实际或者潜在风险或者注意事项。主要可以包括合格的受测企业应当将其在沙盒内开展测试的事实告知消费者,并向其全面披露潜在的风险和可以提供的赔偿安排
	香港保监局"保险科技沙盒"要求保险公司在沙盒测试的过程中,有足够的措施保障消费者的利益。在某些情况下,保险公司可能需要通知消费者其所参加的沙盒测试未必完全符合相关的监管规定。同时,应当有适当的安排,让消费者退出沙盒测试(如退还保费),或者对测试失败所导致的经济损失作出公平的补偿

资料来源:笔者根据英国《监管沙盒》;新加坡《金融科技监管沙盒指南》;澳大利亚《监管指南 257:在未持有澳大利亚金融服务和信贷执照的情况下测试金融产品和服务》;马来西亚《金融科技监管沙盒框架》;中国香港金融管理局《金融科技监管沙盒》;中国香港证监会《香港证监会监管沙盒》;中国香港保监会《香港保险科技监管沙盒》自行整理。

作为金融监管沙盒制度的先驱,英国为受测企业提供了 4 种可自由选择的消费者保护方式,并对其分别进行了详尽的优劣势分析(见表 2.14)。分析显示,因第二种方式能够最大限度地吸引各类公司和消费者进入测试、为消费者提供更具针对性和弹性的保护等优势，而应当成为首选方式。①这 4 种方式实际上可以分为“监管沙盒的特殊保护模式”和“与正常业务相一致的普通保护模式”两种类型。其他样本国家（地区）则是强制性地规定了其中一类保护模式。

整体而言，样本国家（地区）金融监管沙盒制度中消费者的保护措施主要表现为以下两个特征：一是从具体的手段上看，包括 4 个方面，即从告知测试、产品和主体信息、享有的权利义务等方面保证参与测试的消费者的知情权；对消费者的人数、投入资金和适当性进行限制；提供完备的纠纷解决和损失补偿方案；保证在不损害参与测试的消费者的权益前提下的安全退出机制。二是从时间跨度上看，对消费者的保护贯穿了沙盒测试的始终。在准入阶段，大都要求在测试计划中提供消费者保护措施的相关信息，并向消费者披露；在运作阶段，基本规定了应当与消费者开展及时的交流、保持畅通的反馈渠道以及完备的纠纷解决方案；在退出阶段，一个保证消费者安全退出的计划，以及出现损失时候的补偿，成为样本国家（地区）的共识。

表 2.14　英国金融监管沙盒制度消费者保护措施的优劣对比

方式	主要优势	主要劣势
方式一	当事方能够灵活地就特定测试达成一致的补偿协议	不成熟且欠缺理性的消费者，也许不能理解自身权利受到的限制，他们的测试意识会使测试结果存在偏差。决策同样会带有偏见，当认为选择风险性较大的时候，谨慎的消费者会退出选择，这就更加歪曲了测试结果
方式二	当事方能够灵活地就特定测试达成一致的补偿协议。同时，如果有足够的保障措施，也可以考虑对没有意识到测试活动的消费者进行测试	如果保护措施不够充分，消费者权利可能会受到侵害

① See FCA,“Regulation Sandbox”, https://www.fca.org.uk/publication/research/regulatory-sandbox.pdf, 2018-10-26.

续表

方式	主要优势	主要劣势
方式三	消费者保护系统已经在外界建成,消费者无须承担额外风险	受测主体必须支付 FOS 和 FSCS 的费用,它们的财务风险有可能高于补偿损失
方式四	除非公司破产,否则消费者无须承担任何与测试主体进行交易的风险,这种方式给予了消费者一种更高层次的保护	受测主体将承担所有的风险(包括投资风险),这对小公司来说经济负担很重,因而使沙盒成为一种不具有吸引力的选择。另外,如果消费者知道他们在交易中不会有任何损失,也许会使测试结果出现偏差

资料来源:FCA, Regulation Sandbox, https://www. fca. org. uk/publication/research/regulatory-sandbox. pdf,2018 - 11 - 07。

3. 金融监管沙盒制度准入阶段中风险隔离和控制措施的比较分析

作为一个旨在通过限定的范围,对风险不确定的金融创新产品开展测试的监管工具,在防范风险的前提下,最大地推动金融创新无疑成为其宗旨。沙盒虽然是一个特定的安全空间,但也是在现实的生产环境当中对金融创新产品开展测试,毕竟唯有如此才能获取真实的市场数据,用以改良金融产品和修正监管规则。这一“内嵌”于现实市场的测试空间,在一定程度上对金融体系的内生脆弱性和风险的传染性产生了放大作用。如何隔离和控制试验的风险,无疑也成为样本国家(地区)关注的重点。

总体来看,这些风险隔离和缓解措施主要包括以下两个方面:一是通过在消费者数量、进入资金的限制、业务的范围、测试的起止时间等方面设置限定性条件,将风险控制在可接受和特定的范围之内,防止测试失败的结果在更大的范围内传播。二是要求受测主体在开展沙盒测试之前,对可能和潜在的风险进行识别与量化,并提供合理的风险缓释和清除计划,同时应当具备消除不良影响的能力。

样本国家(地区)金融监管沙盒制度准入阶段风险隔离和控制措施对比见表2.15。

表 2.15 样本国家(地区)金融监管沙盒制度准入阶段风险隔离和控制措施对比

国家(地区)	风险隔离和控制措施
英国	①沙盒活动的参数必须考虑到测试不应对金融系统造成风险(即测试规模必须受到限制)。 ②FCA 将会通过为每个受测主体配备的沙盒联络官进行紧密的合作,确保在测试期间和结束之后,都有充分的风险防控和安全保障措施。具体的内容将依每个测试项目的不同而分别制定。在前两批次的试验中有关的保障措施包括:额外的资本要求、系统渗透测试以及由合格财务顾问进行的二次审查,等等
新加坡	①鉴于沙盒在生产环境中运作,它必须为将要实行的金融服务提供明确的空间和持续时间、目标消费者群体及数量、交易门槛或持有的现金额度等内容。在这种情况下,可以限制失败的后果。 ②对拟参与测试的金融服务可能产生的重大风险应予以量化评估和减轻。包括:提供对拟议的金融服务初步测试的证据,确定初步测试发现的风险和减轻风险的建议;致力于尽量降低测试失败对消费者,以及广泛金融系统的影响的风险降低计划
澳大利亚	主要是对客户数量和资金额度的限制(详见表 2.6)
马来西亚	①设定明确的限制条件,包括:限制参与沙盒的顾客数量和/或交易总额或频率、限制客户参与某一细分市场和参与阶段、限制测试的时间,等等。②提供充分和有能力的资源进行试验和实施风险缓解方案,同时,这些措施已被证明有效地遏制了失败的后果。包括:防止洗钱和恐怖主义融资;促进支付系统和支付工具的安全性、可靠性和效率;确保伊斯兰金融服务的创新解决方案与现行教法标准相一致;保持健全的财务和商业惯例以与稳定的货币和金融政策相一致,等等
中国香港特别行政区	香港金融管理局:①明确测试的范围与阶段,包括客户人数和类型、服务种类、时间安排,等等。 ②风险控制措施:设定补充监管的措施,以降低因并未完全符合监管规定而引起的风险,以及对银行的生产系统及其他客户所构成的风险

续表

国家(地区)	风险隔离和控制措施
中国香港特别行政区	香港证监会:限制企业可服务的客户类别或每名客户的最高风险承担,以便限制该企业的受监管活动的业务范围和界限
	香港保监局:①明确测试的范围和条件,包括:时间和期限,或预期正式推向市场的日期;保险业务的规模和类型;目标使用者;所涉及的科技手段;测试的预期成果和成功条件。 ②风险的管理控制措施:保险公司应当有足够的管控程序,以达到香港保监局相关监管规定的目标

资料来源:笔者根据英国《监管沙盒》;新加坡《金融科技监管沙盒指南》;澳大利亚《监管指南257:在未持有澳大利亚金融服务和信贷执照的情况下测试金融产品和服务》;马来西亚《金融科技监管沙盒框架》;中国香港金融管理局《香港金融科技监管沙盒》;中国香港证监会《香港证监会监管沙盒》;中国香港保监会《香港保险科技监管沙盒》自行整理。

第三节　金融监管沙盒制度准入阶段的实质公平问题及其改进机制

一、金融公平的源起与金融市场准入

自20世纪90年代,杰里米·格林伍德(Jeremy Greenwood)和博扬·约万诺维奇(Boyan Jovanovic)揭示金融发展、经济增长和收入分配之间存在的非线性关系[①]以来,金融便被从以效率为导向,以成本—收益、供给—需求等为衡量工具,以金融对经济增长的贡献为焦点的“经济学帝国主义”中

① 杰里米·格林伍德(Jeremy Greenwood)和博扬·约万诺维奇(Boyan Jovanovic)构建的动态模型表明,在金融发展的早期,拥有更多投资信息的金融中介服务需要支付一定的资金以得到更高的投资回报,穷人们因难以支付这一成本而被排除在门槛之外,穷人与富人的投资收益差距由此扩大;随着金融的发展,获取金融中介投资信息的成本降低,并且穷人通过财富积累实现了对门槛的跨越,穷人也能够获得相应的金融服务,使穷人与富人之间的差异缩小。故而在一国经济发展的初期,金融的发展将会扩大穷人与富人之间的收入差异,但长期来看,随着金融市场的不断成熟和收入的增长,更多的人开始进入到金融市场,使得收入差距逐渐缩小,也即金融发展和收入分配的关系呈现“库兹涅茨效应”的倒“U”字形轨迹。See Jeremy Greenwood, Boyan Jovanovic, “Financial Development, Growth, and the Distribution of Income”, *Journal of Political Economy*, Vol. 98, No. 5, 1990, pp. 1076 – 1107.

"解放"出来。有关金融发展与社会公平的研究开始呈几何倍数增长。旨在描述"金融工具、金融机构以及整个金融体系对经济社会发展所具有的推动作用"①的金融功能,也被学者们系统阐释为6个核心方面,具体为:"①方便生产或生活资源在不同的时间、空间或不同的主体之间转移;②提供交易所需的清算和结算服务;③为资源的储备以及在企业中开展所有权的分割提供有效机制;④提供风险管理的方式;⑤提供价格信息以对不同经济部门的决策进行协调;⑥解决信息不对称情形下要求的激励问题。"②

无疑,金融体系功能的良善发挥,将对经济的发展与社会的和谐产生巨大的正向影响。但历次的金融危机却时刻警示着我们,在诸多因素的影响下,金融体系的功能总是容易被异化而产生负面效应,即"在脱离实体经济的极度逐利价值目标的指引下,虚拟经济的信用基础丧失,虚假成分成为主流,金融不仅不再服务于实体经济反而转向阻碍,甚至损害实体经济的发展"。③ 从本质上看,金融领域违背伦理规则的现象大多表现为对公平准则的背弃,因为金融活动中某些人的行为对伦理准则的践踏,通常表现为主观上存在亵渎公平的故意,客观上一方利益的攫取以另一方利益的损失为代价,且这一代价是建立在对方不知道、不愿意接受或被迫接受的基础之上。④

自古希腊至今的两千多年时间里,人类对公平正义的讨论就从未停止过。从柏拉图的分工正义和亚里士多德的校正正义,到功利主义大多数人的最大幸福的公平观,再到罗尔斯的社会合作理论、机会平等理论和差别原则,诺齐克的持有正义,福利经济学的公平分配正义,等等,无一不是为了揭示公平正义的内涵及其实现途径。一个较为准确的定义是:所谓公平正义,就是给人应得,就是一种应该的回报或交换,就是等利害交换的善行;等利交换和等善交换的善行是公正的正反两面;所谓不公正,就是给人以不

---

① 白钦先、白炜:《金融功能研究的回顾与总结》,载《财经理论与实践》2009年第5期。

② Grane, D. b., K. A. Froot, Scott P. Mason、André Perold、R. C. Merton, Z. Bodie, E. r. Sirri, and Tufano, *The Global Financial System: A Functional Perspective*, Boston: Harvard Business School Press, 1995.

③ 徐孟洲、杨晖:《金融功能异化的金融法矫治》,载《法学家》2010年第5期。

④ 参见单玉华:《对金融活动公平性的伦理关注》,载《经济经纬》2007年第2期。

应得,就是一种不应该的回报或交换,就是不等利害交换的恶行,不等利交换与不等害交换的恶行就是人公正的正反两面。① 这一内涵延伸到金融领域,便形成了金融公平的概念。其主要指在金融活动中,各类主体不因自身经济实力、所有权性质、地域和行业等因素而受到差别对待,能够公平地参与金融活动,机会均等地分享金融资源,形成合理有序的金融秩序,并通过金融市场实现社会整体利益的最大化。②

20 世纪 70 年代,西方主要资本主义国家普遍出现的经济增长停滞、失业增加、通货膨胀等现象,使自 20 世纪 30 年代以来统治西方经济学界的凯恩斯主义受到了前所未有的挑战。罗纳德·麦金农(Ronald McKinnon)和爱德华·肖(Edward Shaw)便是在此时提出了他们的金融发展模型,他们反对凯恩斯、凯恩斯学派和结构主义学派的货币模型,指出金融自由化和金融发展加快了经济增长的速度,而金融抑制(利率上限、较高的准备金比率、指导性的信贷政策以及对金融中介机构的歧视性的税收政策等)则对经济增长有严重的消极后果,主张促进金融自由化和金融发展,把金融自由化和金融发展视为促进经济增长的经济政策手段。③ 爱德华·肖同时指出,金融自由化及其相关的政策,有助于促进收入分配的平等,在某些落后的经济中,劳动力对资本的替代弹性也许很高,因而相对于工资率而言,利率和汇率的提高可能既增加就业又提高工资收入的份额。④ 但随着这一理论在拉丁美洲实践的失败,人们开始认识到,将其在相对落后的经济体当中贸然推行,很有可能会造成金融危机。

有鉴于此,托马斯·赫尔曼(Thomas Hellmann)等人提出了"金融约束理论",认为在金融发展水平相对低下的发展中国家,贸然的金融自由化措施并不能促成最优的经济和社会效应,需要政府通过存贷款利率控制、市场准入等一系列金融约束政策,为金融和生产部门创造获取剩余价值的机会,以缓解金融机构和企业部门由于信息不对称而产生的激励问题,从而促进

---

① 参见王海明:《新伦理学》,商务印书馆 2008 年版,第 773 页。

② 参见冯果:《金融法的"三足定理"及中国金融法制的变革》,载《法学》2011 年第 9 期。

③ 参见王曙光:《金融发展理论》,中国发展出版社 2010 年版,第 38 ~ 39 页。

④ 参见[美]爱德华·肖:《经济发展中的金融深化》,邵伏军、许晓明、宋先平译,格致出版社、上海三联书店、上海人民出版社 2015 年版,第 7 页。

金融发展和良好的经济社会效益。[①] 毕竟市场体制并不是最优的而是次优的资源配置形式,它只是相对满意的资源配置形式,因为市场体制在运行过程中也存在一些不尽如人意之处,这在经济学上被称为市场失灵。[②] 其表现为垄断对竞争的不完全替代,价格机制缺位引发市场波动,供求不能发挥作用导致非交换意义上的外部影响从而产生外部性,不能反映供求价格导致公共物品提供的不足,信息的偏在导致信息失灵,经济人理性引发的合成谬误导致经济周期的波动。[③] 而政府作为一个经济组织所具有的"对全体社会成员具有普遍性"和"拥有其他经济组织所不具备的强制力"两个特征,[④]则使之成为克服市场失灵的重要外力。金融市场的准入机制便是政府对市场经济进行干预的典型形式。以前述金融公平的视角观之,金融市场的准入机制应当保证各类市场主体都能够机会均等地进入金融市场、参与金融活动并获得相应的金融服务,对不同的参与者同等地确保金融资源的可得性和易得性,所有的不合理门槛都应当被逐渐降低直至消除。[⑤]

二、金融监管沙盒制度准入阶段存在的背离公平现象及其缘由

无疑,金融市场的进入是金融体系运行的起点,是充分利用金融功能实现个体收益和社会发展的前提。具体而言,进入金融市场实际上包含两个方面的内容:一方面是作为金融产品和服务需求者的主体进入市场,获取支付结算、信贷等基础金融服务,进行金融产品交易等;另一方面是作为金融产品和服务提供者的主体进入金融市场,获得许可从事金融营业活动。[⑥] 这在金融监管沙盒制度中表现为:尚未获得金融产品或服务完全牌照的创新主体希望进入监管沙盒,在一个受限的真实环境中,先对尚不符合完全监

---

① See Thomas Hellmann, Kevin Murdock, Joseph Stiglitz, *Financial Restraint: Toward a New Paradigm, The Role of Government in East Asian Economic Development: Comparative Institutional Analysis*, New York: Oxford University Press, 1996. p. 163.

② 参见种明钊主编:《国家干预法治化研究》,法律出版社2009年版,第2页。

③ 参见李昌麒主编:《经济法理念研究》,法律出版社2009年版,第36页。

④ 参见[美]约瑟夫·E.斯蒂格利茨:《政府在市场经济中的角色:政府为什么干预经济》,郑秉文译,中国物资出版社1998年版,第45页。

⑤ 参见冯果、李安安:《收入分配改革的金融法进路:以金融资源的公平配置为中心》,法律出版社2016年版,第112页。

⑥ 参见袁康:《金融公平的法律实现》,社会科学文献出版社2017年版,第67页。

管要求的金融创新产品或服务进行测试,以获取真实的市场数据对该创新进行评估和调整;合格的消费者作为首批接触和获取参与测试的金融创新产品或服务的消费者,能够暂时性地在受全方位保护的基础上,得到更为便捷或智能的产品或服务,并把握某领域金融创新产品或服务的动向。

无论是出于以最小的成本获取最真实的市场数据、获得更多的融资并尽快进入真实市场的期望,还是规避金融监管规则的目的,金融监管沙盒制度对于开展金融创新的金融机构,特别是初创企业而言都具有莫大的吸引力。而对于消费者来说,对测试的参与也能使之更好地把握金融创新产品或服务的动向,以及对其的保护措施,并提出自身的真实诉求。出于以最小的监管成本最大地促进金融创新发展、识别真正的金融创新、在金融发展的最新趋势中构建最合适的消费者保护措施等因素的考量,政府对金融监管沙盒制度准入的实质性把控便显得理所当然。即便是在澳大利亚金融科技许可证豁免的"形式审核"模式下,ASIC 对创新主体要求的应当提供的信息,也并非可以滥竽充数而蒙混过关。但值得注意的是,具备着"经济人"特性的政府也会失灵,"政府的缺陷至少与市场一样严重"。[①] 政府的失灵并没有一个固定的表现模式,但通常体现为以下几个方面:一是政府获取信息受政府本身信息传递机制,以及政府本身判断能力的局限,导致政府的决策失误;二是政府机构由于缺乏竞争意识,没有一种机制降低成本,从而导致机构臃肿、人浮于事、官僚主义、形式主义和办事效率低下;三是政府介入市场产生的权力寻租;四是政府不受产权约束和预算分配偏离社会需要;五是政府干预行为存在的成本收益考量。[②] 政府干预失灵延伸到金融监管沙盒制度的准入过程当中,便将影响整个沙盒运行实效的产生,其在金融公平的视域下表现为对创新主体和消费者的侵害。

出于对沙盒实施成本、技术参数和试验性环境的特殊要求等方面的考虑,必须对进入监管沙盒开展测试的创新主体进行严格的准入控制。例如,在英国开展的 4 个批次的沙盒测试中,其准入比分别仅为 26.09%、

① [美]布坎南:《自由市场和国家》,吴良建等译,北京经济学院出版社 1988 年版,第 28 页。

② 参见李昌麒主编:《经济法理念研究》,法律出版社 2009 年版,第 39~40 页。

31.17%、29.51%和42.03%；[①]新加坡自2016年11月正式发布监管沙盒文件以来，仅有10家企业参与到其沙盒测试当中。[②] 诚然，此种态势也表明，沙盒主管部门对监管沙盒准入的把控使之获得了一种社会资源分配的权力，即对能够进入沙盒开展测试的具体企业的最终决定权。这实际上是创设了一种与由价格体系自然产生的获利机会同属性的，由政府人为创设的获利机会，即"非生产性租金"。一种对非生产性稀缺资源的支付，是这类资源使用所获得的超过了次优用途收益的额外收益，即资源所得中超过了机会成本的净收益。[③] 而无论是由价格体系自然产生的，还是由政府人为创设的获利机会，其产生的根本原因，均是要素所有者对要素所有权的垄断阻止了要素在市场中的自由流动。在此种情况下，要素使用者为获得要素的使用权，不得不给要素所有者支付超过其正常报酬的超额报酬。[④] 政府对经济活动的限制频繁地出现在诸多以市场为导向的经济当中，此种限制不仅带来了"租金"，也使人们不断地对其进行争夺。[⑤] 人们这种对租金的争夺行为，被称为"寻租"。其是指经济主体通过合法形式或非法形式，去非生产性地谋取经济利益的活动，以及为了维护既得经济利益或对其进行再分配的非生产性活动。[⑥] 它本身不创造任何价值，只是产生转移支付，是一种社会浪费行为。[⑦]

在金融监管沙盒制度的准入阶段，由沙盒主管部门对创新主体进行审

---

① See FCA, "Regulatory Sandbox", https://www.fca.org.uk/firms/regulatory-sandbox, 2018-11-12.

② See MAS, "Experimenting in the sandbox", http://www.mas.gov.sg/Singapore-Financial-Centre/Smart-Financial-Centre/FinTech-regulatory-sandbox/Experimenting-in-the-sandbox.aspx, 2018-11-12.

③ 参见孟昌：《寻租分析范式起源、演变及其在中国的误用——对相关文献文本的语源和语义考察》，载《现代财经》2013年第8期。

④ 参见阮守武：《公共选择理论及其应用研究》，时代出版传媒股份有限公司、安徽教育出版社2014年版，第122~123页。

⑤ 参见A.克鲁格：《寻租社会的政治经济学》，刘丽明译，载《经济社会体制比较》1988年第5期。

⑥ 参见曹永森：《政府干预经济理论基础与行为模式》，国家行政学院出版社2012年版，第411页。

⑦ 参见阮守武：《公共选择理论及其应用研究》，时代出版传媒股份有限公司、安徽教育出版社2014年版，第126页。

核,并决定哪家企业的何种产品能够进入监管沙盒开展测试,实际上就是对一种非生产性稀缺资源的分配,这极易造成创新主体通过各种非法或合法的手段,寻求对这一租金的获取。而监管沙盒准入阶段一事一议的政策操作容易引发的暗箱操作,则进一步加大了这一风险,使大企业有动力通过贿赂、游说、权钱交换等方式"俘获"主管部门。此时,"监管者们普遍接受了被监管者目标的影响,而不是公共利益的影响,甚至完全接受了被监管者的目标"。① 这在监管沙盒平等的重复博弈,以及监管部门拥有的更大的自由裁量权的背景下,无疑更容易生成。同时,这也使监管沙盒成为少数利益集团把控的测试工具,而在中小企业或初创企业中的真正创新者,则被显性或隐性的歧视性条件拒之门外。澳大利亚许可证豁免中对准入条件所规定的形式审核对此具有一定的缓和作用,但并未解决根本性问题,且在其个别豁免模式下再度回到了实质协商的常规路径当中。②

对于金融监管沙盒制度的另外一个主体——参与测试的消费者而言,准入机制中违背金融公平的现象主要体现为以下两个方面:

一是对参与沙盒测试的消费者的选择,或者说参与测试的消费者适当性的设置,是否对其他消费者产生不公,侵害了消费者的公平金融服务获得权。为了控制沙盒测试的范围和防止风险的外溢,沙盒主管部门往往会对进入沙盒参与测试的消费者作出人数、金额、风险认知和控制能力,以及金融知识水平等方面的限制。在参与测试的目标消费者的选择方面,则既可以由主管部门选定,也可以由创新主体提供。例如,香港金融管理局的"金融科技监管沙盒"就规定,创新主体应当有一个妥善的程序,挑选了解所涉及的风险并自愿参与测试的消费者。③ 而此种挑选显然容易违背金融公平

① [荷]乔安妮·凯勒曼、[荷]雅各布·德汗、[荷]费姆克·德弗里斯编著:《21世纪金融监管》,张晓朴译,中信出版集团2016年版,第85页。

② 在许可证豁免情形下,ASIC行使的是一种"形式审核权",即所有符合条件的企业都有资格进行沙盒试验,但在开展之前要将相关信息交由ASIC核对,再由其通知具体的实施时间。在个别豁免的情形下,由于个别豁免申请提出的前提是金融创新产品不能基于法定豁免或许可豁免开展,或者是要延长或者更改金融科技许可豁免的时间或其他条件,故而ASIC需要根据法律对个案进行实质性审核之后才能够发出这一豁免。

③ 参见香港金融管理局:《金融科技监管沙盒》,载https://www.hkma.gov.hk/media/chi/doc/key-information/guidelines-and-circular/2016/20160906c1.pdf,最后访问日期:2018年11月12日。

的要求，对“消费者具有的获得金融服务的平等权利，不能因为其信誉以外的因素如宗教、种族、年龄、性别、职业等而遭受金融机构的歧视”①这一消费者的公平金融服务获得权产生侵害，从而导致金融排斥。

所谓“金融排斥”，是指处于弱势地位的低收入群体，没有机会和能力获得满足自己需求的金融服务和产品。② 其可以从以下 6 个维度进行判定：①地理排斥，即由于金融机构网点或其他基础设施的分布不均和缺乏，消费者无法在生活或者工作的就近地点获取金融服务；②评估排斥，即金融机构对消费者获取金融服务设置风险评估的前置性程序，对消费者群体进行筛选，使相对弱势的消费者群体无法获取相应的金融服务；③价格排斥，即金融机构对某些金融产品或服务设置较高的定价，使获取该产品或服务的代价，超过某些消费者的承担能力导致其获取不能；④条件排斥，即金融机构对金融产品或服务的获取过程附加了不合理的条件，将某些消费者排除于金融产品或服务的范围；⑤营销排斥，即金融机构设置具体的营销目标群体，使某些消费者被排除在外；⑥自我排斥，指消费者出于自身是否需要、相关经历或心理因素，主动远离正规金融体系。③ 监管沙盒准入阶段对消费者的金融排斥主要体现为评估排斥和条件排斥，即设置一些风险评估或智识水平等条件，对参与沙盒测试的消费者进行筛选。

二是由沙盒主管部门来代替消费者判断金融创新产品或者服务，是否属于能够改善其金融可得性和生活的真正创新与所需要的创新，显得有些不合逻辑。毕竟，产生于“社会公众—政府部门—金融监管机构”之间的多层委托代理关系，在最终的表现形式当中长期存在沉醉于对金融安全与金融效率的追求，并在不同时期呈现徘徊于两者之间的线性运动，而金融公平则被抛之脑后。这无疑使本就带有天然弱者基因的消费者的地位越发颓势，不仅体现在金融资源的配置方面，更是表现在金融发展福利的分配方面。金融监管沙盒制度准入阶段监管部门对消费者的代理性选择，便是典型表现。而此种状态产生的一个重要原因便在于，消费者利益诉求的表达

① 于春敏：《论金融消费者的公平金融服务获得权》，载《财经科学》2012 年第 7 期。

② 参见孟飞：《金融排斥及其治理路径》，载《上海经济研究》2011 年第 6 期。

③ See Elaine Kempson, Claire Whyley, *Kept Out or Opted Out? Understanding and Combating Financial Exclusion*, Bristol: The Policy Press, 1999, pp. 4 – 12.

不畅和博弈能力的缺失。受委托的金融监管部门往往通过激进或稳健的货币发行、存贷利率、存款准备金等金融工具对经济进行调节。当风险逼近或发生时,其会采取稳健的方式以保证经济安全,而经济人思维影响下的调控机关为了追求经济的增长,在风险远离之时,必然会偏重使用激进的金融工具来追求效率。而此时,持有资本的金融机构在逐利天性的影响下对调控部门的游说,以便形成对其有益的宏观环境的行为,也为体现效率优先的金融工具的选用增添了砝码。在这个过程中,作为一个没有决策权且没有足够的能力对决策者产生影响的弱势群体,消费者虽然是金融活动的重要参与者,但却似乎被排除在博弈的局中人之外。由此,最终的金融监管工具往往呈现“安全至上”或“效率至上”的倾向而遗忘金融公平。

三、金融监管沙盒制度准入阶段实质公平的改进机制

随着金融市场的逐渐成熟和经济社会文明的不断进步,将金融效率奉为圭臬的传统理念已难以适应金融市场发展的要求,金融体系的公平运行日益成为全社会的共同期待。而从金融体系运行来说,金融市场活动本身也应遵循基本的伦理要求,符合公平正义的原则。同时,金融市场的公平性也是金融体系有序运行且效率最优的重要保障和内在要求。①

单纯局限于金融安全与金融效率之间的天平式平衡的金融法治,无法涵摄金融市场发展全局,必须强调金融公平以扩展金融法治的价值取向和规制范围,只有建立在公平之上的金融效率才是正义的和可持续的效率,只有建立在公平之上的金融安全才是恒久的安全。② 要在金融监管沙盒制度的准入机制中实现实质公平,就必须自始至终秉持金融公平的理念,具体表现为以下三点要求:一是为开展真正金融创新的主体和所有的消费者提供相同的起点,确认其均等地申请参与监管沙盒的权利;二是在满足进入监管沙盒标准的前提下,不能因企业规模、所有制结构、背景、所在地域等,与提供和接受金融创新产品或服务无关的因素,阻碍和限制主体进入和参与沙盒测试;三是对于能力有所欠缺的创新主体和消费者,应当给予其一定的帮

---

① 参见袁康:《重新审思金融:金融公平理念的勃兴》,载《财经问题研究》2018 年第 1 期。

② 参见冯果:《金融法的“三足定理”及中国金融法制的变革》,载《法学》2011 年第 9 期。

助，尽量消除其参与沙盒测试的障碍。在此基础上，通过以下方式来限制和缓解金融监管沙盒制度准入阶段中存在的，对消费者和创新主体产生的违背金融公平的行为与影响：

第一，注重信息的公开和消费者的主体地位。沙盒主管部门在对收到的沙盒申请按照已经明确公布的判定标准进行审核之前，设置前置性的信息公开和反馈程序，保证消费者对金融创新产品或服务的选择权，以及自身参与沙盒测试的自主权。具体而言，将已收到的所有申请进入监管沙盒开展测试的金融创新项目，通过网站公开、信息主动推送、集中路演等方式，向社会公众公开创新主体所提供的具体服务内容及其优缺点和创新点，并设置通畅的信息反馈渠道，鼓励社会公众提出对该产品或服务的看法。同时，沙盒主管部门作出是否支持该项目进入监管沙盒开展测试和自身是否愿意参与沙盒测试的意见。沙盒主管部门在将反馈信息总结归类的基础上，向社会公开，并基于此构建参与测试的消费者的选择库。

在此还应当明确两个要求：①如果沙盒主管部门的最终决定与消费者的选择相悖，应当作出充分的说明并向社会披露；②在金融公平的原则要求下，沙盒主管部门向社会公众征求其是否愿意参与沙盒测试意见的程序，实际上就是为消费者进入沙盒创造了一个机会均等的条件。但为了保证测试范围与风险的可控性以及结果的准确性，金融监管部门可以在广泛性的基础上，按照地域、持有资金、专业或非专业、机构或个人等条件，将愿意参与沙盒测试的消费者进行分类，并设置均等的比例，从其构建的消费者库中对参与测试的消费者进行具体选择。

第二，通过严格的实施程序来控制主管部门的寻租行为。监管的生命周期理论将监管的生命周期分为“产生期—青春期—成熟期—老化期”。该理论指出，新的监管机构和工具，总是在社会公众的压力和利益集团的妥协之下产生，其出现之初具有相当的朝气和信心与独立性。但随着时间的推移，其将变得日趋保守，并从与被监管者的冲突转变为和解，最后便会老化，不再关心公共利益，并为被监管者俘虏成为其代言人。为了防止此种寻租行为和监管俘获现象的产生，明确的判定标准和监管机构的权责界定等实体要件是非常必要的，但程序的控制也不可或缺，毕竟从某种程度而言，

"适当的程序有时会比与实际目标有关的实体原则更加重要"。[①] 由此，人们对资源分配公平的关注重心，逐渐由结果公平转向程序公正层面，只要分配程序是正义的，即使分配结果对自己不利，也愿意接受。[②] 相关的程序制度可以包括调查制度、听证制度、说明理由制度、告知制度、公开制度等。在控制沙盒主管部门的寻租和被"俘获"方面的程序控制，则主要包括说明理由和公开制度。具体而言，就是要促成信息的公开透明和强化政府的说明义务，沙盒主管部门应当就最终获准参与沙盒测试的创新主体和消费者的支持理由进行说明，并将其依据、过程、具体原因向社会公众公开。

本章小结

某种程度上，金融监管沙盒制度的准入和金融市场的准入有着同样重要的意义，严格的审核有助于解决伪创新的泛滥和利用沙盒规避监管规则的问题，宽松的准入则在最大限度地促进金融创新和有效竞争方面有着突出优势。就样本国家（地区）的金融监管沙盒制度来看，对创新主体的准入采取严格的把控成为大多数国家（地区）的共同选择，却也不乏在特定情形下进行形式审核的宽松方式，澳大利亚许可证豁免情形下的准入便是典型例证。一般而言，金融监管沙盒制度准入阶段的构成要素可以分为程序性事项和实体性事项。程序方面，以"排除偏见、听取意见和说明理由"三项正当法律程序的核心要素观之，样本国家（地区）均在不同程度上体现了对其的遵从；实体方面，则以在防控风险、保障金融消费者权益以及防止以规则规避为目的的参与等前提下，最大限度地促成真正的金融创新进入沙盒开展测试作为共同的准入基准，设定了创新产品或服务是否是一种颠覆性创新、能否带来良好的经济和社会效益、是否有完备的纠纷解决机制和消费者保护措施、能否进行有效的风险隔离等具体标准。

---

① 杨寅：《中国行政程序法治化——法理学与法文化的分析》，中国政法大学出版社 2001 年版，第 40 页。

② 参见种明钊主编：《国家干预法治化研究》，法律出版社 2009 年版，第 195 页。

但值得注意的是，政府与市场一样固有的失灵基因，无疑也会在金融监管沙盒制度的准入阶段逐步显现，毕竟沙盒本就是一种能够为创新主体带来利益的“稀缺性生产资源”。而在“一事一议”的准入审核模式中，此种基因将更易滋生与放大，从而产生实施过程中的不公平行为，对相对弱势的创新主体和长期被忽略的消费者产生不公平的行为。具体表现为对相对弱势的创新主体的歧视，以及被长期忽略的消费者对其与何种金融创新能够进入沙盒的选择权的侵害。其解决路径可以是促成信息的公开，设置消费者的前置性选择程序，以及通过严格的程序控制沙盒主管部门的寻租行为。

第三章　金融监管沙盒制度运作阶段的构成要素与存在的问题

市场运营监管是指金融机构被核准成立后，监管部门依照法律法规等的要求，对日常的市场经营所采取的监管措施。虽然在金融机构市场运营监管的具体内容上，各国表现得不尽相同，但其监管重点大都体现在金融机构运营的合规性、资产质量、盈利能力、资本充足性、流动性、管理水平、敏感性和内控制度等方面。[①] 这在金融监管沙盒制度的运作阶段表现为：沙盒主管部门采用合法合规的豁免工具，减免受测主体在外部市场中运营其金融创新产品或服务的某个或某几个必要条件，按照商定的测试目标、衡量指数、时间空间范围等具体参数，在沙盒这一"安全空间"内运行金融创新产品或服务，并通过定期提交报告等方式与沙盒主管部门开展紧密交流。同时，聘请专业公司进行审计或保证网络安全，确保受测主体和沙盒主管机构商定的风险控制措施、消费者保护措施、纠纷解决措施的全过程施行。这一进程的关键性举措包括事中的信息交流机制、具体的

① 参见朱崇实、刘志云主编：《金融法教程》（第 4 版），法律出版社 2017 年版，第 91 页。

豁免方式以及沙盒的中期变更机制三项内容。本章将在阐释金融监管沙盒制度运作阶段三项基本构成要素的基础上，对样本国家（地区）的不同规定进行解析，并深入研究贯穿沙盒始终的透明度问题。

第一节　金融监管沙盒制度运作阶段的事中信息交流机制及其实例分析

一、金融监管沙盒制度运作阶段的事中信息交流机制

在以虚拟化产品或服务为主的金融市场上，总是容易出现信息不对称所引发的道德风险和逆向选择，而由此造成的市场失灵，则成为政府干预的充要条件之一。金融监管部门往往通过对金融机构施加强制性信息披露义务来缓解信息不对称的现状，但此种强制性的义务却也容易出现信息披露不充分、不准确等问题，进而再度造成信息的偏在；政府的固有缺陷实际上又放大了这一问题。信息的缺乏使金融监管部门一方面很难识别和有针对性地鼓励对经济、社会有益的创新，另一方面也难以把控金融创新所带来的新风险，从而造成风险与创新无法平衡的窘境。出于对金融监管沙盒制度测试属性的考虑，以及缓解信息不对称的目的，样本国家（地区）在准入阶段均对创新主体提出了很高的信息披露要求，这些信息同样成为沙盒主管部门判定创新主体最终进入沙盒开展测试的关键性因素。

无疑，事中的信息交流机制在监管沙盒这一有着试验性特质的制度中，至少同事前创新主体与沙盒主管部门的信息沟通一样重要。其主要是指在沙盒运行过程中，沙盒主管部门和受测主体就具体测试状态、变更沙盒条件、最新监管动向、金融牌照的申请等方面的信息开展的，消除信息不对称现象的交流与沟通，并在具体的规则设置上表现出强制性规则和任意性规则并存的状态。这一机制不仅有助于沙盒主管部门及时把握沙盒测试的进度和风险，敦促受测主体严格实施共同商定的测试计划，落实各类保障措施，进而在把控风险的前提下最大限度地促进金融创新，达成安全与效率的平衡；同时，能够帮助受测主体更好地了解监管框架，完善其受测的创新产品与服务，升级内部控制规则和程序，提供更加完善的风险控制和消费者保

护措施。下文将就样本国家（地区）金融监管沙盒制度运作阶段的事中信息交流机制进行实例分析。

二、金融监管沙盒制度运作阶段事中信息交流机制的实例分析

英国 FCA 在创新主体获得沙盒测试准入资格之后，将会委派一位专门的沙盒联络官与受测主体商议有关沙盒测试的参数、测量结果、报告要求和保护措施，并参与测试计划实施的始终，负责受测主体与 FCA 的全程沟通。FCA 于 2017 年 10 月发布的《监管沙盒经验报告》显示，沙盒联络官的存在，使企业能够全面准确地了解其创新产品或服务应当如何适应监管的框架；同时，确保了在创新产品或服务测试过程中各类保障措施的建立和实施。来自受测主体的反馈也表明，FCA 对沙盒测试的全程监管以及监管层参与程度的提高，极大地提高了对消费者的保护程度。一家获得沙盒测试的企业明确表示，与 FCA 在测试过程中的持续沟通使之建立起了比以往更加严格的内部规则和程序。①

新加坡监管沙盒的事中信息交流机制，主要通过受测主体定期向 MAS 提交报告的方式开展。MAS 明确指出，在与获得沙盒测试资格的受测企业商议测试计划时，应当规定测试过程中的报告要求，受测主体要按照测试的时间表将测试进度报告准时提交给 MAS。同时表示，如果受测主体在沙盒测试期间，希望对沙盒的范围进行扩展或对测试中的创新产品或服务作出重大变更，均应当提前一个月向 MAS 提出申请并说明理由。②

澳大利亚并未对受测主体在沙盒测试过程中的报告义务作出明确要求；ASIC 监管沙盒中的事中信息交流主要体现在受测主体向 ASIC 提出延长测试周期、增加客户限额与其他减免条件变化的申请，以及在开展测试之

---

① See FCA, "Regulatory Sandbox Lessons Learned Report", https://www.fca.org.uk/publication/research-and-data/regulatory-sandbox-lessons-learned-report.pdf, 2018 - 11 - 14.

② See MAS, "Fintech Regulatory Sandbox Guidelines", http://www.mas.gov.sg/~/media/Smart%20Financial%20Centre/Sandbox/FinTech%20Regulatory%20Sandbox%20 Guidelines%2019Feb2018.pdf, 2018 - 11 - 14.

后对金融服务许可证或信用证的申请之上。①

在中国香港金融管理局、香港证监会、香港保监局所属的三个监管沙盒中，除香港证监会明确规定其将对开展沙盒测试的企业进行更为严谨的监管，与之进行紧密的沟通，并促成受测主体进一步改善其内部监控和风险管理措施之外，香港金融管理局和香港保监局均未对沙盒测试的事中信息交流作出明确规定。②

马来西亚对金融监管沙盒制度事中信息交流机制的规定较为细致，BNM 明确要求受测主体必须确保在测试期间对测试记录的适当维护，以便 BNM 对测试进行随机审查；同时，应当在测试过程中向 BNM 发送中期报告，该报告的内容至少需要包括关键的绩效指标与事件、相关的统计信息，从欺诈行为或业务事故报告中观察到的关键问题，以及为解决这一问题采取的行动或步骤。中期报告的频率和具体细节将由 BNM 和受测主体共同商定；在商定过程中，应当考虑与测试有关的持续时间、复杂性、规模和风险。受测主体发送的中期报告应当有 CEO 的签名确认；在联合测试的情况下，应当由两家公司的 CEO 共同确认。除此之外，受测主体在测试期间对测试周期提交的书面延长申请，也构成了其事中信息交流机制的一部分。③

样本国家（地区）金融监管沙盒制度事中信息交流机制对比见表 3.1。

---

① See ASIC，"Regulatory Guide 257：Testing Fintech Products and Services without holding an AFS or Credit Licence"，http://download. asic. gov. au/media/4160999/rg257 - published - 24 - february - 2017. pdf，2018 - 11 - 14.

② 参见香港金融管理局：《香港证监会监管沙盒》，载 https://www. hkma. gov. hk/media/chi/doc/key-information/guidelines-and-circular/2016/20160906c1. pdf，最后访问日期：2018 年 11 月 14 日；香港证券及期货事务监察委员会：《证监会监管沙盒》，载 https://www. sfc. hk/web/TC/sfc-fintech-contact-point/sfc-regulatory-sandbox. html，最后访问日期：2018 年 11 月 14 日；香港保监局：《香港保险科技监管沙盒》，载 https://www. ia. org. hk/tc/aboutus/insurtech_corner. html，最后访问日期：2018 年 11 月 14 日。

③ See BNM，"Financial Technology Regulatory Sandbox Framework"，http://www. bnm. gov. my/index. php? ch = 57&pg = 137&ac = 533&bb = file，2018 - 08 - 14.

表3.1 样本国家(地区)金融监管沙盒制度事中信息交流机制对比

国家(地区)	事中的信息交流机制
英国	在测试过程中,通过沙盒联络官保持 FCA 与受测主体的联系,以保证受测主体按照协商一致的模式开展测试
新加坡	①按照测试的时间表,将测试进度报告准时提交给 MAS ②申请延长期限或者变更测试内容
澳大利亚	①向 ASIC 提出延长测试周期、增加客户限额与其他减免条件变化的申请 ②在测试期间对金融服务许可证或信用证进行申请
马来西亚	①定期向 BNM 发送包括关键绩效指标和事件、关键问题及其解决等信息在内的中期报告,其频率和具体细节由两者共同商定 ②向 BNM 提交延长测试时间的申请
中国香港特别行政区	香港证监会将与开展沙盒测试的受测主体进行更为紧密的沟通

资料来源:笔者根据英国《监管沙盒》、新加坡《金融科技监管沙盒指南》、澳大利亚《监管指南257:在未持有澳大利亚金融服务和信贷执照的情况下测试金融产品和服务》、马来西亚《金融科技监管沙盒框架》、中国香港金融管理局《金融科技监管沙盒》、中国香港证监会《香港证监会监管沙盒》、中国香港保监会《香港保险科技监管沙盒》自行整理。

表3.1显示,为了保证受测主体在沙盒测试过程中,严格按照商定的测试计划开展试验、准确掌握测试进度、尽早发现风险并及时处理、更加系统地了解企业的需求,以及帮助企业顺利拿到正常监管条件下的经营许可证,样本国家(地区)在测试过程中,十分注重受测主体与监管部门之间的交流,大都规定了与申请程序中完整的信息披露和频繁的沟通相一致的事中信息交流机制。样本国家(地区)在这一机制的具体规定中有自身的特色。例如,由于澳大利亚已经对测试的范围作出了严格的限制性规定,ASIC 在沙盒的事中信息交流过程中,秉持了其准入阶段"形式审核"模式内蕴的宽松监管理念,并未与其他国家(地区)一样作出要求受测主体在测试过程中进行报告的规定;中国香港金融管理局和香港保监局沙盒测试的主体标准是已经持牌的银行和保险公司,以及与它们有着合作伙伴关系的科技公司,能够在原有框架下很好地进行风险把控,故而两者均未对沙盒测试过程中的信息交流作出要求;香港证监会监管沙盒的合格主体则包括已经持有香港证监会牌照的法人,以及拟从事《证券及期货条例》下受监管活动的初创企业,其明确指出将与受测主体开展紧密的沟通,并施加更为严谨的监管

措施。

即便如此,我们依然能够从中找出样本国家(地区)监管沙盒事中信息交流机制的共同脉络。整体而言,包含三个方面的内容:一是要求受测主体向沙盒主管机关对测试的相关问题提供定期报告或沟通,确保已制定的各类保障措施在测试过程中的落实和风险的把控;二是就测试过程中拟进行的沙盒变更向主管部门提出申请并说明理由;三是与沙盒主管部门进行沟通,以便在沙盒结束之前顺利取得正常监管条件下的经营牌照。

第二节　金融监管沙盒制度运作阶段的豁免方式及其实例分析

一、金融监管沙盒制度运作阶段的豁免方式

日新月异的金融创新往往伴随着与法律"一经颁布便落后于时代"这一特性的剧烈冲突。既有的法律规范所使用的法律概念或者调整手段,总是会给金融创新带来巨额成本乃至直接扼杀金融创新;而金融创新对经济和社会产生的巨大效用,却又极易促使人们对法律产生"恶法非法"的思考。在正常的轨迹下,当冲突达到一定程度之时,金融创新和监管法律总是互为因果地推动着对方的发展,但也陷入了一个永恒的矛盾循环当中。也即处于围绕着"金融安全—金融效率—金融安全—金融效率"的价值导向循环而产生的金融创新"深化—抑制—深化—抑制"和监管法律"加强监管—放松监管—加强监管—放松监管"的周而复始状态。从这一角度来看,具备试验性特质的金融监管沙盒制度实际上就是为了缓和这一矛盾而提出的"缓冲地带":其一方面能使创新主体在成本较低的前提下,对其金融创新产品或服务进行有限条件下的真实测试;另一方面能够在保持监管规则稳定性的情形下,帮助监管部门平衡安全与效率之间的紧张关系。

金融监管沙盒制度的豁免方式,主要是指沙盒主管部门在其营造的内嵌于真实市场的"安全空间"中,对现有监管规则所规定的,提供某项具体金融业务应当具备的资格条件实施的变通执行行为。这一行为将带来两个方面的问题:一是从宏观层面上看,应当如何协调金融监管沙盒制度与现有

法律法规之间的关系,即监管沙盒与当前法律的适配性问题;二是就微观层面而言,沙盒主管部门是否有足够的权限来豁免对相关规则的实施,或者说其将通过何种方式来阻断现实条件下的完全监管规则在监管沙盒这一试验性场域下的适用。究其本质,就是如何确保金融监管沙盒制度具备坚实的合法性基础。在实践中,样本国家(地区)规定该制度的相关文件都从宏观和微观上严格地遵循了合法性的要求,即十分注重在不与现有法律框架冲突的前提下,以及在自身的权限范围内,实现监管沙盒的运作。下文将就样本国家(地区)金融监管沙盒制度运作阶段豁免方式的宏观策略与微观应对进行实例分析。

二、金融监管沙盒制度运作阶段豁免方式的实例分析

在监管沙盒与现行法律的适配性问题上,英国 FCA 提出了四种解决方案:[①]一是对《金融服务与市场法案 2000(监管活动)第 2001/544 号令》(以下简称《金融服务与市场法案 2000》)进行修改,将"沙盒"作为一个新的监管活动引入。此种方式能够使 FCA 单独创造一个新的沙盒框架。该框架将比现存的结构更具灵活性,故而其能够允许授权过程的简化,并可能减少在测试时遵守的规章要求,同时对创新者起到了极大的激励作用。但这一方式的缺陷也是十分明显的,包括:①创新主体在开展对创新产品或服务的测试时,仍然要提出申请;②新制度的灵活性将会受到欧盟法律的限制(如欧盟法律可能会设置资本的要求);③引入新的立法变革需要消耗大量的时间与资源;④这种方式将不适用于不受《金融服务和市场法案 2000》规制的公司(如支付机构和电子货币公司)。二是修改《金融服务和市场法案 2000》中有关监管机构豁免测试的规定。FCA 发出的监管豁免权的声明,应当与《金融服务和市场法案 2000》中所规定的豁免测试的要求相关。政府可以考虑改变《金融服务和市场法案 2000》中有关豁免条件的规定,使 FCA 能够更加便利地对受测主体的要求进行减免。此种方式有利于 FCA 对监管豁免权的更广泛运用,也能够为受测主体提供更加宽松和灵活的测

① See FCA,"Regulation Sandbox",https://www.fca.org.uk/publication/research/regulatory-sandbox.pdf,2018-11-16.

试环境，但新的立法变革却也容易造成时间和资源的巨大耗费。三是修改《金融服务与市场法案 2000（豁免）第 2001/1201 号令》中规定的豁免规则，用以引进免除沙盒需要的授权。如果创新主体符合监管沙盒的要求，并且得到 FCA 的确认，那么这一豁免条款将会被触发。四是对《金融服务与市场法案 2000（基于业务方式的规范活动）第 2001/1177 号令》中的商业目的制度进行修改，将受测主体在沙盒中实施的测试活动排除在"商业目的的活动"范围之外，进而排除规则的适用。

FCA 认为前述的后两种方式有着共同的特性，两者的优点在于能够使受测主体不受《金融服务和市场法案 2000》的影响，减少测试时的限制，并更具灵活性。其缺点则体现为以下五点：①除非受测主体被授权从事其他活动或进行沙盒测试的辅助行为，否则将不会受到金融服务补偿计划（Financial Services Compensation Scheme，FSCS）和英国金融巡查专员（Financial Ombudsman Service，FOS）的保护；②欧盟的相关法律显著地限制了英国法可以进行的豁免行为；③按照欧盟法律的要求，为了更好地保护受测主体和消费者的权益，必须为其提供替代性的争端解决程序；④此种方式的固有漏洞，有可能会被某些公司在开展未经授权的业务过程中利用；⑤FCA的常规性监管权力将不能被适用。[①] 不过 FCA 也指出，由于欧盟立法的相关要求，这两种方式并不具备可行性。因为按照欧盟的相关立法，FCA 没有免除对信用机构、保险和再保险中介机构、某些支付机构和电子货币机构等诸多特定机构进行授权或注册的权力，故而对豁免规则和商业目的制度进行修改的方式可能会收效甚微。[②]

与在脱欧之前受到欧盟立法和国内法案双重规制，同时并未将监管沙盒形成命令性规则，[③]需要谋求该制度在法案中地位的英国不同的是，其他样本国家（地区）大都在其法律体系中赋予了监管沙盒相应的地位。同时，

---

① See FCA，"Regulation Sandbox"，https://www.fca.org.uk/publication/research/regulatory-sandbox.pdf，2018-11-16.

② See FCA，"Regulation Sandbox"，https://www.fca.org.uk/publication/research/regulatory-sandbox.pdf，2018-11-16.

③ 目前 FCA 实施的监管沙盒是依据其 2015 年 11 月向财政部递交的名为《监管沙盒》的可行性和实用性报告开展的。

其他样本国家(地区)的沙盒主管部门相对于受双重规制的英国 FCA 而言,拥有更大的自主权,能够更为便利地运用其豁免权力开展监管沙盒计划;但也均明确地表示,该计划必须在沙盒主管部门的权限范围内实施。例如,澳大利亚 ASIC 在《监管指南 257:在未持有澳大利亚金融服务和信贷执照的情况下测试金融产品和服务》中明确了其监管沙盒制度,指出 ASIC 拥有根据《公司法》持有金融服务许可证和《国家信贷法》持有信贷许可证中的规定,豁免一个人(或一类人)的法定权力。同时,有一定的权力免除产品或服务(或产品或服务类别)的许可证要求,以及修改由 ASIC 自身管理的一些法律。有关其豁免政策,均详细记载于《监管指南 51:救济申请》之中。① 新加坡则在《金融科技监管沙盒指南》中明确,MAS 应当根据将要试点的金融服务、涉及的申请人和已经提出的申请来决定放宽条件的具体法律和监管要求;②中国香港金融管理局、香港证监会和香港保监局所推行的监管沙盒,均是针对受其规制的持牌机构、该机构的合作伙伴;马来西亚在其 2016 年 10 月发布的《金融科技监管沙盒框架》中,也对豁免的权限范围作出了明确,指出沙盒不适合已经在现行法律和规章下可以运作的产品、服务或解决方案,对于不适合进行沙盒测试的产品、服务或解决方案,BNM 将会对非银行金融机构或者金融科技公司采取一种非正式的修改指导和建议,使商业模式和方法符合现行法律和规章。③

值得注意的是,英国 2016 年 6 月 23 日在其"脱欧公投"中形成的英国脱离欧盟之结果,或许将在很大程度上缓解英国在欧盟法律框架下产生的监管沙盒与当前法律的适配性问题,扩大 FCA 在金融监管沙盒制度中的自主权。毕竟英国于 2018 年 7 月 12 日发布的脱欧白皮书明确规定,在脱离欧盟之后,其金融机构将不再拥有与欧盟成员国进行自由贸易的"牌照通

---

① See ASIC, "Regulatory Guide 257: Testing Fintech Products and Services without holding an AFS or Credit Licence", http://download.asic.gov.au/media/4160999/rg257-published-24-february-2017.pdf, 2018-11-16.

② See MAS, "Fintech Regulatory Sandbox Guidelines", http://www.mas.gov.sg/~/media/Smart%20Financial%20Centre/Sandbox/FinTech%20Regulatory%20Sandbox%20Guide lines%2019Feb2018.pdf, 2018-11-16.

③ See BNM, "Financial Technology Regulatory Sandbox Framework", http://www.bnm.gov.my/index.php? ch=57&pg=137&ac=533&bb=file, 2018-11-16.

行权”,但可以通过同等性机制的混合型协议,在金融机构同意遵守欧盟规则的前提下进入欧盟市场。同时,英国的金融监管部门也将和欧盟的金融监管部门进行平等而广泛的监管合作和对话。[①] 虽然欧盟在 2018 年 7 月 26 日便拒绝了英国的脱欧白皮书,但拒绝的主要原因在于,欧盟希望与英国在海关政策、规则、税收征管等方面保持与货币、法律和边境一样的控制措施。由此我们可以看到,英国对欧盟的脱离无疑将有助于其金融监管政策和规则方面的“解放”。

在监管沙盒的具体豁免方式上,样本国家(地区)也作出了较为详细的规定。

例如,鉴于金融牌照制的存在,英国 FCA 对尚未获得牌照授权的创新主体和已经获得牌照授权的创新主体,以及为其提供外包服务的技术公司,进行了具体豁免方式上的区分。

对于未获牌照授权但想要开展的创新产品和服务又超出其范围的创新主体,FCA 将采用类似于“银行动员授权程序”的限制性授权措施。也即对满足沙盒测试授权要求的公司发放在测试范围内的“限制性牌照”,一旦公司满足了完全监管规则下所有的授权要求,限制将被取消,并被授予完全牌照。[②] 此种限制性授权的方式,使创新主体仅需满足 FCA 规定的进入监管沙盒开展测试的标准,便可以获得在特定范围内测试其创新产品或服务的权力;这一过程无疑比获得完全监管规则下的授权更加便捷。

但创新主体在测试之前,仍然要满足一定的要求,需要付出一定的成本;而欧盟立法对 FCA 豁免权的相关限制,不仅极大地限缩了限制性授权的范围,也提高了创新主体的申请成本。此外,FCA 也对限制性授权作出了范围上的限制,指出其不能应用于进行《金融服务和市场法案 2000》授权范围以外的活动(如支付服务和有关电子货币的活动,因为《支付服务条

---

① See UK, “The Future Relationship Between The United Kingdom and The European Union”, https://assets.publishing.service.gov.uk/government/uploads/system/uploads/attachment_data/file/725288/The_future_relationship_between_the_United_Kingdom_and_the_European_Union.pdf, 2018 - 11 - 16.

② See FCA, “Regulation Sandbox”, https://www.fca.org.uk/publication/research/regulatory-sandbox.pdf, 2018 - 11 - 16.

例》和《电子货币条例》已经为小额支付机构和小额电子货币公司规定了更加宽松的登记制度,并明确了在这些条例不适用之时的若干豁免措施),同时表明监管沙盒框架内的限制性授权措施,并不会替代“银行动员授权程序”,也不会拓展到其他公司。

对于已经获得牌照的公司和为之提供外包服务的技术公司,监管沙盒提供了三种豁免方式:[①]一是无强制执行函(no enforcement action letters, NALs),FCA将会在确信拟参加测试的创新产品或服务没有违反FCA的相关要求或损害其目标的情形下,对创新主体发布“无强制执行函”,承诺在发布该函到测试结束或被FCA关闭测试的整个期间,不会对测试活动采取强制性措施。但FCA将会保留关闭测试的权力,并且该函件并不当然地免除受测主体对消费者的责任。二是个别指导(individual guidance, IG),FCA可以对与受测主体正在进行测试项目的相关规则和监管政策进行针对性解释,如果受测主体按照这一解释开展活动,FCA便不会对其采取行动。三是豁免(waivers),如果创新主体拟开展的测试活动明显地违反了FCA的相关规则,但其通过了“豁免测试”,[②]并且其违反的规则在FCA的豁免权限范围内,FCA便可以对创新主体进行豁免或者修改特定的规则。

FCA同时对以上四种方式进行了详细比较(见表3.2)。从表3.2中我们可以发现,对于尚未持有授权牌照的创新主体而言,虽然“限制性授权”的方式有利有弊,但在目前的情势下却也成为其开展测试的唯一选择。对于已经持有授权牌照的创新主体以及为其提供专业服务的外包公司而言,拟开展沙盒测试的创新产品或服务是否符合相关的规则,成为其适用无强制执行函/个别指导和豁免方式的关键性指标。但如果抛开这一因素,与处处受到欧盟立法和英国本身的《金融服务和市场法案2000》掣肘的“豁免方式”相比,无强制执行函和个别指导在合法性以及通过金融巡查专员

---

① See FCA, “Regulation Sandbox”, https://www.fca.org.uk/publication/research/regulatory-sandbox.pdf, 2018-11-16.

② 根据《金融服务和市场法案2000》第138A(4)条的规定,FCA不能对规则进行豁免或者修改,除非满足以下条件:(1)遵守现行规则或未经修改的规则之行为,将会对创新主体造成负担过重的情况,从而不能达到制定该规则的目的;(2)对规则进行豁免或者修改不会对FCA所要达成的任何目标产生不利影响。See UK, “Financial Services and Markets Act 2000”, http://www.legislation.gov.uk/ukpga/2000/8/contents, 2018-11-16.

(FOS)与金融服务补偿计划(FSCS)实施保障方面显得更具优势。同时,尽管FCA将后两者的缺陷归纳为“实施成本较大并且复杂”,但即便是在“豁免”的情形下,FCA也要付出一定的审核、监察等成本。此外,正如笔者在前文所言,英国脱欧有助于其金融监管政策和规则方面的“解放”,监管沙盒的各类豁免工具也将获得更大的灵活性。毕竟通过表3.2我们就可以发现,“欧盟相关立法要求”已然成为高悬在英国监管沙盒具体豁免方式之上的“达摩克利斯之剑”。

表3.2　英国金融监管沙盒制度豁免方式优劣对比

豁免方式	优势	劣势
限制性授权	①FCA在不违背欧盟相关立法的前提下,将相关的授权要求(门槛)进行了降低,从而使创新主体更加容易地达到标准 ②限制性授权的许可程序将比常规许可程序更加方便快捷 ③如果测试的创新产品或服务在英国金融巡查专员(FOS)和金融服务补偿计划(FSCS)的覆盖范围内,则将得到两者的保护 ④此种授权(即便是限制性的)能够对投资者产生鼓励,促成创新主体的融资	①创新主体仍然要按照一定的标准和程序进行申请,才能够进行沙盒测试 ②对于受欧盟相关立法约束的创新主体而言,欧盟立法包括资本要求在内的相关限制条件,对FCA在行使限制性授权的灵活性上产生了极大的影响 ③FCA需要为拟参与沙盒测试的创新主体量身定制专门的授权许可要求,将产生较高的成本
无强制执行函/个别指导	①无强制执行函和个别指导为受测主体提供了明确的措施,只要受测主体是按照FCA同意的测试计划开展,FCA便不会对其采取强制性措施 ②由于无强制执行函和个别指导只颁发给开展符合相关规定的测试活动的受测主体,故而其违反欧盟立法要求的风险将是最小的 ③如果测试的创新产品或服务在英国金融巡查专员(FOS)和金融服务补偿计划(FSCS)的覆盖范围内,则将得到两者的保护,但可能不适用于违反法定义务的民事损害赔偿	无强制执行函和个别指导的实施成本较大并且比较复杂,同时需要一个明确的免责声明。这一免责声明的要求可能会对此方式的效用产生一定影响

续表

豁免方式	优势	劣势
豁免	①如果在测试创新产品或者服务时有违反相关规则的情况出现,那么豁免将成为唯一的选择,这无疑提高了监管沙盒的灵活性 ②豁免能够使得创新主体在全面符合相关规则之前,对创新产品或服务进行测试(创新主体可以更快地开始测试) ③豁免方式向受测主体确保了只要其按照测试计划进行测试,FCA就不会对其采取强制性措施	①FCA采取豁免方式必须遵守欧盟法律的规定 ②FCA进行豁免的权力受到《金融服务和市场法案2000》中有关豁免测试的规定的限制,需要通过立法改变来扩大其豁免的权限范围 ③只有在违反一般性的法律规定(如过失、虚假陈述)的情况下,才能适用金融服务补偿计划(FSCS) ④如果受测主体公平合理地采取了其他行动,那么豁免方式就会对金融巡查专员(FOS)的评估产生影响(违反法定义务的民事损害赔偿可能受到妨碍)

资料来源:FCA, Regulation Sandbox, https://www.fca.org.uk/publication/research/regulatory-sandbox.pdf,2018-11-17。

新加坡金融监管沙盒制度的豁免方式表现为在沙盒测试中对某一种或几种完全监管要求的放松,主要由MAS根据拟参加沙盒测试的创新产品或服务、申请的内容,以及申请的创新主体的基本情况等信息,决定具体对受测主体在沙盒测试中所要放宽的监管措施。这些措施包括但不限于:[①]资产维护要求、董事会的组成、现金余额、信用评级、财务稳健性、偿付能力及资本充足率、许可费、管理经验、MAS的相关指引(如技术风险管理指引和外包指引)、最低流动资产、最低实缴资本、相对规模、社会声誉以及业绩记录。同时,MAS也列举了一些不能进行放宽的标准:客户信息的保密性、诚实守信的准则、中介机构对客户资产的处理以及洗钱与反恐怖融资的防范措施。

---

① See MAS, "Fintech Regulatory Sandbox Guidelines", http://www.mas.gov.sg/~/media/Smart%20Financial%20Centre/Sandbox/FinTech%20Regulatory%20Sandbox%20Guidelines%2019Feb2018.pdf,2018-11-17.

澳大利亚 ASIC 则主要通过三种方式来实施其豁免:[①]一是法定豁免,即对于创新主体拟实施的创新产品或服务,按照法律规定不需要获得金融监管部门的许可,或者有其他的法律灵活性规定使之可以开展,具体包括:①代表已经持有许可牌照的法人从事相关活动。②不受相关法律要求获得许可条款的规制(如立即结算的外汇合同、在客户和发送资金的人之间没有常设安排的一些电子资金划拨、只能向一人进行支付的支付产品、对企业或商业目的提供的信贷等)。③ASIC 提供的豁免(包括 ASIC 依据《公司法》持有金融服务许可证、《国家信贷法》持有信贷许可证的要求开展的豁免、免除某些产品或服务的许可要求等)三种类别。二是金融科技许可证豁免,指基于 ASIC 公司(概念验证许可豁免)工具 2016/1175 和 ASIC 的信用(概念验证许可豁免)工具 2016/1176 的规定,提供给一些在通常情况下需要获得金融服务许可证或者信贷许可证才能进行的金融服务或信贷活动的创新主体,使之在减轻监管负担的环境中测试创新产品或服务。三是个别豁免,也可以看作以上两种豁免程序的兜底豁免方式,即在创新主体不能基于法定豁免或者金融科技许可豁免对其创新产品或服务开展测试,或需要对金融科技许可证豁免的期限和测试计划进行修改之时适用的方式。

中国香港金融管理局的金融科技监管沙盒和香港保监局的保险科技沙盒,在具体的豁免方式上与新加坡的金融监管沙盒一致。也即对于合格的受测主体拟对其创新产品或服务开展的测试,从某个或某几个方面降低完全条件下的一般性监管规定(如电子银行服务保障的相关规定、推出新的金融科技服务之前独立评估的时间等),具体放宽的监管规定将依据所涉及的具体服务,并在与合格受测主体探讨之后作出。[②] 而香港证监会对于豁免方式的规定,则并未作出具体监管规则层面的变更。其明确指出,市场

---

① See ASIC, "Regulatory Guide 257: Testing Fintech Products and Services without holding an AFS or Credit Licence", http://download. asic. gov. au/media/4160999/rg257 - published - 24 - february - 2017. pdf, 2018 - 11 - 17.

② 参见香港金融管理局:《香港证监会监管沙盒》,载 https://www. hkma. gov. hk/media/chi/doc/key-information/guidelines-and-circular/2016/20160906c1. pdf,最后访问日期:2018 年 11 月 17 日;香港保监局:《香港保险科技监管沙盒》,载 https://www. ia. org. hk/tc/aboutus/insurtech_corner. html,最后访问日期:2018 年 11 月 17 日。

的廉洁稳健和投资者的利益至关重要,相关的监管规定则是投资者保障的关键所在。故而并不会放宽任何监管规定,而是对合格的受测主体在向市场推出其创新产品或服务之前,设置一些包括客户人数、类别、投入资金数额以及赔偿计划等在内的限制性条件,对产品进行可靠性和内控系统的监察。如果证明该项创新产品或服务是可靠的并符合市场需要,且内控程序足以识别风险的时候,便可以向证监会申请移除前述的部分或全部限制性条件,正式投放市场。①

马来西亚的金融监管沙盒制度主要为提供的创新产品、服务或解决方案,完全或部分不符合 BNM 管理的法律、法规或标准的创新主体所创设。BNM 会对处于以上状态,但有高价值的创新产品、服务或者解决方案,采取一定的灵活性监管方式,准予其进入沙盒开展测试,具体的监管灵活性要求则将在 BNM 与合格受测主体的协商基础之上形成。

样本国家(地区)金融监管沙盒制度豁免方式对比见表 3.3。

表 3.3 样本国家(地区)金融监管沙盒制度豁免方式对比

国家(地区)	豁免方式
英国	未持牌公司:限制性授权,即对受测公司发放在测试范围内的"限制性牌照";一旦公司满足授权要求,限制将被取消
	已持牌或为其提供外包服务的公司: ①无强制执行函(NALs),在发布该函到测试结束或被 FCA 关闭期间,不会对测试活动采取强制性措施 ②个别指导(IG),FCA 可以对与公司正在进行测试项目的相关规则进行解释,如果公司按照这一解释开展活动,FCA 便不会对其采取行动 ③豁免,如果公司的测试活动明显地违反了相关规则,但其通过了"豁免测试",并且在 FCA 的豁免权范围内,FCA 便可以对其进行豁免或者修改特定的规则
新加坡	根据提议的金融服务、申请内容以及参与活动申请人的基本情形,新加坡 MAS 将对其准备放宽的每一种情形,进行具体的法律和监管要求的确定

① 参见香港证券及期货事务监察委员会:《香港证监会监管沙盒》,载 https://www.sfc.hk/web/TC/sfc-fintech-contact-point/sfc-regulatory-sandbox.html,最后访问日期:2018 年 11 月 17 日。

续表

国家(地区)	豁免方式
澳大利亚	①法律豁免,即监管框架具有灵活性规定、法律已经提供豁免或者ASIC使用了其豁免权力,使得创新主体不需要获得许可便可以开展业务 ②金融科技许可证豁免,即ASIC在受测企业满足一定条件的情形下,在测试期间减轻其从事金融服务或者信贷活动的许可证要求 ③个别豁免,对超出以上两项豁免之外的特定产品或者服务、许可证豁免的延期,或者修改测试内容的特殊豁免
马来西亚	马来西亚BNM将在合格的受测主体商议的基础上,对其拟开展的创新产品、服务或解决方案给予一定的监管灵活性安排
中国香港特别行政区	香港金融管理局和香港保监局将会对合格的受测主体拟开展的创新产品或服务,放宽某些监管规定
	香港证监会不会放宽对合格受测主体创新产品或服务的任何监管规定,只是会对该创新产品或服务设置一些包括客户数量、金额在内的限制性条件,使之在特定的范围内先行推出

资料来源:笔者根据英国《监管沙盒》、新加坡《金融科技监管沙盒指南》、澳大利亚《监管指南257:在未持有澳大利亚金融服务和信贷执照的情况下测试金融产品和服务》、马来西亚《金融科技监管沙盒框架》、中国香港金融管理局《金融科技监管沙盒》、中国香港证监会《香港证监会监管沙盒》、中国香港保监会《香港保险科技监管沙盒》自行整理。

表3.3显示,样本国家(地区)的金融监管沙盒制度在具体的豁免方式上,整体表现出对完全条件下现行监管规则中某一项、某几项甚至全部要求的免除或放宽之样态。根据免除程度的不同,这些豁免方式可以划分为完全免除牌照要求的豁免和部分免除牌照要求的豁免两种类型。前者包括英国FCA的限制性授权和无强制执行函、澳大利亚的金融科技许可证豁免等;后者则涵盖新加坡MAS、中国香港金融管理局、中国香港保监局和马来西亚BNM的监管沙盒制度。同时,由于样本国家(地区)相关的法律制度、沙盒主管部门的权限范围等因素,产生了各具特色的豁免方式。例如,英国FCA细致地区分了对已经持有牌照的创新主体和尚未获得牌照的创新主体的不同豁免方式,并鉴于其欧盟成员国的身份,在具体的豁免方式中表现出对欧盟法律的尊重,不越雷池一步;中国香港证监会出于对金融市场和投资者的保护,拒绝对创新主体及其产品或服务放松任何的监管要求;虽然马来西亚的监管沙盒文件并未对可以放松的监管要求进行部分或全部的罗

列,但其沙盒主管部门——马来西亚国家银行所承担的管制和监管全国银行与金融系统的职能无疑表明,其能够对创新主体及其拟测试的创新产品或服务提供非常广泛的监管豁免。

第三节 金融监管沙盒制度运作阶段的中期变更机制及其实例分析

一、金融监管沙盒制度运作阶段的中期变更机制

无疑,金融监管沙盒制度这一通过金融消费者人数、准入金额等方面的限定来划定边界的特定“安全空间”,仍然依托于真实的生活场景,并内嵌在金融市场当中。参与测试的金融创新产品或服务,依然需要经受宏观经济政策、社会文化环境、经济形势、投资者或消费者的偏好等因素的检验。由此而来的对测试环境中各项条件和变量所产生的影响,则极易使创新产品或服务出现新的风险或暴露测试前尚未发现的缺陷。此时,在沙盒运作过程中,对某些条件进行变更就成了必然的选择。

所谓金融监管沙盒制度的中期变更机制,主要是指创新主体在沙盒测试的过程中,出于对受测的创新产品或服务进行改进、获得更加真实和准确的测试结果、处理因突发状况暴露的创新产品或服务的潜在缺陷、达成更加全面的测试目标等因素,向沙盒主管部门提出修改创新产品或服务的实质内容、延长测试时间或扩大测试范围的变更申请,沙盒主管部门按照一定的标准和程序,对其作出批准或不批准决定的过程。具体地看,这一机制可以包括程序性要件和实体性要件两个方面。前者包括受测主体在什么时间范围内、以什么方式向沙盒主管部门提出申请,沙盒主管部门的审核期限和告知方式等内容;后者则指受测主体提交的变更申请,是拟对什么事项进行变更(如时间、范围、业务),变更理由是什么,沙盒主管部门将以什么标准进行评估,等等。

但值得注意的是,在本书选取的样本国家(地区)中,并非所有的国家(地区)都对监管沙盒的中期变更机制作出了规定,英国和中国香港就并未在其监管沙盒的相关文件中提及,其可能的原因包括如下几方面:

第一,英国和中国香港的沙盒主管部门均要求受测主体必须在准备完全充分的前提下,对其创新产品或服务开展测试。例如,在英国的第一和第二批次的测试中,就分别有 6 家和 7 家已经被授予测试资格的创新主体因准备不充分而不能开展试验。并且,相关的测试参数(如界限范围、测试目标与结果等)均是在受测主体和沙盒主管部门协商一致的情形下达成的,再次变更将增加各项成本。故而,不能在测试过程中对沙盒条件进行变更。

第二,英国 FCA 和中国香港的沙盒主管部门都明确规定了在测试过程中与受测主体的紧密联系和沟通。例如,英国 FCA 为每个受测主体配备了沙盒联络官,沙盒联络官负责沙盒测试与 FCA 的全程沟通,保证相关保障措施的贯彻落实;香港证监会将会在沙盒测试中与受测主体开展更为密集的沟通,并对其内控和风险管理措施开展进一步的指导;香港金融管理局要求受测主体密切监视沙盒测试情况,并快速识别和处理任何可能发生的重大问题或事故。此种措施无疑保证了对因突发情况暴露的创新产品或服务的潜在缺陷所造成风险的妥善处理,使沙盒中期变更成为不必要。

第三,在测试中出现某种状况而需要进行测试时间、范围或业务内容的调整或变更的情况,将被作为应当汇报的事项记录于中期报告或最终报告当中,成为沙盒主管部门评估该项测试成功与否的考量因素之一。因为在完全的运营环境中,同样蕴含着种种不确定因素和变量,这一现象并不能作为进行中期变更的支持理由,而应当成为测试结果的评判标准。

除英国和中国香港之外,新加坡、澳大利亚、马来西亚则基于对受测主体能够更加灵活与完整地获取准确的试验数据,从而更好地改进其创新产品或服务为社会公众服务的考量,均对监管沙盒的中期变更机制作出了规定。以下将对此进行详尽分析。

二、金融监管沙盒制度运作阶段中期变更机制的实例分析

新加坡在其《金融科技监管沙盒指南》中对监管沙盒的中期变更机制作出的规定,包括受测产品或服务的重大变革和测试时间的扩展两个方面。该指南指出,在测试阶段,如果受测主体希望对正在测试的创新产品或服务作出重大变更,那么其至少应当在变更的 1 个月前向 MAS 提出申请,并详细说明变更的原因;MAS 将对申请进行审查,并作出是否同意的决定。在

审核期间,受测主体可以继续开展当前正在进行的沙盒测试。如果受测主体希望拓展沙盒测试的时间,那么其应当至少在试验到期日的1个月前,向MAS提出延期申请,并说明申请延期的理由。例如,在对客户的反馈意见进行收集和综合考虑,或纠正被暴露的缺陷之后,需要额外的时间来对试验中的创新产品或服务进行变更;或者是创新主体需要更多时间才能达到在进入正式的市场之后,完全遵守相关的法律和法规的要求。MAS将对申请进行详细审核,并逐个回复。①

澳大利亚为正在测试的受测主体提供了较为全面的中期变更选项,包括对金融科技许可证豁免情形下测试周期的延长(如额外增加12个月的测试时间)、客户限额的增加(如将客户限额提升至200名零售客户)以及其他减免条件的变化(如保持适当的补偿安排)三个方面。其中对于测试周期的延长和客户限额的增加两个内容的变化,受测主体既可以基于金融科技许可证豁免的场景向ASIC提出变更申请,也可以按照个别豁免的条件进行变更申请。

在按照金融科技许可证豁免场景提出变更申请的情形下,受测主体需要向ASIC指定的邮箱发送变更申请书(但ASIC并未规定变更申请书的格式,其内容由受测主体根据ASIC将考虑的因素和相关法律规定作出),并缴纳相应的费用,同时确保其已经达到了"在沙盒测试开始的6个月后,尽早地提出了完全牌照的申请和《监管指南51:减免申请书》中的条件"。ASIC接到变更申请之后,将从7个方面(详见表3.4)对其进行考量,并作出是否同意变更的决定。

表3.4 样本国家(地区)金融监管沙盒制度中期变更机制对比

国家(地区)	中期变更机制	
	程序要件	实体要件
英国	未明确规定	未明确规定

① See MAS, "Fintech Regulatory Sandbox Guidelines", http://www.mas.gov.sg/~/media/Smart%20Financial%20Centre/Sandbox/FinTech%20Regulatory%20Sandbox%20Guidelines%2019Feb2018.pdf,2018-11-20.

续表

<table>
<tr><th rowspan="2">国家（地区）</th><th colspan="2">中期变更机制</th></tr>
<tr><th>程序要件</th><th>实体要件</th></tr>
<tr><td>新加坡</td><td>①对于受测产品或服务的重大变更，受测主体应当至少在拟变更的 1 个月之前提出变更申请；对于测试期间的延长，受测主体应当在测试到期日的 1 个月前提出变更申请
②MAS 将对以上变更申请进行审查，作出最终决定并通知受测主体</td><td>①变更申请的事项包括受测产品或服务的重大变革，以及测试时间的扩展
②应当对受测产品或服务的重大变更以及延长测试时间的理由进行说明。前者的具体内容并未在文件中明确；后者则大致包括对客户的反馈意见进行收集和综合考虑，或纠正被暴露的缺陷之后，需要额外的时间来对试验中的创新产品或服务进行变更，或者是创新主体需要更多时间才能达到在进入正式的市场之后，完全遵守相关的法律和法规的要求，等等
③MAS 对变更申请的评估标准并未在文件中明确</td></tr>
<tr><td rowspan="2">澳大利亚</td><td>金融科技许可证豁免情形下的沙盒变更：
①受测主体按照要求向 ASIC 发送变更申请的相关文件
②ASIC 将对变更申请文件进行审查，作出最终决定并通知受测主体</td><td>金融科技许可证豁免情形下的沙盒变更：
(1)变更事项：测试周期的延长和客户限额的增加
(2)受测主体根据 ASIC 将考虑的因素和相关法律规定作出变更理由的说明
(3) ASIC 的评估标准：①延期申请或条件变化的性质；②延长测试期或增加客户限额的原因；③有关测试时间或客户的扩展，是为了更好地验证测试中的业务模型，而不是仅仅为了扩展操作范围；④沙盒测试开始的时间；⑤是否已经提出了对正式许可证的申请以及提出的时间；⑥迄今为止受测主体在测试期间的相关经验，包括是否与消费者发生任何重大争议或向 ASIC 提供的不当行为报告；⑦《监管指南 51：减免申请书》中 RG51. 57 条至 RG51. 62 条的规定，主要是对商业利益、相关监管利益和损害的衡量</td></tr>
<tr><td>个别豁免情形下的沙盒变更：
①受测主体按照要求向 ASIC 发送变更申请的相关文件
②ASIC 将对变更申请文件进行审查，作出最终决定并通知受测主体</td><td>个别豁免情形下的沙盒变更：
(1)变更事项：测试周期的延长、客户限额的增加以及其他减免条件的变更
(2)根据 ASIC 将考虑的因素和相关法律规定，作出变更理由的说明
(3) ASIC 的评估标准：①《监管指南 51：减免申请书》中规定的内容；②《监管指南 167：许可：自由裁量权》中的规定的内容；③其他因素，包括消费者的风险、议会制定的监管框架的完整性与目的，等等</td></tr>
</table>

续表

国家（地区）	中期变更机制	
	程序要件	实体要件
马来西亚	①受测主体在测试期期满前 30 日内，向 BNM 提交变更测试的书面申请 ②BNM 将对变更申请进行审查，作出最终决定并通知受测主体	①变更申请的事项仅限于测试周期的延长 ②未明确规定受测主体需要作出的变更理由说明 ③未明确规定 BNM 对申请的评估标准，但依然表明了创新产品、服务或解决方案在测试中能产生积极的效应。并且，受测主体能够证明延长测试时间，是回应在初始测试过程中出现的特殊问题或风险的必然要求，这将成为批准延长测试时间的重要因素
中国香港特别行政区	未明确规定	未明确规定

资料来源：笔者根据英国《监管沙盒》、新加坡《金融科技监管沙盒指南》、澳大利亚《监管指南 257：在未持有澳大利亚金融服务和信贷执照的情况下测试金融产品和服务》、马来西亚《金融科技监管沙盒框架》、中国香港金融管理局《金融科技监管沙盒》、中国香港证监会《香港证监会监管沙盒》、中国香港保监会《香港保险科技监管沙盒》自行整理。

其他减免条件的变化，则应当通过个人豁免的方式向 ASIC 进行申请。在此种情形下，受测主体需要将申请书发送至 ASIC 指定的邮箱，并缴纳相应的费用，同时保证其申请满足了《监管指南 51：减免申请书》中规定的标准。ASIC 将在收到申请之后，根据《监管指南 51：减免申请书》《监管指南 167：许可：自由裁量权》中的规定以及消费者的风险、议会制定的监管框架的完整性与目的等标准对申请进行评判。① 就实践而言，前述参与澳大利亚监管沙盒的六家受测企业均未对测试时间提出延展申请。

马来西亚对监管沙盒中期变更机制的规定较为简单，其范围也仅限于对测试周期的延长。BNM 在其《金融科技监管沙盒框架》中指出，受测主体应当在测试周期期满前 30 日内向其提出延长测试时间的书面申请。为了减少对金融市场的影响，BNM 一般不会同意延长测试周期，除非创新产

① See ASIC, "Regulatory Guide 257: Testing Fintech Products and Services without holding an AFS or Credit Licence", http://download.asic.gov.au/media/4160999/rg257-published-24-february-2017.pdf, 2018-11-20.

品、服务或解决方案在测试中能产生积极的效应,并且受测主体能够证明,延长测试时间是回应在初始测试过程中出现的特殊问题或风险的必然要求。[①] 就实践来看,马来西亚似乎经常性地批准对测试时间延长的申请,在前述受测的七家企业中,只有两家按照其规定的时间开展,其他受测主体均将测试时间进行了延长。

如前所述,基于监管成本、试验的统一性、更好地改进创新产品或服务等不同因素的考量,并非全部样本国家(地区)都对金融监管沙盒制度的中期变更机制作出了规定,而某些已经对此进行明确的国家(地区),也有些语焉不详。整体而言,样本国家(地区)金融监管沙盒制度的中期变更机制主要呈现以下两方面的特征:从程序上看,无论是在其他各国(地区)注重对监管沙盒的实质审批与控制的模式下,还是在澳大利亚金融科技许可证豁免中主张的"形式审核"模式下,均对测试期间的条件变更进行了较为严格的管控,要求受测主体在一定的期限内对拟变更的事项提出申请,并提供足够的理由来支持这一申请,沙盒主管部门将会按照一定标准,根据受测主体提供的信息对其进行严格审核。从实体上看,可以进行变更申请的事项主要围绕测试的时间、参与测试的客户限制、其他减免条件的变更以及创新产品或服务内容的重大变更四个方面的内容展开。而沙盒主管部门的评估标准,则基本是从创新产品或服务在沙盒测试中反馈的积极影响、是否真的需要通过时间的延长或范围的拓展才能检验出其实效、是否出现了非变更不能解决的风险或缺陷等方面,聚焦于进行变更的必要性。

第四节 金融监管沙盒制度的透明度问题及其优化路径

一、金融市场中的信息不对称与透明度要求

在现代经济学的基本理论中,市场经济源于经济人的理性和资源的稀缺性两大假设,竞争、价格、供求构成市场运转的三大杠杆,信息则成为主

---

① See BNM, "Financial Technology Regulatory Sandbox Framework", http://www.bnm.gov.my/index.php? ch=57&pg=137&ac=533&bb=file,2018-11-20.

导经济人决策、支配三大杠杠转动的核心元素。[①] 在金融市场,信息同样占据着核心要素的地位,因为金融市场是进行资本配置和对资本配置进行监管的一种制度安排,而资本配置及其监管从本质上来说就是信息问题,故而从某种意义上来说,金融市场就是进行信息的生产、传递、扩散和利用的市场。[②] 但值得注意的是,市场上的信息并非表现为理想状态下的对称分布,买卖双方的信息对称这一完全竞争市场学说的四大基础性假设之一,[③]自乔治·阿克洛夫(George Akerlof)于1970年提出“柠檬市场”原理拉开信息不对称在商品市场中应用的序幕以来,便被人们在现实图景中抛弃;市场信息的不对称性成为理论界和实务界的共识,其存在于市场中的普遍性和长期性被人们所认可和熟知。

简单来说,信息不对称是指市场上交易双方的信息在数量和质量上具有不对等性:掌握数量较多和质量较高的信息主体往往处于有利的地位;而另一方不仅掌握的信息较少,质量较低,且获取信息的渠道也十分有限,从而处于劣势地位。[④] 信息经济学将信息的非对称性按照两个标准进行划分:一是从非对称性发生的时间来看,可能发生在当事人签约之前,也可能发生在当事人签约之后,其分别被称为事前的非对称性和事后的非对称性。研究事前非对称信息博弈的模型被称为逆向选择模型,研究事后非对称信息的模型被称为道德风险模型。二是就非对称信息的内容而言,非对称信息可能是指某些参与人的行动,也可能是某些参与人的知识,研究不可观测行动的模型被称为隐藏行动模型,研究不可观测知识的模型被称为隐藏知识模型或隐藏信息模型。[⑤] 根源于社会劳动的细致分工、社会成员知识的有限性、信息搜集成本的存在与费用的高昂,以及信息垄断者封锁的市场信息不对称,将会对市场产生劣币驱良币、缩小或消灭某些类型的市场、生产

---

① 参见李昌麒主编:《经济法理念研究》,法律出版社2009年版,第36页。

② 参见王曙光:《金融发展理论》,中国发展出版社2010年版,第119页。

③ 完全竞争市场学说的四大基础性假设包括:①市场上存在众多买家和卖家且没有任何一个参与者能够单独决定市场的价格和产量;②市场上的产品具有同质性;③买卖双方能够自由进出市场使得资源具备流动性;④买卖双方信息的完全对称性。

④ 参见杨东:《金融消费者保护统合法论》,法律出版社2013年版,第66页。

⑤ 参见张维迎:《博弈论与信息经济学》,格致出版社、上海三联书店、上海人民出版社2012年版,第235~236页。

的低效率、不公平交易和不公平竞争以及生产者和消费者的行为扭曲等一系列后果。①

此种现象与后果显然也将反映于以具象化的信息作为基本要素的金融市场当中。信息不仅是金融市场主体决策的基本依据,也是金融市场上重要的竞争资源。信息的不对称将会对金融秩序、金融法治带来以下三个方面的巨大冲击:①不同市场主体在信息掌握程度、信息分析能力上有着高低差异,信息优势存在被滥用的可能,进而影响金融市场的竞争秩序。②信息技术的发展极大地丰富了金融工具的种类以及交易形态,特别是近年来以互联网为代表的信息技术从支付方式、信息处理和资源配置三个方面,加速了互联网金融模式的形成,在客观上要求金融法治、金融监管对此作出回应。③现代社会日益呈现出动态性、复杂性和多样性的特征,对公共管理构成了挑战。② 依靠市场机制内生地建立信誉机制、增加商品信息的透明度、由卖方向买方提供担保、采取标准化的生产方式和销售服务、加强产品的防伪措施、订立经济合同等方式,对信息不对称的纠正往往显得捉襟见肘而难以奏效。毕竟市场主体"经济人"自身利益最大化的动力将会严重阻碍市场信息的充分披露和有效流动,使完全信息不具有现实性,并促成"经济人"的机会主义行为。而信息作为一种典型公共产品所具有的非排他性和非竞争性特质,则导致了"经济人"在信息提供上的"搭便车"行为,造成市场对信息的产出不足,放大了前述风险。③

从政府干预经济的角度来看,可以将监管部门对信息不对称问题的处理分为三个层面:首先,能否得到合理判断的基础——信息;其次,出于风险管理目的对该信息进行分析的能力或技术;最后,在不确定的情况下作出艰难决定的意愿。④ 无论是从理论还是从实践来看,政府在解决市场信息问题方面都有着市场和私人部门不具备的优势:一是相关的监督信息具有公

---

① 参见曹永森:《政府干预经济理论基础与行为模式》,国家行政学院出版社2012年版,第230页。

② 参见谢贵春、冯果:《信息赋能、信息防险与信息调控——信息视野下的金融法变革路径》,载《北方法学》2015年第6期。

③ 参见种明钊主编:《国家干预法治化研究》,法律出版社2009年版,第6页。

④ 参见[马来西亚]沈联涛:《十年轮回:从亚洲到全球的金融危机》(第3版),杨宇光、刘敬国译,上海远东出版社2016年版,第304页。

共物品的特性,私人部门无法筹集足够的资金进行搜集并开展监管;二是信息作为公共物品具备自然垄断的属性,故而无法产生有效的竞争,这将导致私人部门难以提供有效率的信息服务,政府则可以通过相关制度的设计来缓和这一矛盾;三是政府具有强制力,其可以通过信息披露义务的赋予来获取需要的信息。[①] 但历次的危机表明,政府在该方面的干预也具有局限性,由于客观环境的复杂性以及多元利益的影响,实施干预所需信息的及时性、准确性、完整性以及流动性往往受诸多因素的制约。无论是在信息收集、信息处理还是在信息施效决策过程中,都会因为信息的制约和政府本身判断能力的局限导致干预效果的受损。[②] 由此,基于多主体、多层次、多方式的合作将会是处理金融市场信息不对称的更优选项。

从具体的方式来看,金融市场的信息不对称实际上是产生了对透明度的需要。如果没有可靠的信息,很难对金融风险和回报作出合理的评估,也很难作出高明的投资决策或制订健全的政策,受不完善信息误导而制定的投资决策和政策可能导致前所未见的系统性金融震荡,并对金融稳定构成严重威胁。[③] 所谓透明度(transparency),简单而言就是市场参与主体在交易过程中对交易价格、交易量等信息的获取能力和可能性。[④]《布莱克法律词典》将"transparency"界定为"公开、清晰、不会进行欺骗和试图隐藏有害信息,常用于金融披露、组织政策和实践、立法和组织与公众互动的其他活动"。[⑤] 从狭义上看,透明度仅指市场主体披露的信息的数量和准确度(公开、清晰);广义上的透明度则还应当包括市场参与者对所披露信息的理解,是一个交流沟通的动态过程。前文所说的信息的披露要求,就反映了金

① See Joseph E. Stiglitz, "The Role of the State in Financial Markets", *The World Bank Economic Review*, Vol. 7, No. 1, 1993, pp. 19-52.

② 参见李昌麒主编:《经济法理念研究》,法律出版社2009年版,第40页。

③ 参见[马来西亚]沈联涛:《十年轮回:从亚洲到全球的金融危机》(第3版),杨宇光、刘敬国译,上海远东出版社2016年版,第304页。

④ See Ekkehart Boehmer, Gideon Saar, Lei Yu, "Lifting the Veil: An Analysis of Pre-trade Transparency at the NYSE", *The Journal of Financial*, Vol. 60, No. 2, 2005, pp. 783-815.

⑤ Bryan A. Garner, *Black's Law Dictionary* (*9th Ed.*), West Virginia: Thomson Reuters, 2009, p. 1638.

融市场对透明度这一核心的要求。[①] 在金融市场上，信息披露是指金融机构对公司信息和交易信息的披露，包括金融机构的经营状况等基本信息，以及在销售产品或提供服务方面应当披露的相关信息。[②] 但简单的信息披露并不足以满足金融市场的透明度要求。有研究表明，信息传递有效性的实现，不仅需要保证市场参与者能够及时接收到准确的信息，也必须确保该信息能够反映真实的市场交易状态。

易言之，单纯的信息披露制度只是降低金融危机的发生概率、保证金融市场稳定的必要而非充分条件。因为即便信息披露制度完美无缺，诸多其他因素（包括市场本身的因素），也容易造成金融市场信息处理的失真。例如，金融市场的主要功能之一是通过价格信号传递关于风险识别的信息，而过于复杂的金融创新，由于超越了一般投资者的风险识别能力（无法理解所披露的信息），可能导致整个市场投资决策的扭曲，进而模糊这一功能，其结果便是市场风险分布状态的系统性失衡。[③] 大部分市场参与者出于贪婪、无知或自负而不了解风险或故意漠视风险，也会使充分的信息披露成为市场稳定和确定性的必要而非充分条件。[④] 金融监管沙盒制度便提供了达成透明度的一个有效方式：一方面，沙盒测试过程中的信息披露，使各参与方获取了受测主体和受测的产品或服务的准确信息；另一方面，贯穿监管沙盒始终的各参与方的信息交流，能够促成对金融创新产品与服务、相关监管规则、保障措施等内容的准确与完整的理解。但具体地看，却也有很多值得改进的地方。

二、金融监管沙盒制度中违背透明度要求的现象分析

诚如前文所言，金融监管沙盒制度作为一个后危机时代的新型监管工具，其所内蕴的试验性、特定性、参与性和平衡性之特质，从某种角度而言

---

① See Joanna Benjamin, "The Narratives of Financial Law", *Oxford Journal of Legal Studies*, Vol. 30. No. 4, 2010, p. 795.

② 罗传钰：《金融消费者保护：监管优化与国际合作》，法律出版社 2014 年版，第 165 页。

③ 参见陈雨露、马勇、李濛：《金融危机中的信息机制：一个新的视角》，载《金融研究》2010 年第 3 期。

④ 参见[马来西亚]沈联涛：《十年轮回：从亚洲到全球的金融危机》（第 3 版），杨宇光、刘敬国译，上海远东出版社 2016 年版，第 305 页。

促成了金融市场透明度的实现。但在具体的内部规则和运作当中,却也时常弥漫着在金融体系中无处不在的信息不对称之气息。在以金融科技为金融创新主流的后危机时代,设立了金融监管沙盒制度的国家(地区),纷纷将监管沙盒作为在把控风险前提下促进金融科技发展的重要手段,金融科技产品或服务成为监管沙盒的主流测试对象,甚至是准予进入的重要指标。

作为金融与科技深度融合的产物,金融科技不仅没有改变金融原本的信用风险、流动性风险、市场风险、操作风险、法律合规风险以及声誉风险,反而还增加了以上风险的不确定性。同时,促成了包括风险更具隐蔽性、传染性和系统性、平台技术安全风险更具破坏性、数据风险和信息安全风险相互交织、金融科技企业估值影响行业长期发展以及监管套利与法律风险等新的风险属性。这无疑进一步加大了金融监管沙盒制度内部出现信息不对称现象的可能性,毕竟金融行业本身的专业性质就已经让普通消费者无法深窥,而金融科技所依赖的主要底层技术(如分布式账本技术、云计算、大数据、人工智能等),则对沙盒主管部门和消费者提出了更高的专业性知识要求。按照信息经济学的分类,占有信息优势的一方在签订合约之前对信息的隐藏行为将产生“逆向选择”的后果,信息优势一方在签订合约之后对信息和行为的隐藏,则将触发“道德风险”的状态。该两种情形无疑都将在信息不对称状态下的金融监管沙盒制度中出现。

阿克洛夫在1970年发表的《“柠檬”市场:品质不确定性与市场机制》一文中,通过对美国旧车市场的分析,得出了“柠檬市场”原理(“柠檬”源于美国口语对“缺陷车”“二手车”的经验称呼),并以此开创了逆向选择理论。在该论文中,阿克洛夫指出,卖者熟知旧车真实质量的信息优势,造成了买卖双方的信息不平等。此时,对特定旧车的质量一无所知的买者,只愿意支付基于平均值的价格。这将造成那些最差的次品车的卖者,总是愿意以低于此的价格将车卖出,旧车质量高于平均值的卖者将无人问津,最终使其退出市场,只有低质量的次品车不断涌入并逐步占领市场。一段时间之后,市场上的旧车平均价格将会逐步下降,那些高质量的旧车卖者会选择不进入市场而将旧车继续自用。这将造成旧车市场上只有低质量的旧车出售,而没有高质量的旧车交易,还留在市场上的旧车质量进一步降低,即低质量的旧车将高质量的旧车挤出了市场(劣币驱逐良币)。由此,阿克洛夫解释了为什么即使是只使用过一次的"新"汽车,在柠檬市场上也难以卖到好价钱——它是"逆向选择"的必然结果。也就是说,消费者因信息劣势,而被迫做出了反向选择。

简单来说,逆向选择是指这样一种情况:在信息不对称的市场中,占有信息优势的一方为了促成合约的签订,将有害信息隐藏或者编造虚假信息,使信息劣势一方因信息的不完全而承受损害。这在金融监管沙盒制度中表现为:金融创新产品或服务的相关信息只有创新主体最为了解(占据信息优势),创新主体出于进入监管沙盒测试其创新产品或服务(签订合约)或者规避现有监管规则的目的,将创新产品的不利信息进行隐藏或捏造其创新特质,使沙盒主管部门(信息弱势一方)在信息缺陷的基础上,作出准许其进入沙盒的决定。此种状态显然将对监管沙盒制度的实效产生影响,造成其设计目的的扭曲。在本书第二章第三节所阐述的,通过前置性的信息公开和反馈程序来保证消费者对金融创新产品或服务的选择权的方式中,同样有可能存在此种情况。毕竟消费者对创新主体及其创新产品或服务信息的掌握程度,还远不如沙盒主管部门。

所谓道德风险,是指市场上的信息优势主体和信息劣势主体在签订合约之后,信息劣势一方并不能观测到实施过程,而只能得到实施结果,占有信息优势的一方不按照合约的规定实施行为,或者按照合约规定实施行为之后隐藏或捏造相关信息,使信息劣势一方受到损害。这在金融监管沙盒制度中表现为:创新主体(信息优势方)在进入沙盒之后(签订合约之后),为了使创新产品或服务更加顺利地通过测试从而进入市场,选择不遵守与沙盒主管部门商议的测试计划(如风险控制措施、纠纷解决措施、金融消费者保护措施等)开展试验,或者隐瞒在测试过程中出现的不利信息。在这一过程中,沙盒主管部门(信息弱势一方)[1]并不能时刻监管测试的整个过程,其获取的更多的是有关沙盒测试的相关报告(实施结果),这使监管沙盒实施的准确性大打折扣。

---

① 即便创新主体事前提供了相关信息,也仍然处于弱势,因为其很有可能无法认识到该创新产品或服务的真正风险,特别是在金融科技风靡的时代更是如此,更为重要的是,创新主体可能在进入沙盒之前提供的信息便是"隐藏"过的。

无疑,因信息不对称而产生的道德风险和逆向选择,将会对金融监管沙盒制度的透明度产生影响,这一问题实际上又对监管沙盒提出了促成沙盒相关信息的公开、准确与可得性以及易于理解的要求。但本书选取的样本国家(地区)在这两方面仍然具有很大的改进空间。

金融监管沙盒制度相关信息的公开、准确与可得性,主要体现在信息的披露方面。样本国家(地区)在该方面的不足则主要集中在以下两点:

一是样本国家(地区)的沙盒文件对"信息披露"大都仅仅是一笔带过,并没有具体的操作细则,甚至完全没有规定。例如,新加坡的监管沙盒文件指出,"出于透明化以及公开化的要求,MAS应当将获其批准的沙盒项目有关信息,包括申请人的名称、沙盒实验的开始和结束日期等内容在网站上进行公布";①澳大利亚的沙盒文件也只是表明,其将在网站上公布受测主体的相关信息,包括测试业务和联系方式等基本信息,同时,会公布有关每个业务测试周期的信息;②而英国、中国香港和马来西亚的沙盒文件则完全没有提及此项内容。

二是样本国家(地区)沙盒监管部门在实践中公布的信息十分有限。总体来看,样本国家(地区)的沙盒主管部门均在其网站上公布了沙盒测试的相关信息,新加坡MAS甚至提供了受测主体官网的超链接,但这些信息大都只是有关受测主体的最简单的基本信息(如公司名称、注册地、办公地址、联系方式等),以及对受测创新产品或服务的简单描述,仅限于满足知晓什么公司和什么产品正在参加沙盒测试,更多的细节仍然处于不能获取的状态。这将产生两种后果:①受测主体知道具体的测试信息仅被沙盒主管部门监控,并且此种监控的着力点在于结果而非过程,这将会加剧其测试过程中的"道德风险"。②尚未进入沙盒的创新主体,在看到沙盒主管部门披露的信息并不充分之后,将产生促使沙盒主管部门做出"逆向选择"行为

① See MAS, "Fintech Regulatory Sandbox Guidelines", http://www.mas.gov.sg/~/media/Smart%20Financial%20Centre/Sandbox/FinTech%20Regulatory%20Sandbox%20Guidelines%2019Feb2018.pdf, 2018-11-22.

② See ASIC, "Regulatory Guide 257: Testing Fintech Products and Services without holding an AFS or Credit Licence", http://download.asic.gov.au/media/4160999/rg257-published-24-february-2017.pdf, 2018-11-22.

的动机。

在促成相关主体对已获取信息的理解方面,平等基础上协商具体测试计划和贯穿始终的沟通交流机制,使金融监管沙盒制度在加深相关主体对信息的理解方面,与其他监管工具相比有着更优的表现。但从本章第一节有关事中信息交流机制的阐述来看,有些国家(地区)对在测试过程中与受测主体沟通显得并不那么积极。例如,在以"形式审核"为特色的澳大利亚金融许可证豁免模式中,除必要的信息提交之外,ASIC 和受测主体似乎并无太多的交流。① 这显然无益于沙盒主管部门缓解在信息不对称情形下出现的逆向选择和道德风险,更遑论在金融与科技深度融合的情形下,对受测主体提供的信息有着正确的理解。

此外,在有关金融监管沙盒的透明度方面,本就处于弱势地位的消费者似乎再度被遗忘。这体现在参与测试的消费者获取的信息仅限于测试过程中的信息,有可能的风险,以及纠纷解决、赔偿等被动式的保护,其对试验的具体进程以及受测产品的细节并不了解,更缺乏一种沟通机制促成其对已获取和未获取信息的理解。虽然这种状态有可能是出于对试验结果准确性的考量,最大限度地让消费者呈现现实环境中的自然状态,但这一理由却也很容易就被消费者已经知晓其是试验的必备条件这一事实所击溃。对参与测试的消费者进行信息披露和沟通能弥补其理解方面的缺失,避免监管沙盒在消费者看来处于一种极不透明的状态,也避免其更多地被当作"试验工具"而非"参与者"。

三、金融监管沙盒制度透明度的优化路径

无论是在受测企业和沙盒主管部门之间,还是在未获得测试资格的创新主体和沙盒主管部门之间,抑或是参与测试的消费者与创新主体和沙盒主管部门之间,信息的全方位披露和交流均是维持金融监管沙盒透明度、保证其良善运作的重要支撑点之一。这一支撑点的优化至少可以从以下两个

---

① See ASIC,"Regulatory Guide 257:Testing Fintech Products and Services without holding an AFS or Credit Licence",http://download. asic. gov. au/media/4160999/rg257 - published - 24 - february - 2017. pdf,2018 - 11 - 23.

方面展开：

第一，完善金融监管沙盒制度的信息披露机制，明确披露的主体、方式和质量要求。从主体上看，沙盒主管部门、创新主体和消费者，都应当被界定为信息披露的主体，需要将与沙盒测试有利益关系，应对其准入、运作和退出产生影响的信息进行披露。例如，占据信息优势的创新主体应当披露其机构本身和创新产品或服务的相关信息，促成监管沙盒从不完全信息状态向完全信息状态转变。沙盒主管部门也应当对其评估信息、所掌握的受测主体及其受测产品或服务的相关信息进行披露，使创新主体对是否能够参与测试形成初步的心理预期，同时也能防止金融不公平的情形出现。消费者应当准确披露自己的知识结构、资本状况、投资经验等相关信息，使沙盒主管部门或创新主体在挑选参与测试的消费者之时，能够按照测试要求和既定标准进行准确选择，促成测试在理想状态下进行。

从方式上看，应当确立一种“网络化为主，纸质化为辅”的信息披露方式。毕竟在信息时代，网络化的信息交流方式已然成为主流，其在信息采集层面的广度和深度、信息流通层面的速度和规模、信息分析层面的便捷与智能化等方面，均极大地突破了以往纸质化披露方式在时间与空间方面的多种限制。但“网络化为主，纸质化为辅”的信息披露方式却也不能陷入一种“类推适用”的境况之中，即“应当建立一种直接面向网络的信息披露理念，充分注意和挖掘网络信息时代信息披露的特点，特别是要注意到基于网络信息披露与传统纸质的不同，建构一种基于网络、面向网络并顺应和利用网络的信息披露方式”。① 而不是采用基于纸质化披露的方式所建构的相关规则来设计监管沙盒的披露方式，使“网络信息披露义务人按照此种要求，将网上信息披露类推或比照现行纸质时代的信息披露规则来处理”。② 在“网络化为主，纸质化为辅”的模式下，纸质化信息披露作为一种辅助方式，仅限于在客户需要（如没有能力通过网络获取资料、需要纸质化资料进行对比、证明等）或监管沙盒相关规则需要（如书面申请）的时候才予以使用。

① 冯果、袁康：《社会变迁视野下的金融法理论与实践》，北京大学出版社2013年版，第93页。

② 冯果、袁康：《社会变迁视野下的金融法理论与实践》，北京大学出版社2013年版，第85页。

网络化信息披露将成为主体方式,具体而言,就是在沙盒监管部门和受测主体的网站上,开辟专门的版块公布沙盒测试以及与之有利益关系的详细信息,并在该页面提供对方网站的链接。同时,应当将被动的信息获取转变为主动的信息告知,即将相关信息定时发送到利益相关主体的邮箱。例如,将测试进度、出现的新情况、设计的新保障措施等内容,发送给所有参与测试的消费者。

在所披露信息或报告的语言格式上,则可以采用 XBRL(Extensible Business Reporting Language,可扩展商业报告语言),这是一个基于互联网、跨平台操作的开放性的国际数字商业报告标准。XBRL 提供了一种专门用于报告编制、披露和使用的计算机语言,人们可以通过这种语言对专门的术语进行权威性的限定。在此基础上,这些术语可以用来唯一地表示财务报表的内容,或其他类型的合规性报告、业绩和业务报告,并允许报告信息快速、准确和数字化地在各个组织之间转移。与纸质、PDF、DOC 和基于 HTML 的报告相比,XBRL 的优势在于,它不仅能像前几种格式的报告一样读取数据,更简化了人们使用、共享、分析和增加数据价值的方式,使商业报告数据能够更加及时、高效、准确和经济地储存、处理和交流。XBRL 通过对信息的清晰定义、模块独立、可测试和数字化,促成了对各种商业信息的准备、验证、出版、交换、消费和分析,对于监管部门、企业、政府机构、数据提供者、分析师与投资者、会计人员都具有积极的意义。[①] 在世界各地,XBRL 正迅速地成为从今天可用的大量业务信息池当中创建报告的主要标准。[②] 就监管沙盒的信息披露而言,沙盒主管部门应当将各主体必须披露的信息模块化,对必须披露的信息进行固定,如资金总额、流动性、范围等;并以 XBRL 的格式发布,促成信息的透明性、可对比性、平衡性和中肯性。

此外,金融监管沙盒制度的信息披露应当是一种全程的披露。所谓全程的披露,主要是指受测主体和沙盒主管部门,不仅应当在创新主体进入沙

---

① See XBRL, "An Introduction to XBRL", https://www.xbrl.org/the-standard/what/an-introduction-to-xbrl/, 2018-11-25.

② See Richard Oppenheim, "XBRL 101 - Value for the Accounting Professional, Business Analyst, Company Executive", *CPA Practice Management Forum*, Vol. 4, No. 1, 2008, pp. 5-14.

盒之前，对产品和服务的相关信息以及评判内容进行披露，也要在沙盒测试期间开展持续性的信息披露，并于沙盒测试终止之时对受测产品和服务进行总结性披露，即信息的事前披露、事中披露和事后披露。[①] 诚然，在监管沙盒三方主体商议的基础上，更高频次的定期报告与信息披露将会是更加有益的选择。

从质量上看，信息的披露应当是全方位的，即沙盒相关主体在进行信息披露之时，必须做到全面、准确，不能只披露有利于自己的信息而对自己不利的信息则不予披露。[②] 同时，应当重点关注所披露信息的重要性、实质性与清晰性。具体而言，沙盒相关主体在公布数据与信息的重要性考量上，应当充分考虑社会公众或其他利益主体对沙盒测试的关注焦点，而非单纯地描述信息；根据实质性评估原则，沙盒主管部门和受测企业的信息披露应当充分考虑沙盒测试对其或社会所产生的影响，进行综合考量和实质性评估；在清晰性方面，相关的信息披露应当采用多元化的表达方式（尤其是沙盒主管部门和受测企业），尤其是更多地使用图表、综合数据表等，让相关利益者更直观地接受相关信息，除个别情形外，少做定性分析，多设量化指标；不仅要有总体上的估量，还应当有细化的指标。[③]

第二，设置良善的沟通交流机制，在信息披露的基础上，促成沙盒主体对所获取信息的理解。信息披露的完善仅仅完成了监管沙盒透明度的狭义要求，透明度的真正达成还应当保证沙盒相关主体对所获取信息的准确理解。在其具体措施上，则至少应当包括以下两个方面：一是借鉴香港金融管理局的“金融科技监管聊天室”，构建一个“监管沙盒聊天室”，沙盒主管部门将作为该“聊天室”的管理和召集人。所有的沙盒主体均可以通过预约，对已经获取的信息的任何疑问，向指定或发布该信息的主体以面对面或视频的方式提出，并获得答复。这一方式具有极强的实时性，但会造成成本的增加。二是在沙盒主管部门的网页上开辟专门的交流平台；该平台是完全公开的，但只有沙盒测试的相关主体有提问和回复的权限。相关主体可以

---

① 参见吴弘、徐振：《金融消费者保护的法理探析》，载《东方法学》2009 年第 5 期。

② 参见吴弘、徐振：《金融消费者保护的法理探析》，载《东方法学》2009 年第 5 期。

③ 参见刘志云：《法律视角下商业银行的社会责任——原理研究与实证分析》，法律出版社 2012 年版，第 336 页。

就其对已获取信息的疑问在该平台提出，指定信息发布主体以一个适当的时间频率（如每天、每周、每月），在该平台上对提出的疑问进行回复。该方式的优点在于公开性很强，可以作为前述信息披露方式不足的弥补手段，也比“聊天室”的方式降低了成本，不过也应当注意相关问题是否会涉及商业秘密或隐私的保护。

本章小结

金融监管沙盒制度运行阶段的基本构成要素包括具体的豁免方式、事中的信息交流机制以及沙盒的中期变更机制三项内容。

一般而言，合法合规的设置和运作是金融监管沙盒制度必须严守的基点。作为一种对完全监管规则的灵活或变通执行，监管沙盒不仅需要从宏观上维持整个沙盒制度与上位规则和同位规则的匹配性与协调性，也应当从微观上保证具体豁免的可行性与有效性。样本国家（地区）在对待该两个问题的态度上均十分谨慎。无论在是否有权设置沙盒以及跨界测试的协调方面，还是表现为对某一项、某几项甚至全部要求的免除和放宽的具体豁免方式方面，都特别注重在不与现有法律框架冲突的前提下以及在自身的权限范围内实现监管沙盒的运作。

同时，在创新主体获得进入沙盒开展测试的资格之后，沙盒主管部门与之商定详细的测试计划，成为大多数国家（地区）的共同选择，其后整个试验的进行过程都将按照该计划严格实施。为了保证计划的执行和对突发情况的处置，沙盒主管部门的监控成为必然，其具体的表现形式则是定期的进度报告和频繁的信息沟通。此外，为了确保沙盒测试结果的准确性和有效性，样本国家（地区）大都设置了包括测试的时间、参与测试的客户限制、其他减免条件的变更以及创新产品或服务内容的重大变更在内的，一个或多个方面的中期变更选项。

创新主体在其创新产品或服务上的信息优势是沙盒主管部门和消费者无法比拟的。这一优势在创新主体固有的逐利本性之下，极易造成逆向选择和道德风险；进而影响监管沙盒的透明度，使之偏离设置初衷。由此，完善金融监管沙盒制度的信息披露机制，明确披露的主体、方式和质量要求，设置良善的沟通交流机制，在信息披露的基础上促成沙盒主体对所获取信息的理解，便成为保证监管沙盒透明度，促成实然与实效统一的必然路径。

第四章 金融监管沙盒制度退出阶段的构成要素与存在的问题

从市场经济的角度来看,市场的进入与市场的退出是同步发展的,是市场经济必然的客观规律。所谓市场退出,是指市场主体资质消灭的过程与结果,其外在表现形式是主体经营活动的终止、准入证明和持续经营资格的撤销、债权债务关系的终结、市场主体存续资格的消亡。市场退出机制的目的在于促使对濒临倒闭的企业及时进行清算,阻止社会资源继续被分配给这些无效益与低效率的企业,从而达到社会有限资源的最优配置。[①] 反映在金融监管沙盒制度当中,就是受测主体沙盒测试资质消灭的过程与结果,表现为受测主体在沙盒中存续状态的终止、沙盒场域中权利能力与行为能力的消亡、豁免措施或减免条件的撤销、与其他参与主体权利义务关系的终结等。其原因可以包括沙盒测试时间的到期且未扩展、受测主体主动退出以及沙盒主管部门的强制关闭。

但值得注意的是,受测主体沙盒测试资质的消亡并

① 参见黎四奇:《问题金融机构市场退出的基本范畴分析》,载《财经理论与实践》2013 年第 6 期。

不意味着沙盒主体在市场上的主体资格终结,其只是失去了在内嵌于市场的沙盒空间中运营其某项创新产品或服务的资格。并且在此种资格消失之后,往往意味着受测主体将凭借沙盒测试的结果或经验,以及退出沙盒测试后的一系列行为,开始接受完全监管状态下的监管,将创新产品或服务在沙盒之外的市场进行推广,或者是基于沙盒测试所获得的非理想性后果对受测产品进行改进或开始新的研发。此外,从更宽泛的意义而言,法律的实然并不等于法律的实效,立法不应该是一次性行为,而应该是一种动态的过程,在"法律施行一段时间后,采用多种方式进行调查研究,对法律的实施绩效进行分析评价,对法律中所设计的制度进行评判,并针对法律自身的缺陷及时加以矫正和修缮"①显得非常必要。这对于广义法律中的一员②并且作为一种本就是对金融创新产品或服务进行评估的新兴法律制度而言,更应当在其实施之后作出多方面的评价,此种评价无疑也将成为金融监管沙盒制度框架不可或缺的一部分。

鉴于此,在本书的语境中,广义上的"金融监管沙盒制度退出阶段的构成要素"实际上涵盖了监管沙盒的退出模式、沙盒主体退出后的行为以及金融监管沙盒制度的立法后评估机制三个方面的内容;在狭义上则仅指监管沙盒的退出模式。总体来看,样本国家(地区)对金融监管沙盒制度的退出模式与沙盒主体退出后的行为大都进行了或多或少的表述,但均未明确其立法后的评估机制。故而本章将在充分分析样本国家(地区)退出模式和退出后行为的具体内容之后,对金融监管沙盒制度立法后评估机制的架构提出针对性建议。

---

① 丁贤、张明君:《立法后评估理论与实践初论》,载《政治与法律》2008年第1期。

② 各国(地区)在其各自的法律体系中对金融监管沙盒制度的定位不尽相同,但总体而言,监管部门的监管沙盒制度基本上可以将之作为行政机关的一种行政行为,具有由国家权力部门制定并由国家强制力保证实施的特性,故而基本可以被视为一种广义上的立法行为。

第一节　金融监管沙盒制度的退出模式及其实例分析

一、金融监管沙盒制度的退出模式

如前所述,金融监管沙盒制度的退出模式简单来说便是受测主体沙盒测试资格消灭的过程与结果。其与金融机构的市场退出一样,具有客观的必然性,但在程度上却更胜一筹,具备更高的确定性。其原因在于:一方面,监管沙盒的试验属性意味着其会有一个事前预设的完整测试计划,包括开始、运行、结束整个过程,具有明确的时间范围;另一方面,节约监管沙盒成本、防止受测主体借助沙盒逃避正常法律监管等因素,也对监管沙盒退出模式的确定性提出了要求。

根据触发条件的不同,金融监管沙盒制度的退出模式可以分为"正常退出"和"非正常退出"两种类型。正常退出,是指沙盒主体按照既定的测试计划,在规定的时间内顺利完成测试并达到预设目标,从而退出沙盒;非正常退出,则是指沙盒主体在测试过程中出现了一些特定的情形,如不能达成沙盒测试的目标、出现了无法解决的缺陷、未按照测试计划进行试验等,从而导致测试被关闭。但就实践来看,并非所有的样本国家(地区)均对以上内容作出了明确规定。例如,英国只是在阐释无强制执行函(NALs)时提到了 FCA 有关闭测试的权力,在具体退出模式的规定上只是一笔带过;中国香港金融管理局并未在其监管沙盒文件中对受测主体的退出进行明确。下文将就样本国家(地区)金融监管沙盒制度的退出模式进行具体分析。

二、金融监管沙盒制度退出模式的实例分析

与严格而烦琐的金融监管沙盒制度准入阶段的各项要素相比,英国 FCA 对该制度退出模式的描述便显得有些轻描淡写,颇有"头重脚轻"之嫌。纵观 FCA 的整个《监管沙盒》报告,其只是在描述监管沙盒的具体运行时指出,申请人应当在沙盒测试结束之后向 FCA 提交测试的最终报告,并由 FCA 进行审查。在审查结束之后,受测主体自行决定是否在沙盒之外的

市场上，提供该项已经过测试的创新产品或服务。同时，在阐释无强制执行函（NALs）这一豁免方式之时，明确 FCA 拥有关闭测试的权力。① 除此之外并无任何描述。究其原因，可能包含以下三点：一是 FCA 的《监管沙盒》文件只是一份可行性和实用性报告，很多规则还不完善，需要经过实践之后再进行完整的制度构建，其中就包含了沙盒的退出模式。该文件第 6.1 条“在第一年，我们将与有限数量的创新主体对沙盒进行试验，以便我们能够根据这些试验来更好地设计沙盒框架”②的描述，无疑是最好的佐证。二是 FCA 认为沙盒测试已经有了足够的风险控制和安全保障措施（详见本书第二章第二节的阐释），其对金融系统和参与测试的消费者可能产生的风险，已经控制在一定范围之内，故而没有必要再对沙盒测试的退出模式进行详细阐述。三是具体的沙盒退出计划将先由创新主体提供，并在与沙盒联络官详细协商的基础之上适用，实质性的指标需要依照个案的具体情况而定。例如，FCA 在其《监管沙盒经验报告》中指出，FCA 要求参与沙盒测试的所有受测主体都制订有针对性的退出计划，以确保随时关闭测试的可能性，并对参与测试的消费者可能产生的损害最小化。③

与英国的监管沙盒相似的是，新加坡 MAS 在其《金融科技监管沙盒指南》中也并未对监管沙盒的退出模式作过多阐述，只是进行了概括性描述。指出“在沙盒测试期间结束时，MAS 放宽的法律和监管要求将过期，受测主体必须退出沙盒”，同时规定“应当确保在退出沙盒或停止沙盒之前，必须完全履行或解决试验中对其客户提供的受测产品或服务的任何义务”，而具体的沙盒退出和过渡策略，则被作为准入条件规定为受测主体应当提供的内容。④ 但与 FCA 显著不同的是，为了更好地保证对沙盒测试的控制，

---

① FCA，“Regulatory Sandbox Lessons Learned Report”，https://www.fca.org.uk/publication/research-and-data/regulatory-sandbox-lessons-learned-report.pdf，2018-11-26.

② FCA，“Regulatory Sandbox Lessons Learned Report”，https://www.fca.org.uk/publication/research-and-data/regulatory-sandbox-lessons-learned-report.pdf，2018-11-26.

③ FCA，“Regulatory Sandbox Lessons Learned Report”，https://www.fca.org.uk/publication/research-and-data/regulatory-sandbox-lessons-learned-report.pdf，2018-11-26.

④ See MAS，“Fintech Regulatory Sandbox Guidelines”，http://www.mas.gov.sg/~/media/Smart%20Financial%20Centre/Sandbox/FinTech%20Regulatory%20Sandbox%20Guidelines%2019Feb2018.pdf，2018-11-26.

MAS 明确规定了沙盒测试非正常退出的五项实体性要件(详见表 4.1)。

表 4.1　样本国家(地区)金融监管沙盒制度退出模式对比

国家(地区)	正常退出	非正常退出
英国	①在测试周期结束之时向 FCA 提交最终报告,并由其审核 ②按照受测主体与沙盒联络官共同商议的退出计划具体实施	FCA 将保留关闭测试的权力
新加坡	①沙盒测试到期,并且受测主体未获准延展测试周期之时,相关的减免措施停止,受测主体退出沙盒测试 ②按照受测主体在申请进入沙盒测试之时提出具体的退出和过渡策略执行 ③在退出之前必须履行了对参与测试的消费者的所有义务	①根据受测主体提交的进度报告,MAS 对已经达到的预期目的不满意 ②受测主体预测其在测试结束时无法达到完全监管的要求 ③测试过程中发现了一个无法在测试期间解决的问题,并且继续测试的风险将超过沙盒测试的收益 ④受测主体在测试期间违反了施加的相关条件,MAS 终止测试 ⑤受测主体通知 MAS 决定自行退出沙盒
澳大利亚	(1)法定豁免方式和个别豁免模式下,均未对退出模式进行规定。 (2)金融科技许可证豁免情形下的退出模式: ①测试周期结束,受测主体并未获得所需要的许可证和延期的个别豁免,也未进入法定豁免模式,必须停止沙盒测试 ②受测主体应当制定退出的前置程序和处理计划	未明确规定

续表

<table>
<tr><th colspan="2">国家(地区)</th><th>正常退出</th><th>非正常退出</th></tr>
<tr><td colspan="2">马来西亚</td><td>①沙盒测试到期且受测主体未获准延展测试周期之时,相关的减免措施终止,受测主体退出沙盒测试
②按照受测主体与 BNM 共同商定的退出计划具体实施</td><td>①BNM 将在受测主体出现七种行为之时撤销其测试资格
②BNM 将在拟撤销的前 30 日,书面通知受测主体,受测主体享有补正权
③沙盒资格被撤销之后,受测主体应当立即启动退出计划和执行其他相关安排</td></tr>
<tr><td rowspan="3">中国香港特别行政区</td><td>香港证监会监管沙盒</td><td>没有明确的时间界限,移除限制性条件的要求是试验能证明该项创新产品或服务是可靠的并符合市场需要,且内控程序足以识别风险</td><td>证监会认为受测主体不是合适的持牌人选,将会撤销其牌照</td></tr>
<tr><td>香港金融管理局监管沙盒</td><td>由受测主体预设测试期间,并提供包括保障客户的适当退出在内的终止安排</td><td>未明确规定</td></tr>
<tr><td>香港保监会监管沙盒</td><td>由受测主体预设测试期间,并提供包括保障客户安全退出(如退还保费)的退出策略</td><td>由受测主体提供测试失败时的终止计划,该计划应当包括对测试失败导致的财务损失进行的公平补偿</td></tr>
</table>

资料来源:笔者根据英国《监管沙盒》、新加坡《金融科技监管沙盒指南》、澳大利亚《监管指南 257:在未持有澳大利亚金融服务和信贷执照的情况下测试金融产品和服务》、马来西亚《金融科技监管沙盒框架》、中国香港金融管理局《金融科技监管沙盒》、中国香港证监会《香港证监会监管沙盒》、中国香港保监会《香港保险科技监管沙盒》自行整理。

在澳大利亚监管沙盒的法定豁免、个别豁免和金融科技许可证豁免三种豁免方式中,法定豁免是针对本就不需要取得许可证以及 ASIC 有权限直接进行许可证豁免的创新主体提供的豁免方式,而个别豁免则是 ASIC 基于更特殊和具体的情况,开展的个性化豁免。故而 ASIC 在《监管指南 257:在未持有澳大利亚金融服务和信贷执照的情况下测试金融产品和服务》中并未就两者的退出模式作出规定。对于金融科技许可证豁免情形下的退出模式,ASIC 则进行了简要说明。其指出,除非受测主体获得了正式的金融服务许可证或信用证，已经成为持有相关牌照的代理人并代表其提供服务（"法定豁免"），获得了延长测试周期的个别豁免，否则在12个月的测试期结束之后，受测主体就必须停止沙盒测试；并表明在此种情况下，受测主体应当制定测试结束时的前置计划和处理程序。ASIC以Next Generation Financial PtyLtd（NGF）为例，对测试结束前的工作进行了具体说明：NGF在测试开始后的第10个月向ASIC提出了获取金融服务许可证的申请，并准备了停止运作的方案；在测试开始后的第11个月，NGF关闭了其程序登录界面，并通知说明其在获得正式的牌照之前，将不再接受新的客户；NGF同时建议现有的客户在金融服务许可证颁发之前停止操作，并向他们提供一份包含咨询的方式、争议发生时可联系的外部争端解决计划的细节等信息在内的表格。在获得ASIC正式的金融服务许可证之后，NGF将重新开始运营。①

由于能够进入中国香港证监会监管沙盒的合格主体均是已经持有牌照的法人团体（即便是初创企业也应当持有适当的牌照），因此试验的开展并非基于监管规则的放宽，而是通过设置客户人数、类别、投入资金等限制性条件使合格主体在限定的范围内先行试验。故而，香港证监会监管沙盒的退出表现为相关限制性条件的移除。香港证监会指出，证明该项创新产品或服务是可靠的并符合市场需要，且内控程序足以识别风险的时候，便可以向证监会申请移除或更改对其施加的部分或全部限制。同时表明，如果证监会认为进行沙盒测试的合格主体并不是继续持有相关牌照的适当人选（如其内部监控措施不符合监管规定），则可以撤销其已有的牌照。② 香港金融管理局和香港保监局的沙盒退出模式较为相近，两者均将测试的时间安排、退出计划、补偿方式等内容的设计交给受测主体，并按照其方案来具体执行（详见表4.1）。此种模式显然极大地节省了监管成本，却也给受测

① See ASIC，"Regulatory Guide 257：Testing Fintech Products and Services without holding an AFS or Credit Licence"，http://download.asic.gov.au/media/4160999/rg257-published-24-february-2017.pdf，2018-11-26.

② 参见香港证券及期货事务监察委员会：《关于公布证监会监管沙盒的通函》，载https://www.sfc.hk/edistributionWeb/gateway/TC/circular/openFile? refNo=17EC63，最后访问日期：2018年11月26日。

主体增加了负担。

与前述国家(地区)一样,马来西亚并未就监管沙盒的正常退出程序作出太过细致的规定;只是表明在测试期间结束时,除非受测主体事先获得BNM延展测试期的书面同意,否则受测主体的测试资格和适用所有灵活性管理措施都将自动终止。具体的退出方式,则将由BNM与受测主体共同商定。但马来西亚明确规定了BNM关闭沙盒测试的权力和详细的非正常退出模式。当受测主体在测试过程中出现其规定的七类行为之一时,BNM可以在任何时候撤销其沙盒测试的主体资格,并终止相关的灵活性管理措施。这七类行为包括:[①]①没有履行相关保障措施;②提交虚假、误导或不准确的资料,或在申请书中隐瞒或不披露重要事实;③违反相关法律,可能影响到受测主体在马来西亚的完整性和声誉;④正在或已经进入清算程序;⑤对数据安全和保密要求的违反;⑥业务模式的开展将造成客户或公众利益的损害;⑦未能有效解决产品、服务或解决方案中的任何技术缺陷、漏洞或脆弱点,从而造成经常性的服务中断或欺诈事件。

与此同时,BNM也给予了受测主体进行补正的机会,即会在行使撤销权力的前30日向受测主体发布拟撤销的书面通知,受测主体可以就BNM的撤销理由作出回复。但如果撤销批准的任何延误都将损害其他沙盒参与者、金融系统或一般公众的利益,那么BNM可立即撤销批准,受测主体的回复权将在撤销生效后获得。如果BNM接受了受测主体的答复,其便可以恢复受测主体开展沙盒测试的批准。在BNM的撤销权正式生效之后,受测主体必须实施以下行为:①立即执行退出计划,停止向新客户和现有客户提供受测的产品、服务或解决方案;②告知参与测试的消费者测试已经停止,以及他们享有的取得赔偿的权利;③遵守银行规定处理所有保密信息的义务,包括在测试期间收集的消费者个人信息;④按照已定的消费者救济机制,赔偿任何因测试而蒙受经济损失的消费者;⑤在撤销生效后的30日内,向BNM提交其采取的退出计划和消费者救济机制的报告。[②]

---

① See BNM, "Financial Technology Regulatory Sandbox Framework", http://www.bnm.gov.my/index.php? ch = 57&pg = 137&ac = 533&bb = file, 2018 - 11 - 26.

② See BNM, "Financial Technology Regulatory Sandbox Framework", http://www.bnm.gov.my/index.php? ch = 57&pg = 137&ac = 533&bb = file, 2018 - 11 - 26.

通过以上描述我们可以发现,样本国家(地区)对于金融监管沙盒制度退出模式的规定,远不如其准入机制具体和烦琐。总体而言,主要呈现以下三个特征:一是样本国家(地区)的监管沙盒文件对沙盒退出模式的规定,基本上都是点到即止,指出在测试周期结束且没有其他继续存续的正当理由的情形下,受测主体应当停止操作,退出沙盒测试。而具体的退出模式则大都作为申请条件之一,要求受测主体在沙盒测试的申请过程中提供,并在此基础上由沙盒主管部门与之共同商定。二是出于对消费者的全方位保护之目的,退出计划中有关保障参与测试的消费者权益的方案被重点提及和关注。三是沙盒主管部门保有在测试期间出现特定情形之时,随时要求沙盒测试终止的权力,不过在具体的表现方式上却有所不同。例如,马来西亚和新加坡均对沙盒主管部门使用终止权力的情形进行了规定,马来西亚更是赋予了受测主体补正的机会;英国则只以"FCA 保留关闭测试的权力"作为兜底。

出现以上特征的原因,至少包括以下三点:一是沙盒主管部门认识到沙盒的退出并不等于受测主体在外部市场主体地位的消亡,相关的退出风险在多种保障措施的支撑下,已经被限定在很小的范围之内。故而,对于监管沙盒退出模式进行像外部市场退出一样复杂的设计和考量实属多余。二是鉴于金融创新产品或服务的复杂性与多样性,受测主体对其性状和风险的把控与沙盒主管部门相比,无疑将更加全面和精确,由受测主体事先提供针对其产品的个性化退出模式便显得理所当然,这同时是出于对监管成本的考量。故而,在监管沙盒的相关文件中对退出模式作出总括性规定即可。三是为了敦促受测主体在沙盒测试过程中按照商定的计划进行试验,防止其利用监管沙盒规避相关的监管规定,同时为更好地把控在不断变动的环境当中可能出现的未知风险,沙盒主管部门有必要保留随时终止测试的权力。

第二节　金融监管沙盒制度的退出后行为及其实例分析

一、金融监管沙盒制度的退出后行为

金融监管沙盒制度的退出后行为，主要是指相关沙盒主体在沙盒测试停止之后，实施的与沙盒测试紧密相连的后续行为，包括提交或审查总结报告、推广创新产品或服务、修正监管规则、解决后续纠纷等诸多内容。从某种程度而言，监管沙盒退出后行为的实施是该制度短期效果的直接性体现，其长远效益则隐藏在金融体系的稳健运行和突发危机当中。按照实施主体的不同，监管沙盒的退出后行为可以分为受测主体的退出后行为和沙盒主管部门的退出后行为。前者是指受测主体在退出沙盒测试之后，就相关结果对沙盒主管部门进行说明、提交报告，解决与参与测试的消费者的后续纠纷，根据沙盒测试结果将受测产品或服务投入沙盒之外的市场或进行修正等行为；后者则是指沙盒主管部门在测试结束之后，对受测主体提交的报告进行审核并提出相关意见、准予受测主体将受测产品或服务投放市场、从测试结果中吸取经验对相关规则进行更贴合实际的修改等行为。与上文所述的退出模式一致的是，样本国家（地区）在监管沙盒退出后行为的具体规定上展现出五花八门的状态，并非所有的样本国家（地区）都对以上内容进行了全面而详尽的规定。下文将对此进行详细分析。

二、金融监管沙盒制度退出后行为的实例分析

英国并未在其《监管沙盒》报告中，对沙盒主体在测试结束后的行为进行细致的规定，只是要求受测主体应当在测试结束后，向 FCA 提交包含沙盒测试的总结和将要开展的下一步措施等内容在内的最终报告。在 FCA 对该报告进行审查之后，受测主体有权自主决定是否将该产品或服务投入到沙盒外的市场。同时指出，FCA 将与创新主体开展建设性的合作，去除

会对创新产生影响的不必要的监管壁垒。① 从实践来看，在第一批完成沙盒测试的受测主体当中，约有90%的公司在测试之后将其受测产品或服务向沙盒外的市场中投放；大多数公司都获得了沙盒外市场的完全牌照；约有1/3的公司会基于沙盒测试的经验，在向沙盒外推广之前对其受测产品进行修正。②

为了最大限度地鼓励金融科技创新，并促成其在新加坡的广泛适用，MAS要求申请参加沙盒测试的创新主体有足够的能力在退出沙盒测试之后，将受测产品或服务在新加坡进行更加广泛的部署，并且需要提供这一部署的战略路线和具体计划。进行这一部署的前提条件包括：MAS和受测主体均对沙盒测试的最终结果感到满意、受测主体能够完全符合相关的法律法规要求。虽然MAS并未就沙盒结束时受测主体的报告义务作出明确规定，但根据“受测主体应根据商定的时间表将测试进度向MAS进行报告”的评估标准，以及“MAS对测试结果感到满意”这一在沙盒外市场推广受测产品或服务的充要条件，我们很容易就能得出沙盒主体将测试结束后的结果向MAS进行报告是其应有之义。③

与沙盒测试的退出模式一样，澳大利亚ASIC在其《监管指南257：在未持有澳大利亚金融服务和信贷执照的情况下测试金融产品和服务》中，并未就法定豁免和个别豁免模式下的退出后行为作出规定，但对金融科技许可证豁免情形下的沙盒主体退出后行为进行了较为详细的阐述。对受测主体而言，其在退出沙盒测试之后应当履行以下三个方面的义务：④一是在沙盒测试结束的2个月内，向ASIC提交有关受测主体沙盒测试经验的报告，其内容至少需要包括测试期间的客户数量、客户的信息（年龄、地点等）、收

---

① See FCA, “Regulation Sandbox”, https://www.fca.org.uk/publication/research/regulatory-sandbox.pdf, 2018-11-27.

② See FCA, “Regulatory Sandbox Lessons Learned Report”, https://www.fca.org.uk/publication/research-and-data/regulatory-sandbox-lessons-learned-report.pdf, 2018-11-27.

③ See MAS, “Fintech Regulatory Sandbox Guidelines”, http://www.mas.gov.sg/~/media/Smart%20Financial%20Centre/Sandbox/FinTech%20Regulatory%20Sandbox%20Guidelines%2019Feb2018.pdf, 2018-11-27.

④ See ASIC, “Regulatory Guide 257: Testing Fintech Products and Services without holding an AFS or Credit Licence”, http://download.asic.gov.au/media/4160999/rg257-published-24-february-2017.pdf, 2018-11-27.

到和处理的投诉的数量与性质、通过外部纠纷解决机制(EDR)处理的投诉数量与性质、在测试期间确定或面临的问题以及对解决方式的说明、对创新产品或服务形成生存性障碍的监管要求、收支信息(如提供财务报告)七个方面。二是在测试结束后的12个月内,继续维持其由ASIC批准的一个或多个外部争议解决(EDR)方案的会员资格。三是保证对因为受测主体未遵守应负义务或不当行为造成消费者损失与伤害的充分补偿机制,在测试结束之后继续维持12个月。同时,受测主体也可以基于试验的结果对受测产品或服务进行改进,并于获得正式的金融服务许可证或信用证之后,在沙盒外的澳大利亚金融市场上提供该项服务或产品。对ASIC而言,其在测试完成之后,应当对受测主体提交的报告进行审核,并基于此对金融科技许可证豁免的操作性和有效性进行审视,从而识别出其存在的关键性风险和消费者可能面临的问题。除非是确实有必要,或者出于公共利益的考量,否则受测主体提交的报告的相关细节将不会被公布。①

除对测试失败而造成的消费者经济损失进行赔偿之外,中国香港金融管理局、香港证监会以及香港保监局并未对受测主体施加诸如在测试结束之后向沙盒主管部门提交报告的强制性义务,只是从监管沙盒制度的目的上表明,受测主体可以从沙盒测试中获取创新产品或服务的真实市场反应,并基于此对其进行适当修改。同时,这也使之对监管规则有更加深入的了解;至于是否将之推向市场等安排,则由受测主体自行决定。在沙盒主管部门的测试后行为上,则仅有香港保监局表示其将根据沙盒测试的经验,把握保险业界的最新科技应用发展,从而与时俱进地修改监管规定。②

马来西亚十分注重创新产品或服务的实用性,BNM把创新主体拥有测试结束之后在马来西亚大规模推广该项创新产品、服务或解决方案的可行性商业计划,作为进入沙盒开展测试的资格标准之一。BNM同时表示,在创新主体获得准入资格之后,将与其就测试成功后的该项推广计划进行详

① See ASIC,"Regulatory Guide 257:Testing Fintech Products and Services without holding an AFS or Credit Licence",http://download.asic.gov.au/media/4160999/rg257 - published - 24 - february - 2017.pdf,2018 - 11 - 27.

② 参见香港保监局:《香港保险科技监管沙盒》,载https://www.ia.org.hk/tc/aboutus/insurtech_corner.html,最后访问日期:2018年11月27日。

细协商。具体而言,受测主体应当在测试结束之后的30日之内,向BNM提交包括以下三项内容的最终报告:①根据协商好的能够衡量测试结果成功或失败的关键性成果、关键性绩效指标和测试的结果;②充分说明所有的事故情况和对客户投诉的解决;③在测试失败的情况下吸取的经验教训。[①]该报告需要由金融机构或与金融机构联合测试的金融科技公司的CEO确认或共同确认。在测试资格被撤销的情况下,受测主体同样应当在撤销生效后的30日内,向BNM提交包括退出计划的执行情况以及对因测试而蒙受经济损失的客户进行的赔偿行为两个方面内容的报告。BNM将根据测试情况和最终报告,决定是否允许受测产品、服务或解决方案在更大的范围内投放市场。如果允许,BNM将会根据《金融服务法2013》(FSA)、《货币服务业务法2011》(MSBA)和《伊斯兰金融服务法2013》(IFSA)的适用许可、批准和注册标准,对受测主体进行评估并授予其适当的资格。如果在使用商定的测量工具,对试验结果进行衡量之后发现试验失败,或者受测的产品、服务或解决方案将对公众和/或金融稳定具有不可预期的负面影响的情况下,BNM将禁止其在马来西亚市场上进行更大范围的部署。[②]

样本国家(地区)金融监管沙盒制度退出后行为规则对比见表4.2。

表4.2　样本国家(地区)金融监管沙盒制度退出后行为规则对比

国家(地区)	受测主体的退出后行为	沙盒主管部门的退出后行为
英国	①向FCA递交最终的测试报告 ②自主决定是否将受测产品或服务投向市场	①审查受测主体提交最终的报告 ②通过与受测主体的合作和试验经验,改进现有抑制创新的监管规则

① See BNM,"Financial Technology Regulatory Sandbox Framework",http://www.bnm.gov.my/index.php? ch=57&pg=137&ac=533&bb=file,2018-11-27.

② See BNM,"Financial Technology Regulatory Sandbox Framework",http://www.bnm.gov.my/index.php? ch=57&pg=137&ac=533&bb=file,2018-11-27.

续表

国家(地区)	受测主体的退出后行为	沙盒主管部门的退出后行为
新加坡	①根据商定的时间将测试进度向 MAS 报告 ②按照在测试之前提供的计划,在 MAS 和自身都对测试结果感到满意并且符合相关法律法规的要求的前提下,推广其受测产品或服务	审查沙盒测试结果,并作出是否满意的评判
澳大利亚	①在测试结束后的 2 个月内提交有关测试的经验报告 ②在测试结束后,维持 12 个月的“充分补偿机制”和“外部纠纷解决机制”(EDR)的会员资格 ③基于测试经验改进产品或服务 ④在获得相应的许可证之后,在澳大利亚市场上提供受测的创新产品或服务	①审查受测主体提交的报告 ②在确实有必要或者出于公共利益考量的情形下,将受测主体提供的报告细节进行公布 ③基于报告对金融科技许可证豁免模式进行审视,并识别其可能存在的风险
马来西亚	①在测试成功,并获得 BNM 允许推广的许可,且获得相关牌照之后,按照商定的计划在沙盒外市场进行推广 ②在正常退出和非正常退出的 30 日内,向 BNM 提交包括规定内容的报告	①对受测主体提交的报告进行审查 ②决定是否允许受测产品、服务或解决方案在更大的范围内投放市场 ③如果允许投放市场,则将根据现有法律法规对受测主体进行评估
中国香港特别行政区 香港金融管理局监管沙盒	①基于测试经验对其创新产品或服务进行修改 ②对因试验导致的消费者损害进行赔偿	未明确规定

续表

国家(地区)		受测主体的退出后行为	沙盒主管部门的退出后行为
中国香港特别行政区	香港证监会监管沙盒	①退出沙盒之后在市场中推出该项创新产品或服务 ②向投资者提供有关的赔偿安排	未明确规定
	香港保监会监管沙盒	①对试验中获得的市场数据和客户反映等内容进行收集分析 ②对测试失败导致的消费者损害进行赔偿	根据测试提供的资料,掌握保险行业的最新进展,从而适时地修改监管规定

资料来源:笔者根据英国《监管沙盒》、新加坡《金融科技监管沙盒指南》、澳大利亚《监管指南 257:在未持有澳大利亚金融服务和信贷执照的情况下测试金融产品和服务》、马来西亚《金融科技监管沙盒框架》、中国香港金融管理局《金融科技监管沙盒》、中国香港证监会《香港证监会监管沙盒》、中国香港保监会《香港保险科技监管沙盒》自行整理。

整体来看,样本国家(地区)对沙盒主体退出后行为的相关规定主要呈现以下特征:

在受测主体的监管沙盒退出后行为方面:一是鉴于受测主体相对完全的信息优势,及其具体行为人的地位,受测主体在退出测试之后向沙盒主管部门提交报告的义务成为广泛的共识。二是样本国家(地区)推出监管沙盒的主要目的之一,便在于缩短创新产品或服务进入市场的时间、减少财务与监管规则的阻碍,在控制风险的前提下,最大限度地促进金融创新的发展。故而,在测试成功之后,敦促受测主体向沙盒外的市场推广该受测创新产品或服务,也成为共同的选项。但鉴于样本国家(地区)金融监管沙盒制度的合格主体标准、牌照制的存在与否以及对监管沙盒控制力的不同要求,在测试成功后的市场推广行为是否需要沙盒主管部门批准的问题上,有着不同的表现。例如,马来西亚 BNM 就明确表明,受测主体的沙盒外推广行为必须得到 BNM 的允许,并获得相关法律法规要求的相应资质;由于参加香港各监管沙盒的主体均为已经持牌的法团,故而在其退出之后,可以自行决定是否将测试成功的产品或服务投放于沙盒外市场。三是将消费者的保护和相关的风险防控措施贯穿沙盒测试的始终,包括在退出之后对相应纠纷的解决和损害的赔偿。典型如澳大利亚要求受测主体在退出测试后的12个月内,继续维持外部争议解决(EDR)方案的会员资格和充分补偿机制的运转。

在沙盒主管部门的监管沙盒退出后行为方面,则主要是对受测主体提交的最终试验报告进行查看或审核,并基于此作出是否批准推广或修订规则的决定。例如,英国FCA和澳大利亚ASIC会在审查报告的基础上,对其相关监管规则进行审视和改进;新加坡MAS和马来西亚BNM则将根据报告作出对试验结果满意与否的评判,并决定是否允许该受测产品或服务在符合相关法律法规的基础上,于沙盒外推广;中国香港金融管理局、香港证监会和香港保监局虽然并没有对沙盒测试的最终报告作出规定,但香港保监局也明确表示,其将在沙盒测试的经验基础上,对相关的监管规则进行与时俱进的修改。

第三节　金融监管沙盒制度立法后评估机制的缺失及其构建

一、立法后评估机制的演进及其整体结构分析

20世纪70年代,主导西方经济发展近半个世纪的凯恩斯主义遭遇了前所未有的危机,政府管制权能的不断膨胀终于使之不堪重负,西方各主要资本主义国家极速膨胀的财政赤字,让各国政府背上了沉重的包袱。而因政府刺激经济手段的长效性缺失、弥补财政赤字、福利国家政策、公共开支不断增长等因素产生的经济增长停滞、高通货膨胀率、高失业率等现状,则使社会公众对政府产生了严重的信任危机。为了摆脱"滞胀"局面、促进经济发展和提升社会公众对政府的信任,西方各主要资本主义国家纷纷厉行改革,缩减政府开支、提升行政效率、简政放权被迅速提上议程。对规模庞大而繁杂的政府干预经济的法律法规进行清理和评估,无疑成为这一改革的重要一环。在以"立基于经济学和私营部门管理的理论基础,摒弃公共服务供给中传统的官僚制独占模式,引入各种市场竞争机制;借鉴私营部门

的管理技术与激励手段;强调公共服务中的顾客导向;注重结果甚于规则等"[①]为指导思想的新型公共管理运动影响下,各国产生的以政府绩效改革为基本方向,以公众满意为衡量目标的改革,以及政府由管制到放松的变化、公共政策评估理论与技术的发展等,均为立法后评估的发展提供了直接性动力,各国的立法后评估机制开始迅速发展。

例如,美国原总统吉米·卡特(Jimmy Carter)早在1978年便签署了一份名为《改善政府管制》(Improving Government Regulations)的行政命令,要求行政机关定期按照是否需要继续管制、所收到的诉愿或建议、规章所施加的直接或间接影响、规章评估时限,或者规章实施区域的科技、经济条件和其他因素的变化等标准对规章进行审查。而自20世纪90年代后期,美国更是开始不断进行所谓的监管改革(regulatory reform),国会陆续制定了一些有关立法评估的法律,并且试图制定系统性的"改善监管法"。[②] 德国也在20世纪70年代就关注到立法后评估的法制化进程,经过多方努力,德国联邦内政部门于2001年编写了《立法效果评估手册》,以对立法后评估工作作出相应指引;[③]英国在2000年发布了《制定好的政策:监管影响评估指南》等一系列规范立法后评估的文件。[④] 而日本于20世纪90年代中叶开始实施的"事业评估""行政评价""政策评估"等内容,则均包含了政府立法评估,尤其注重政府立法后评估。这一行为兴起于日本某些地方政府,在地方试点成功后,日本中央政府逐渐采纳,最后于2002年4月通过《行政机构实施评估政策有关的法律》,从而确立了中央行政立法后评估制度。[⑤] 我国立法后评估工作的雏形,最早可以追溯到20世纪80年代的执法检查、立法跟踪等制度,而真正意义上的立法后评估则始于国务院于2004年发布的

---

① 于军:《英国地方行政改革研究》,国家行政学院出版社1999年版,第168页。

② Improving Regulation and Regulatory Reform, https://www2.ed.gov/policy/gen/reg/retrospective-analysis/index.html,2018-11-28.

③ The Federal Ministry of Justice. Manual for Drafting Legislation, https://www.bmjv.de/SharedDocs/Downloads/DE/Themen/RechtsdurchsetzungUndBuerokratieabbau/HandbuchDerRechtsfoermlichkeit_eng.pdf? __blob=publicationFile&v=4,2018-11-28.

④ Cary Coglianese. Measuring Regulatory Performance, https://www.oecd.org/gov/regulatory-policy/1_coglianese%20web.pdf,2018-11-28.

⑤ 参见汪全胜:《日本的立法后评估制度及其对中国的启示》,载《中州学刊》2009年第5期。

《全面推进依法行政实施纲要》,该文件第 17 条、第 18 条[①]的规定基本上确立了我国的立法后评估制度。

立法后评估机制在不同的国家具有不同的称谓。例如,美国与英国一般将之称为“法律或规章规制的影响评估”,日本称之为“行政评价”或“事业评价”,韩国则称之为“制度评估”。[②] 在我国现行的地方立法实践中,也有“立法评估”“立法评价”“法律跟踪问效评估”“立法跟踪评估”“立法回头看”等不同表述。[③] 于其内涵,理论界和实务界基于不同的角度提出了相异的理解,一个较为全面的定义是“指法律、法规、规章实施后,由制定机关、实施机关等按照规定的程序和标准,运用科学的方法和技术,对法律、法规、规章的制度设计、实施效果、存在问题等进行跟踪、调查、评价,提出完善有关法律、法规和规章,改进行政执法等评估意见的活动”[④]。其在本质上都是一定的主体,运用一定的方法,对法律法规的质量和效果作出评价和评估的活动。[⑤] 立法后评估机制具有在评估对象实施一段时间后进行的事后性、评估主体和评估对象范围的特定性,以及注重评估成果的转化和运用的有效性等特征。

总体而言,立法后评估机制的程序一般可以包括三个阶段(见图 4.1):一是准备和启动阶段,包括选择评估对象、确定评估主体和拟定评估方案三项内容。其中,拟定评估方案又涵盖了评估目的、评估内容、评估标准和评估方法等项目。二是实施阶段,大致可以分为收集评估信息、分析评估信息、形成评估报告以及公布评估报告四个活动。三是评估的回应阶段,主要是指有关部门在获取评估报告之后,应当将其作为评估对象继续存在、重新

---

① 《全面推进依法行政实施纲要》第 17 条:“积极探索对政府立法项目尤其是经济立法项目的成本效益分析制度。政府立法不仅要考虑立法过程成本,还要研究其实施后的执法成本和社会成本。”第 18 条:“建立和完善行政法规、规章修改、废止的工作制度和规章、规范性文件的定期清理制度。要适应完善社会主义市场经济体制、扩大对外开放和社会全面进步的需要,适时对现行行政法规、规章进行修改或者废止,切实解决法律规范之间的矛盾和冲突。规章、规范性文件施行后,制定机关、实施机关应当定期对其实施情况进行评估。实施机关应当将评估意见报告制定机关;制定机关要定期对规章、规范性文件进行清理。”

② 参见袁曙宏主编:《立法后评估工作指南》,中国法制出版社 2013 年版,第 133 页。

③ 参见汪全胜等:《立法后评估研究》,人民出版社 2012 年版,第 16 页。

④ 袁曙宏主编:《立法后评估工作指南》,中国法制出版社 2013 年版,第 2 页。

⑤ 参见孙晓东:《立法后评估的原理与应用》,中国政法大学出版社 2016 年版,第 5 页。

立法、修改或废止，以及改进执法行为的重要依据，对评估报告中的相应建议予以反馈或贯彻落实。

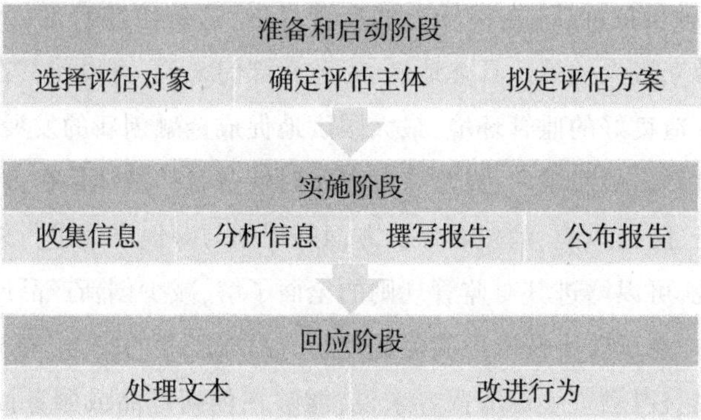

图 4.1　立法后评估机制实施流程

二、构建金融监管沙盒制度立法后评估机制的必要性阐释

如果说沙盒主体在测试结束后的具体行为，从微观上直接性地体现了沙盒测试的短期行为效果，那么对其的立法后评估，则将从宏观上反映监管沙盒制度带来的整体效益。所谓金融监管沙盒制度的立法后评估机制，是指在金融监管沙盒制度确立和实施之后，监管沙盒的制定或实施部门、利益相关者、独立评估机构等评估主体，按照既定的程序和标准，运用科学的方法和技术，对金融监管沙盒制度这一评估对象的制度设计、立法技术、实施效果等情况进行跟踪、调查与评估，从而形成特定的报告，提出制度设计的修正、完善和改进实施方案的相关意见的活动过程。这一活动的必要性主要体现在以下三个方面：

首先，是金融监管沙盒制度的试验性，需要通过立法后评估机制来检验其实施效果。诚如本书第一章所言，试验性可以说是金融监管沙盒制度的最大特征。其一方面将尚未经过核准且性状尚不能完全明确的金融创新产品或服务，投入真实的市场环境当中；另一方面则通过金额、人数或者所连接服务的种类限制等方式，将可能的风险控制在可控范围之内，并且保证尚不明晰的金融创新产品之风险与整个金融体系的及时阻断。此种特性对通过立法后评估机制进行的实效检验提出两个方面的要求：一是立法后评估机制的一般性效果,即金融监管沙盒制度的实施是否达到了其规定的目标。总体而言,各国金融监管沙盒制度的目标均是更好地促进本国金融创新(尤其是金融科技创新)在市场上的良善发展,这将给监管部门、金融机构和消费者带来极大益处。具体地看,对监管部门来说,可以使其在防控风险的前提下营造良好的监管环境,最大限度地促成金融创新的发展,也能够密切关注金融创新最新动向、风险状况以及对消费者的最佳保护方式,进而对其阻碍创新、防控风险、消费者保护方面的规则与时俱进地进行修改。对金融机构来说,可以增进其对监管规则的全面了解,减少创新产品或服务正常上市的成本,在试验中获取经验促成创新产品或服务的完善,同时能以其试验结果尽快获得融资。对消费者来说,能够在创新产品或服务面世之前获取相关信息,通过信息的反馈和最佳消费者保护方式的促成,寻回其金融市场上的博弈主体地位,而有效的金融创新竞争也能够极大地改善消费者的金融体验和生活。二是立法后评估机制的特殊性效果,即沙盒试验的结果是否准确。作为一种预设的特定安全空间,虽然其内嵌于真实的市场当中,但存在的诸多限制性条件、有限的范围以及参与主体的试验心理,极易使测试结果与完全市场环境下的表现有所出入。鉴于以上两点,通过立法后评估机制来检验金融监管沙盒制度效果的达成及其结论的准确与否,无疑显得非常必要。

其次,是金融监管沙盒制度豁免方式的灵活性需要检验其合法性。金融监管沙盒制度主要通过沙盒主管部门对相关监管规则进行一项或多项的减免,使创新主体在不满足完全监管条件的情形下,对创新产品或服务先行先试。此时,该制度是否会与上位法相抵触,能否与同位法相衔接和协调,以及沙盒主管部门是否有足够的豁免权限等合法性问题,便成了需要重点关注的问题,这同样是对其进行立法后评估的首要指标。

最后,是金融监管沙盒制度的新颖性,需要检验其技术规则的规范性与可操作性。虽然金融监管沙盒制度内蕴的"试验性思维"和某些具体的豁免方式,早已在现实中有所体现,例如,英国的无强制执行函(NALs)这一豁免方式就与美国消费者金融保护局(United States Consumer Financial Protection Bureau,CFPB)的政策相类似,但其具体制度的型构,仍然肇始于英国 FCA 发布的《监管沙盒》可行性和实用性报告。这一新颖性无疑预示着在具体条文的规范性和可操作性上，必定有很大的改进空间，样本国家（地区）在其相关的沙盒文件中的某些表述也很好地反映了这一点。例如，英国 FCA 表示在监管沙盒开展的第一年，将与数量有限的公司一起对沙盒进行试验，并且在实践基础上构建沙盒制度框架；新加坡 MAS 指出其监管沙盒尚处于探索阶段，故而在具体的材料提交上，创新主体可以与其进行协商；中国香港金融管理局则表示其会根据沙盒测试的实施经验和业界的具体发展，对监管沙盒的有关安排进行改进。由此，通过对金融监管沙盒制度进行技术规则规范性和可操作性的立法后检验，无疑成为完善其具体规则的重要一环。

三、金融监管沙盒制度立法后评估机制的具体架构

由于样本国家（地区）赋予金融监管沙盒制度的法律地位及其具体规则的不尽相同，以及某些国家（地区）已经存在的专门性立法后评估规则，例如，美国 1993 年颁布的 12866 号行政命令《监管的计划和审核》与 2011 年颁布的 13563 号行政命令《提高监管和规章审核》，英国 2001 年生效的《规制改革方案》，德国联邦内政部门于 2001 年编写的《立法效果评估手册》，日本 2002 年通过的《行政机构实施评估政策有关的法律》，欧盟委员会 2009 年的《影响评估指引》，本书在此只是试图在前文对样本国家（地区）金融监管沙盒制度的分析基础上，构建一个针对该制度的一般性评估方案。同时，该方案并非放之四海而皆准，其具体的规则与内容应当按照各国（地区）的不同规定和环境而变化。根据前文所述的立法后评估机制的一般流程，金融监管沙盒制度的立法后评估机制之程序也可以分为准备和启动、实施、回应三个阶段，以下将对各阶段的具体架构进行详细分析。

（一）金融监管沙盒制度立法后评估机制的准备和启动阶段

整体来看，金融监管沙盒制度立法后评估机制的准备和启动阶段主要包括三项活动，分别是选择评估对象、确定评估主体、拟定评估方案，评估方案的基本内容应当囊括评估目的、评估内容、评估标准以及评估方法四个方面。

1. 金融监管沙盒制度立法后评估机制对象和主体的确定

金融监管沙盒制度的立法后评估对象，是指各国(地区)规定金融监管沙盒制度的规范性文件，其一般是一项单独的立法规定。由于各国(地区)的规定不同，金融监管沙盒制度的规范性文件被赋予的法律地位也不尽相同。例如，澳大利亚的《监管指南257：在未持有澳大利亚金融服务和信贷执照的情况下测试金融产品和服务》属于ASIC的监管指引；马来西亚的《金融科技监管沙盒框架》是其国家银行发布的规范性文件；而我国台湾地区则是以"金融科技创新实验条例"的形式对其进行规定。[①] 但这并不影响对其开展评估，毕竟"立法后评估程序已然成为立法活动的必经环节，故而从理论上说，所有已经实施的法律、法规、规章以及其他规范性文件都是评估的对象"。[②]

立法后评估的主体，就是组织、实施和参与对立法文本和法律实施效果进行测评的个人、团体或组织，其中的组织和实施主体包括立法者、执法者和第三方机构；参与主体则包括与法律实施有关的机构、组织和社会公众。[③] 对于金融监管沙盒制度立法后评估这一以单一法律法规为对象的微观评估类型来说，在上述的广泛评估主体中，进行范围的限定无疑是非常必要的。学界一般将"利益相关者"理论作为限定评估主体范围的理论支点。美国经济学家R. 爱德华·弗里曼在其《战略管理——利益相关者方法》一书中，对利益相关学者理论进行了系统研究。在其看来，利益相关者是指任何能够影响公司目标的实现或者受公司目标实现影响的团体或个人。[④] 瑞典学者韦唐(Vedung E.)则将这一理论引入到了政策评估领域。他指出，从利益相关者角度出发评价政策的影响与合理性，倾听被政策影响和可以影响政策的社会成员的不同意见，通过权衡多方利益，提出各方都满意的政

---

① 中国台湾地区"金融监督管理委员会"：《"行政院"通过"金融科技创新实验条例"草案》，载 https://www.fsc.gov.tw/ch/home.jsp? id = 96&parentpath = 0,2&mcustomize = news_view.jsp&dataserno = 201705040002&toolsflag = Y&dtable = News，最后访问日期：2018年11月30日。

② 汪全胜等：《立法后评估研究》，人民出版社2012年版，第177页。

③ 参见刘琦：《我国立法后评估程序要素的分析》，载《湖北警官学院学报》2015年第4期。

④ 参见[美]R. 爱德华·弗里曼：《战略管理——利益相关者方法》，王彦华、梁豪译，上海译文出版社2006年版，第55页。

策,最大限度地回应公民诉求,能够使政策制定更加科学、民主,顺应行政民主的政府管理新态势。①

无疑,在金融监管沙盒制度的立法后评估机制中应用利益相关者理论,可以产生以下优势:①信息的全面性、真实性。事实上,每个独立个体因立场不同,其看待相同问题也有不同视角。若在金融监管沙盒制度立法后评估中,仅仅考虑相关立法机构的建议,难免失之偏颇,而给予利益相关者参与讨论相关立法的机会,将使我们对金融监管沙盒制度形成更为全面、周延的认识。②目标管理性。金融监管沙盒制度立法后评估的首要任务,便是明确评估目标,明确、具体的立法后评估目标为科学、客观的评估结果提供了评价标尺。③结果应用性。将利益相关者理论运用于金融监管沙盒制度立法后评估中,有助于形成各方主体都能接受的立法建议,进而提升金融监管沙盒制度立法后评估结果的可接受性和可应用性。② 由此,利益相关者理论视角下的金融监管沙盒制度立法后评估主体,应当是能够对金融监管沙盒立法、立法后评估、立法活动、立法实施产生影响或者是被以上行为所影响的个人或团体。具体而言,可以包括监管沙盒的制定部门、监管沙盒的实施部门、监管沙盒制定与实施过程中需要其协调的同级部门、有资格进入沙盒开展测试的创新主体(包括已经进入和未进入的)、消费者(包括参与和未参与的)、希望构建虚拟沙盒的行业协会等。

按照在评估过程中承担的职能不同,立法后评估主体一般可以分为评估启动主体、评估实施主体与评估参与主体。其中,评估的启动主体和实施主体往往是统一的,主要是指规范的制定机关及其内设机构以及规范的实施机构(主管机关或监管部门)等,并且通常允许评估实施主体委托高等院校、社会评估机构以及其他有关单位等第三方机构进行部分事项或者全部事项的立法后评估。鉴于各国立法后评估启动和实施主体制度模式的不同,以及各国(地区)金融监管沙盒制度规范颁布部门和规则位阶的区别,例如,既有监管部门自行颁布的规范性文件(如澳大利亚、马来西亚、中国

---

① 李瑛、康德顺、齐二石:《政策评估的利益相关者模式及其应用研究》,载《科研管理》2006年第2期。

② 参见汪全胜:《立法后评估的"利益相关者"模式》,载《法治研究》2010年第1期。

香港等大部分国家或地区),也有通过专门的"立法"进行规定(如我国台湾地区就是由其相关机构审议通过,并将修改多部"法律"以与之相协调),金融监管沙盒制度立法后评估的启动和实施主体,既可以是金融监管沙盒制度的制定部门及其内设机构,也可以是金融监管沙盒制度的具体实施部门及其同级机关,抑或是该国(地区)设立的专门性立法评估机关(如日本的行政评价局)。

此外,除前述享有立法或执法权的系统内部机构之外,也可以委托高等院校、社会评估机构以及其他有关单位等外部第三方机构,对金融监管沙盒制度开展立法后评估。毕竟由系统内部的评估主体作为金融监管沙盒制度的具体制定和实施者,虽然在资料的全面性、准确性和及时性方面占据优势,其地位也保证了该报告能够得到足够的重视,但"要求公共组织对自己的行为作出客观公正的评价实非易事,因为:①评价意味着批评,对公共组织成员来说就是对他们能力的质疑,影响自己的声誉,因而评价往往夸大成绩,掩盖失误;②评价往往代表着某一组织的局部利益,这使得绩效评价容易走向片面并带有浓厚的主观色彩;③绩效评价是一项复杂而细致的工作,需要评价者掌握相关的理论知识,并熟悉专门的方法技术,而公共组织人员本身往往缺乏这方面的系统培训"。[①] 系统外部的第三方评估主体具备的中立身份地位、评估结论的客观性以及专业的评估人员等优点则很好地弥补了上述缺陷,却也有在制定和实施方面的信息获取困难、结论缺乏权威性等缺点。此时,内外结合的评估主体无疑将成为对金融监管沙盒制度立法后评估主体的更优选择。[②] 在职责方面,启动主体的职责包括:①决定是否对金融监管沙盒制度的相关立法启动评估。②对内任命负责进行评估工作的人员,分配评估任务;对外也可以委托评估。③拥有评估活动的权威发言权和最终解释权。④主导评估活动运行的各个环节。⑤提供评估活动中所需的各项保障。⑥监督整个评估活动的运行。实施主体的职责包括:①收集金融监管沙盒制度立法后评估的相关信息;②对相关信息进行整理和分

---

① 齐二石主编:《公共绩效管理与方法》(第3版),天津大学出版社2011年版,第69页。

② 参见汪全胜:《立法后评估主体的建构》,载《政法论坛》2010年第5期。

析;③形成评估结果并撰写评估报告;④公布最终的评估报告。①

除前述的评估启动和实施主体之外,参与立法后评估的其他主体都可以被称为评估参与者。该类主体的特征是参与立法后评估活动,承担一定的责任和任务,并对评估机构产生一定的影响。其可以细分为评估者和评估辅助者两类。前者是指参与立法后评估并以自己的名义提出评估意见,供评估的启动和实施者吸收、斟酌,从而对评估结论发挥直接影响的评估主体,如相关的利益团体、专家、社会公众等;后者则是指虽然参与评估,但自身不直接给出评估意见,而是通过对评估者的评估行为提供辅助和支持,在提高评估工作质量和效率方面发挥重要作用的评估主体,如社会调查机构。②

借用威廉·弗雷德里克(William Frederick)利益相关者理论中界定的直接利益相关者和间接利益相关者之分类,③金融监管沙盒制度在评估参与主体的选取上可以从狭义和广义两个角度进行区分。狭义上的评估参与主体仅指受金融监管沙盒直接影响的利害关系人,即沙盒试验的参与主体。主要包括作为非实施主体的沙盒主管部门及其同级部门,申请进入沙盒测试的创新主体及其合作主体,参与沙盒测试的消费者,以及在虚拟沙盒与伞型沙盒情境下的行业协会与沙盒公司四类。从广义上看,鉴于各国(地区)发展金融监管沙盒制度最终都是为了推动其金融科技的良善发展,从而促进市场的有效竞争,为民众提供更好的金融服务,其广义评估参与主体还可以包括金融市场上的其他金融机构和消费者、社会公众、非政府组织(NGOs)、大众传媒等。

值得注意的是,金融监管沙盒制度最终效益的实现需要经过长期的检

---

① 参见任尔昕:《地方立法质量跟踪评估制度研究》,北京大学出版社2011年版,第229页。

② 参见张禹:《立法后评估主体制度刍议——以地方行政立法后评估为范本》,载《行政法学研究》2008年第3期。

③ 弗雷德里克为了深入了解一家企业与其利益相关者的利益关系及其对公司经营决策的影响程度,将利益相关者分为直接关系的与间接关系的利益相关者。直接关系利益相关者是与企业经营管理与决策活动发生市场交易关系的利益相关者,他们主要包括股东、债权人、员工、代理商、供应商、同行业的及潜在的竞争者等。间接关系利益相关者是在企业的生存与发展过程中形成非市场交易关系的利益相关者,包括政府、公众与媒体等。参见张秋来:《企业利益相关者界定与分类研究综述》,载《行政事业资产与财务》2011年第8期。

验,并且这一长远利益很有可能"隐藏在金融体系的稳健和危机之中"。[1]故而,各国(地区)在评估参与主体的选择方面可以分阶段进行。例如,短期来看(1 年以内),受其影响最大的应当是直接参与到试验中的主体,将评估参与者限定在狭义范围即可;在中期(1 ~5 年)或长期(5 年以上)的评估中,则可将参与主体拓宽至广义上的范围。

2. 金融监管沙盒制度立法后评估机制评估方案的拟定

(1)金融监管沙盒制度立法后评估机制评估目的与内容的明确

一般而言,立法后评估活动的目的在于"检测立法实施效果,评价立法质量,发现立法问题,提出完善立法方案,从而为立法主体提供科学的立法依据"。[2] 金融监管沙盒制度立法后评估机制的目的,可以表述为"检验金融监管沙盒制度的实施效果及其准确性,发现其具体规则的问题并进行改善"。而立法后评估活动的内容,将由于其目的而衍生,有着系统性的特征,即"立法后评估的内容不应仅仅局限于法律条文本身,还应当通过对法律实施的基本情况,法律所取得的经济和社会效益,以及宣传贯彻、行政执法、配套性文件制定等情况,来分析各项制度设计的合法性、操作性和针对性"。[3] 具体而言,可以对包括"法律制度设计合不合理、立法内容有没有针对性、规定的条款可操作性强不强以及立法的实施效果好不好等在内的问题进行评估,进而较为全面、准确地把握法律的实际运行状况"。[4]

由此,立基于金融监管沙盒制度立法后评估的目的、必要性和固有特质,其评估内容应当包括以下三个方面:一是金融监管沙盒制度实施的基本情况,包括对受测主体带来的好处、新的金融创新趋势下消费者保护措施的升级、监管部门对金融创新趋势及其风险的把握、产生的社会和经济效益、测试结果的准确性、实施过程中遇到的问题等情况。二是金融监管沙盒制度中的准入标准、风险控制措施、消费者保护措施、信息交流机制等关键性

① [荷]乔安妮·凯勒曼、雅各布·德汗、费姆克·德弗里斯:《21 世纪金融监管》,张晓朴译,中信出版集团 2016 年版,第 24 页。

② 王称心:《立法后评估标准的概念、维度及影响因素分析》,载《法学杂志》2012 年第 11 期。

③ 汪全胜等:《立法后评估研究》,人民出版社 2012 年版,第 318 页。

④ 沈国明、史建三等:《在规则与现实之间——上海市地方立法后评估报告》,上海人民出版社 2009 年版,第 16 页。

制度的针对性、可操作性、合法性、合目的性等情况。三是金融监管沙盒制度存在的不足,并提出相关建议等。

(2)金融监管沙盒制度立法后评估机制评估指标体系的构建

立法后评估标准,是指在立法后评估过程中,由评估主体设定,用以了解评估对象的客观状态,检验评估对象包含的内容的客观评价指标。① 只有建立科学理性的立法评估标准,才有可能通过立法评估客观、全面反映立法的合法性、实效性、科学性及民主性;也只有建立明确、具体的立法评估标准,立法评估工作才可以依标准规范化操作。无疑,立法评估标准既是立法评估制度目的实现的保障,也是立法评估工作可操作性落实的保障。②

立法后评估指标体系,则是指按照前述既定的指标,基于法律法规的质量和实施的具体效果分解并量化为不同的指标组群,由组群内各单项指标及其要素共同排列组成的,相互联系的,以衡量法律法规的立法价值、文本质量以及实施绩效的指标综合而成的一个统一体。③ 按照立法后评估评估对象、考察角度等方面的不同,一般可以将评估标准划分为"一般的指标体系"和"特定的指标体系"两种类别。前者是指由一系列指标要素,按照一定的逻辑结构组成,面向一般法律法规评估而设计,反映法律法规质量的通用标准体系,具有很强的原则性和概括性,对于具体的立法后评估活动起着方向性的指引作用;后者则是指根据具体法律法规的特点、评估目的、具体条件等因素,对一般指标体系进行具体化,其特点是更具体、更明确并且更有针对性。④ 就此种角度而言,对金融监管沙盒制度开展的立法后评估显然应当构建的是一个特定的指标体系。在具体的架构过程中,至少应当考虑下列特殊因素:一是是否促成了金融市场安全、效率、公平的实现及其平衡;二是在限定的试验环境下进行的测试结果是否具有准确性;三是沙盒主管部门豁免方式的运用是否具备合法性;四是是否为金融监管部门、金融创新主体、消费者以及社会公众带来了实际益处。

---

① 参见袁曙宏主编:《立法后评估工作指南》,中国法制出版社2013年版,第49页。

② 参见陈伟斌:《地方立法评估的立法模式与制度构建》,载《法学杂志》2016年第6期。

③ 参见任尔昕:《地方立法质量跟踪评估制度研究》,北京大学出版社2011年版,第79页。

④ 参见孙晓东:《立法后评估的一般指标体系分析》,载《上海交通大学学报(哲学社会科学版)》2012年第5期。

一般而言，指标是通过定量或定性的数值反映评估对象特性的要素，是评估活动进行的基本手段，是一个多层次的系统。立法后评估指标体系可以考虑设定一级指标和二级指标，在较为复杂的情况下可以考虑设定三级指标。一级指标是在某个评估维度中反映评估对象性质的基本要素，是对评估对象性质的基本概括。一级指标的一般性和抽象性较强，因此一级指标数量少，概括性强。二级指标是反映评估对象性质的具体要素，是对一级指标的具体描述和修正。基于同样的道理，在较为复杂的情形下，可以设定三级指标对二级指标进行具体化和修正。① 由此，结合金融监管沙盒制度立法后评估的目的、具体内容及其特殊性，笔者认为金融监管沙盒制度立法后评估的指标体系，应当按照金融监管沙盒制度的价值维度、自身维度和实践维度三个层面进行构建：价值维度包括安全取向、公平取向、效率取向、价值平衡 4 个一级指标，下设 13 个二级指标；自身维度包括合法性、合理性、合目的性、协调性、规范性和可操作性 6 个一级指标，下设 31 个二级指标；实践维度包括效果性、效率性和准确性 3 个一级指标，下设 14 个二级指标。同时，无论是一级指标还是二级指标体系，都设定了“其他”这个修正指标；因为立法后评估指标体系是一个开放的指标体系，根据特定的评估对象、目的和条件，可以进行灵活的具体设计，修正指标便反映了这种灵活性和开放性。② 表 4.3 为金融监管沙盒制度立法后评估指标体系的基本框架。

表 4.3 金融监管沙盒制度立法后评估指标体系的基本框架

评估维度	一级指标	二级指标
价值维度	安全取向	(1)规定金融监管沙盒制度的法律法规，是否有足够的保障措施，控制受测产品或服务可能存在的风险 (2)规定金融监管沙盒制度的法律法规，是否有保证消费者权益的合适手段 (3)其他

① 参见孙晓东：《立法后评估的原理与应用》，中国政法大学出版社 2016 年版，第 61 页。

② 参见孙晓东：《立法后评估的原理与应用》，中国政法大学出版社 2016 年版，第 69 页。

续表

评估维度	一级指标	二级指标
价值维度	公平取向	(1)规定金融监管沙盒制度的法律法规,在准入标准的设置方面,对创新主体是否公平 (2)规定金融监管沙盒制度的法律法规,在准入标准的设置方面,对消费者是否公平 (3)金融监管沙盒制度的设置对金融市场的其他主体是否公平 (4)其他
	效率取向	(1)金融监管沙盒制度的设置,是否激发了金融机构推出金融创新产品或服务的动力 (2)规定金融监管沙盒制度的法律法规,是否能够帮助监管机构迅速了解创新趋势,从而更好地营造创新环境和保护措施 (3)其他
	价值平衡	(1)规定金融监管沙盒制度的法律法规,是否体现了金融法治的安全、公平、效率取向 (2)规定金融监管沙盒制度的法律法规,是否实现了金融法治的安全、公平、效率取向的平衡 (3)其他
自身维度	合法性	(1)规定金融监管沙盒制度的法律法规,是否与宪法的宗旨、精神、基本原则或条文相冲突或不一致 (2)规定金融监管沙盒制度的法律法规,是否与上位法的宗旨、精神、基本原则或条文冲突或不一致 (3)规定金融监管沙盒制度的法律法规是否具有立法依据 (4)规定金融监管沙盒制度的法律法规的立法主体,是否为法定立法主体 (5)规定金融监管沙盒制度的法律法规的立法主体,是否有相应的立法和豁免权限 (6)规定金融监管沙盒制度的法律法规的立法程序,是否合法、规范 (7)其他
	合理性	(1)金融监管沙盒制度立法目的的设置是否合理 (2)金融监管沙盒制度的主要措施是否合理 (3)金融监管沙盒制度立法是否符合社会经济发展规律和要求 (4)其他

续表

评估维度	一级指标	二级指标
自身维度	合目的性	(1)金融监管沙盒制度的立法目的是否表达明确、具体 (2)金融监管沙盒制度是否能够全面、准确地反映出决策者的立法目的 (3)其他
	协调性	(1)规定金融监管沙盒制度的法律法规,是否与其他法律法规相矛盾 (2)规定金融监管沙盒制度的法律法规与相关同位法之间的协调 (3)规定金融监管沙盒制度的法律法规与配套规范性文件的协调 (4)规定金融监管沙盒制度的法律法规与其他公共政策的协调 (5)规定金融监管沙盒制度的法律法规与相关国际规则之间,是否实现了协调与互动 (6)其他
	规范性	(1)规定金融监管沙盒制度的法律法规的文字表述,是否简明、易懂、准确、规范,法的术语、概念、范畴是否严谨、统一、无歧义 (2)规定金融监管沙盒制度的法律法规的标点符号的用法是否准确、规范 (3)规定金融监管沙盒制度的法律法规的数字表述是否准确规范 (4)规定金融监管沙盒制度的法律法规的各种条款,包括定义条款、适用范围条款、权利条款、义务条款、授权条款等表述,是否适当、准确和规范 (5)规定金融监管沙盒制度的法律法规的权利义务设置,是否合理、平衡、适当,相关法律责任是否表达明确、合理 (6)规定金融监管沙盒制度的法律法规的结构安排,是否合理、规范、适当,逻辑关系是否清楚明了 (7)其他
	可操作性	(1)规定金融监管沙盒制度的法律法规的各项制度措施是否可行 (2)规定金融监管沙盒制度的法律法规的各项制度措施是否高效、便捷 (3)规定金融监管沙盒制度的法律法规的某些制度措施(如顾客、金额限制等)是否进行了量化 (4)其他

续表

评估维度	一级指标	二级指标
实践维度	效果性	(1)金融监管沙盒制度是否让监管部门在把控风险的前提下最大限度地促进了金融创新 (2)金融监管沙盒制度是否促成了监管部门对相关监管规则进行与时俱进的修改 (3)金融监管沙盒制度是否减少了创新主体将创新产品或服务投入市场的各类成本 (4)金融监管沙盒制度是否促进了创新主体获得了融资 (5)金融监管沙盒制度是否缓和了监管部门、金融机构和消费者三者的紧张关系 (6)金融监管沙盒制度是否提升了消费者在金融市场上的主体地位,并给予其更为恰当的保护 (7)金融监管沙盒制度对金融创新的促进是否有利于改善社会公众的生活 (8)其他
	效率性	(1)规定金融监管沙盒制度的法律法规,是否以最小的立法成本和实施成本,产生了最大的社会、经济效益 (2)金融监管沙盒制度的实施,是否有助于创新主体更加准确和便捷地了解和遵守与之相关的监管规则 (3)其他
	准确性	(1)受测产品投入市场之后是否产生了预估的效应 (2)受测产品投入市场之后,是否产生了不曾预料和出现的对金融市场或消费者的风险 (3)其他

由表 4.3 可知,金融监管沙盒制度立法后评估的指标体系可以由 3 个维度、13 个一级指标和 58 个二级指标构成。在确定其基本框架之后,还应当按照这些标准进行评估值的设置,更加明确和直观地对金融监管沙盒制度进行评估。所谓评估值,是指通过定性或定量的方式来反映指标内容的要素,是评估对象性质的直观反映。其既可以是定量化的数值,也可以是定性的描述要素。虽然定量化的评估值具有直观性、准确性和客观性的特点,是反映评估对象性质的重要因素;但鉴于在立法后的评估活动中,完全使用定量化的数值来描述评估对象是十分困难的,而定性化的阐述也能够从宏观上对评估对象进行分析研究,增强评估结果的说服力,在评估值的设定方

面,采用定量和定性相结合的方式无疑将是更优的选择。①

(3)金融监管沙盒制度立法后评估机制评估方法的选择

立法后评估方法,是指评估主体在对选取的法律法规以及规章进行立法后评估时所采用的方式和方法,包括评估工具的选择、评估方式的选用、评估角度的切入等。② 总体来看,立法后评估方法论的体系可以划分为定性分析方法与定量分析方法,自评估方法体系与第三方评估方法体系,“伪评估”方法、正式评估方法与决策理论评估方法三大类。在更为具体的方法层面上,则可以包括数学分析法(模型方法、实验方法和准实验方法等)、利益分析方法(成本—效益方法、效用分析方法、供给—需求方法等)、系统分析方法(头脑风暴法、德尔菲分析法、辩论分析法、元评估方法等)。③

一般而言,定性分析方法与定量分析方法是最为普遍和重要的立法后评估方法。前者是指借助于各种逻辑学方法,运用逻辑学思维工具(主要是形式逻辑与辩证逻辑)对评估对象进行本质上的评价。其不仅可以从宏观上对评估的对象进行分析研究,而且会保证在经过严密的逻辑推理之后,评估结果说服力的增强。后者则是在调查研究、收集资料的基础上,综合运用运筹学、数学、计量经济学、统计学、系统工程理论等学科理论,对能用数量描述的内容,或者其他可以转化为数量形式的具体标准体系进行分析与处理的方法。其特点在于能够保证分析过程与结果的可控性与系统性,借助于百分比、频数分布等统计方法,为评估者提供客观的数据,能有效排除部门保护主义利益等主观性和盲目性的侵蚀,保证公正、客观、科学地揭示评估对象的发展规律。④

在金融监管沙盒制度的立法后评估中,定性分析和定量分析无疑也应当是最为主要的评估方法。具体而言,在按照前文的描述对金融监管沙盒制度的评估指标赋予定性或定量化的评估值之后,按照其具体的要求,选取包括问卷调查、同行评议、个案分析、座谈会、实地调研等在内的定性分析

① 参见孙晓东:《立法后评估的原理与应用》,中国政法大学出版社2016年版,第61页。

② 参见丁贤、张明君:《立法后评估理论与实践初论》,载《政治与法律》2008年第1期。

③ 参见汪全胜等:《立法后评估研究》,人民出版社2012年版,第286~308页。

④ 参见任尔昕:《地方立法质量跟踪评估制度研究》,北京大学出版社2011年版,第199~201页。

方法,或者成本—效能分析、成本—收益分析、综合计分、数据统计分析、尺度分级等定量分析方法,对具体的评估指标进行描述。事实上,定性分析与定量分析本就应当是相互统一、相互补充的:定性分析是定量分析的基本前提,脱离定性分析的量化评估方法是一种盲目的、无价值的定量;而定性分析同样依存于定量分析的过程当中,后者能够为前者提供准确的、可测量的数据,使定性分析更加科学、准确。① 由此,金融监管沙盒制度的立法后评估也应当在采用定性和定量分析方法的基础上,注重其深度结合以形成更加完整、科学、准确的立法后评估链条。

(二)金融监管沙盒制度立法后评估机制的实施阶段

金融监管沙盒制度立法后评估机制的实施阶段是整个评估过程的实质性阶段,主要是指在前述评估准备和启动工作的基础上,对相关的评估信息进行收集、整理与分析,形成评估报告并及时公布的过程。大致可以分为收集评估信息、整理和分析评估信息、形成评估报告以及公布评估报告四项活动。

在收集评估信息阶段,应当保证所收集信息的广度和深度、真实与准确,重点关注信息收集的来源和方式两个方面。在进行短期评估的情形下,评估信息的来源可以只包括受金融监管沙盒直接影响的利害关系人,即狭义的评估参与主体;但在中期或长期评估的情形下,其来源则必须尽可能广泛,应当囊括广义的评估参与主体,即金融市场上的其他金融机构和消费者、社会公众、非政府组织、大众传媒等。于其方式,则可以采用实验法、观察法、调查法(如开会调查、问卷调查、个别访问等)、查阅资料法(如查阅政策运行记录等)、个案法(如典型分析)等。这些方法各有其特点和应用范围,使用时应互相配合,这样有利于确保所获取信息的准确性、广泛性和系统性。②

在整理和分析评估信息阶段,评估主体应当根据金融监管沙盒制度立法后评估指标体系及其评估值进行分类整理,综合运用定性与定量的分析

① 参见任尔昕:《地方立法质量跟踪评估制度研究》,北京大学出版社2011年版,第198页。

② 参见刘雪明:《政策运行过程研究》,江西人民出版社2005年版,第143页。

方法,从价值维度、自身维度和实践维度三个方向,全面评估金融监管沙盒制度立法文本的质量、价值实现与实施效果,形成包括金融监管沙盒制度执行情况的总结、实施过程中的问题及成因、成本—收益评价、试验结果的准确性、修改或补充建议等内容在内的评估报告。最终由评估主体通过其官方网站、报刊与电视等大众传媒工具向社会公布。此种公开行为将产生以下几点益处:一是有利于不同阶段的相关主体对评估工作进行监督,其可以通过评估报告判断立法后评估工作开展的质量如何,是否实现了预期的目的。二是有利于增强金融机构和社会公众对金融监管沙盒制度的理解,打消疑虑,从而刺激更多的金融创新通过监管沙盒开展测试,并获取更加广泛的信息反馈。三是增强社会公众对立法者的认同感,通过评估拉近社会公众和立法主体的距离,增强社会公众的"主人翁"意识,从而提高对立法者以及金融监管沙盒制度的认同感。①

(三)金融监管沙盒制度立法后评估机制的回应阶段

评估报告的公布并不意味着整个立法后评估程序的结束。从某种意义上说,评估报告仅仅是反映了法律、法规实施中的问题,为法律、法规的修改、废止和重新制定,为执法机关加强和改进执法措施提供了潜在的可能性。② 将这一可能性转变成现实的重要方式,便是金融监管沙盒制度的立法和实施部门对该立法后评估报告的回应。同时,立法后评估工作的实践也表明,评估本身不是目的,而在于对立法后评估成果的应用,或者说是对评估成果价值的实际检验。也即如何"对症下药",通过评估,确认哪些是法规执行中出现的问题,哪些是法规本身的问题,为法规的立改废提供依据,为增强立法质量提供指导,为提高执法水平提供助力。③

具体而言,金融监管沙盒制度立法后评估机制的回应方式主要包括处理制度文本和改进实施行为两个方面。前者是指按照立法后评估报告,对金融监管沙盒制度的立法文本开展的"存""改""废"活动。"存"是指立法后的评估报告表明金融监管沙盒制度的相关立法在前述的价值、自身和实

---

① 参见张琨:《金融法律立法后评估制度研究》,载《南方金融》2012 年第 10 期。
② 参见汪全胜等:《立法后评估研究》,人民出版社 2012 年版,第 192 页。
③ 参见汪洋:《立法后评估成果应用初探》,载《人大研究》2016 年第 8 期。

践三个维度上并不存在大的问题,可以继续沿用。“改”意味着金融监管沙盒制度的相关立法,在某些规则的设置上存在问题,但并不至于影响整个框架的合法性、合理性与效用,在按照立法后评估报告的要求进行局部的修改之后,可以继续存在。“废”是指评估报告表明,金融监管沙盒制度不仅在法律文本上有重大缺陷,在实践中也没有达到其想要的效果和预设的目标,故而将这一立法文本废除。后者则是指金融监管沙盒制度的法律文本并无太大的问题和缺陷,属于“存”的范围。但在具体的实施过程中,出现了诸如风险控制和消费者保护措施没有按照预订的计划开展、沙盒测试的信息交流不通畅、创新主体存在隐瞒重要和不利的测试信息、实施主体被受测主体所俘获等不当行为,需要完善其实施机制。

本章小结

金融监管沙盒制度退出阶段的构成要素包括沙盒的退出模式、沙盒主体退出后的行为以及金融监管沙盒制度的立法后评估机制三个方面的内容。其至少与准入机制一样重要:不仅关乎各方主体权利义务的妥善配置,同时关乎监管沙盒直接性效果的达成。

监管沙盒的退出模式涵盖了正常退出和非正常退出两种情形。前者的具体内容将由沙盒主管部门与受测主体在准入前的测试计划中协商拟定,大致包括提交终期报告、沙盒主管部门的审核以及受测主体与消费者权利义务的妥善解除;后者则是基于敦促受测主体对测试计划的良善实施以及对不可预测风险的把控而为沙盒主管部门保留的随时关闭测试的权力。

沙盒主体退出后的行为是指受测主体和沙盒主管部门在试验结束之后实施的具体行为。其中,受测主体的行为主要是根据其当前资质按照既定的推广计划在沙盒外对受认可的创新产品或服务进行投放;沙盒主管部门的行为重点则在于,从测试结果中吸取经验对相关规则进行更贴近实际的修改。

金融监管沙盒制度的试验性、新颖性以及豁免方式的灵活性,无疑需要通过立法后评估机制对其实施效果、合法性、技术规则的规范性与可操作性进行检测。但就样本国家(地区)的监管沙盒文本来看,其均未对能够衡量其立法质量和实施效果的立法后评估机制作出规定,这无疑是一个重大缺憾。由此,构建一个针对金融监管沙盒制度的一般性评估方案就显得极为必要。

第五章　金融监管沙盒制度的本土化思考

如何将固定法律的思想与变化、发展和制定新法律的思想相协调，始终是法律思想家所致力解决的几个首要问题之一。① 在一定社会条件下的人们对自身利益以及安全感的追求，促使人们渴望一种规范人与人之间行为的确定性规则。当此种确定性规则（“秩序”抑或“法律”），在很长一段时间内发挥其规制作用而达到一种“稳定状态”时，新的超越该范围的社会现象（关系）却总是会因陷入空白地带而出现原始的“混乱”。于是在稳定中求变化、在确定性的前提下寻求灵活性，就构成了人类法律实践的基本图式。② 这一基本图式在被科技逐步渗透的金融领域显得更加突出。科技对金融创新从产品或服务，到组织与制度，再到整个金融市场的变革，使法律的滞后性特质急速放大；人们在既定的法律中寻求对金融创新的灵活性突破之需求，显得更加

① 参见［美］罗斯科·庞德：《法律史解释》，邓正来译，中国法制出版社2002年版，第2页。

② 参见周少华：《法律之道——在确定性与灵活性之间》，载《法律科学（西北政法大学学报）》2011年第4期。

迫切。金融监管沙盒制度所设置的内嵌于真实市场的一个安全测试空间，无疑为此提供了很好的“缓冲地带”，并在世界范围内受到热捧。本章将立基于前文的分析，对我国设置金融监管沙盒制度的必要性与可行性进行充分论证，进而对我国金融监管沙盒制度基本框架的构建提出针对性建议。

第一节　我国构建金融监管沙盒制度的必要性与可行性分析

一、我国构建金融监管沙盒制度的必要性分析

（一）促成我国金融监管模式的优化

金融与科技的深度融合型构了后危机时代金融创新的主要发展进路；此种以大数据、云计算、区块链、人工智能为主要底层技术的金融科技，从基础支持、应用场景、业务边界乃至监管手段等多个方面，促成了金融行业的代际跃迁。传统金融机构、互联网巨头、新兴科技公司等市场主体闻风而动，纷纷成为金融科技的忠实拥趸者；而全球资本的疯狂涌入，则奠定了其在投资领域的新宠地位。数据显示，2021 年全球金融科技行业累计融资 2100 亿美元，覆盖区块链、财富科技、网络安全等多个领域，表现出强烈的扩张趋势。2021 年度全球风险投资机构（VC）对金融科技行业的投资达到了创纪录的 1150 亿美元，超过了 2018 年创下的 532 亿美元的纪录；企业风险投资及相关投资达到 500 亿美元，是 2020 年 240 亿美元的两倍多。① 按照金融稳定理事会（Financial Stability Board，FSB）的界定，金融科技是指“由技术带来的金融创新，它能创造新的业务模式、应用、流程或产品，从而对金融市场、金融机构或金融服务的提供方式造成重大影响”。② 以法律的视角观之，可以将金融科技表述为：相关主体在规则范围内，通过新兴科技手段变革货币收支、资金融通等金融活动和监管措施的具体形态的一种行

---

① See KPMG，The Pulse of Fintech 2021，January 2022.

② FSB，Fintech：Describing the Landscape and a Framework for Analysis，Research Report，March 2016.

为,该行为更多地表征为一种商业行为,但也能够以其内蕴或可能受到创新影响的主体间权利义务关系而体现为一种法律行为。

作为一种“破坏性创新”,金融科技在给金融行业的发展注入强劲动力,带来减少信息不对称和处理成本,优化资源配置;升级支付清算体系;降低交易成本,刺激金融创新;注重用户需求,推动金融普惠等多方面作用的同时;造成了传统价值链的破坏。此种破坏集中体现为,在金融科技破坏性创新特质和金融之本位的基础上产生的传统风险的变异与新兴风险的叠加、风险的外溢性增强以及金融市场的“劣币驱良币”现象。鉴于此,世界各主要国家竞相变革其组织架构、政策法规、监管设计等外部环境,以期促成金融科技的良善生长。英国 FCA 首倡的“监管沙盒”,无疑成为这一监管改革浪潮中的典型和标志性监管制度。FCA 于 2015 年提交的《监管沙盒》可行性和实用性报告,以及 2017 年发布的《监管沙盒经验报告》均表明,监管沙盒就是为了更好地促进金融科技的良善发展而设计的;其能够更好地帮助监管机构识别有潜力的金融科技创新及其存在的风险,缩短创新产品上市时间和减少其他成本并尽快获得融资,使之不至于因成本、规则障碍等因素被扼杀在萌芽状态。

当前,我国金融科技行业发展极为迅猛。早在 2016 年便带动亚洲替代北美成为全球金融科技投资的第一目的地。在该年度的前 9 个月,中国金融科技公司获得的融资超过全球金融科技公司融资总额的 50%;而 2016 年全年的金融科技公司风险融资额则同比上涨了 42.5%,达到 67 亿美元,成为 2016 年唯一的金融科技融资额有所增长的地区,并且首次超越美国位列全球第一。[①] 金融科技投资公司 H 2 Ventures 与毕马威于 2018 年 10 月联合发布的《2018 Fintech 100》榜单显示,我国的金融科技公司继续呈现领跑状态,在“50 强”中,有 3 家中国企业跻身前五,分别是:蚂蚁金服(第一)、京东金融(第二)、百度(第四)。[②] 值得注意的是,我国金融监管体系长期以来都表现为一种“命令—控制”型的监管方式。我国金融监管部门

---

① 参见刘志坚主编、京东金融研究院编著:《2017 年金融科技报告:行业发展与法律前沿》,法律出版社 2017 年版,第 17 页;KPMG, The Pulse of Fintech Q4 2016, February 2017.

② H 2 Ventures & KPMG, 2018 Fintech 100, https://h2.vc/f100/, 2018-12-03.

对金融业的市场准入、业务范围、机构设置等均作出了严格的规定，并通过政府的强制命令加以实施。[①] 此种严格的管控模式，在一定程度上削弱了监管者与被监管者之间的平等性。

如果说金融创新的制度规避之特性，可能导致我国金融市场上的监管部门与创新主体之间由不平等走向对立；那么在后危机时代世界经济衰退、对金融创新的认知从偏激到理性使之再度扶摇直上以及金融与科技深度融合之后的金融科技风靡的境况下，日益科技化、复杂化、精细化的金融科技创新则可能使两者之间的沟壑更深。无疑，处于此种状态下的监管部门与创新主体，难以有正常的博弈机制和良好的信息交流方式；而信息的不对称将会促成监管部门更加倾向于制定稳健乃至不甚合理的规则来防控风险。这不仅会激化两者的矛盾，也无益于我国金融科技的发展。此时，在借鉴境外经验的基础上建构我国的金融监管沙盒制度，就显得很有必要。该制度的参与性特质将对我国监管者和被监管者之间的关系产生极大的协调和平衡作用。本书认为，可以从以下三个方面优化我国当前的金融监管模式：

一是缓解因政府的管制过多与监管制度的供给过度给后危机时代以金融科技为主的金融创新的发展带来的阻碍作用。在"命令—控制"型的监管方式下，政府将按照自身的判断对金融市场进行监管并投放制度资源，而非基于金融市场的真实需要作出决定。此种直接性的强制型监管和制度投放模式，极易造成监管制度的不当管控和形成数量型立法趋势。

例如，我国自2010年以来先后颁布了包括《非金融机构支付服务管理办法》《非金融机构支付服务管理办法实施细则》《支付机构反洗钱和反恐怖融资管理办法》《非银行支付机构网络支付业务管理办法》《金融机构大额交易和可疑交易报告管理办法》《支付结算违法违规行为举报奖励办法》等规则对非银行支付机构进行管控。随着非银行支付强监管时代的来临，仅2017年以来，中国人民银行和其他监管部门出台的有关非银行支付监管的文件便多达十余份。同时，在非银行支付机构的跨境支付方面，基于国家的外汇管理政策和对人民币国际化的推动等因素，又被分为需要经过"双重许可"并遵守各项外汇管理规定的"非银行支付机构跨境外汇支付业务"

① 参见王忠生：《中国金融监管制度变迁研究》，湖南大学出版社2012年版，第100页。

以及“许可+备案”的“非银行支付机构跨境人民币支付业务”两种模式。[①]金融监管沙盒制度则通过试验性的方式，使监管部门和创新主体在准确识别金融创新潜在的风险和传染路径的基础上，增加监管的前瞻性，并推动其规则的设置更具科学性、针对性与合理性。

二是填补因监管规则的空白和滞后导致对当前以金融科技为主的金融创新之风险的监管缺位。后危机时代，金融与科技深度融合而成的金融科技创新，成为金融领域的创新主流。而秉承了互联网公司创新精神的金融科技，则在将各种前沿技术和理念带入金融行业的基础上，促成了有着破坏性本质的金融科技创新的快速迭代，使天然带有滞后性特征的法律显得有些捉襟见肘，甚至会出现监管空白的状态。

具体而言，金融科技不仅加深了传统风险的复杂性和隐蔽性，也带来了信息技术层面的操作性与安全性风险。一方面，金融科技并未脱离金融的范畴，并且已经将信息技术渗入到金融的风险管理、产品和服务定价等实质层面。传统金融行业的信用风险、流动性风险、市场风险、法律合规风险、声誉风险、顺周期性等依然存在。而基于计算机算法和运算能力不断改进的大数据、云计算、区块链、人工智能等高度复杂化和虚拟化的信息技术，则对网络信贷、互联网支付等金融科技的具体业态，进行了复杂的结构假设、程序编码以及模式突破，无疑在放大传统金融风险的同时增加了其隐蔽性和复杂性。另一方面，金融科技对信息技术的高度依赖、处于成长阶段的各类融合业态以及大量的技术外包行为，促成了传统金融行业并不凸显的包括数据安全、网络安全在内的信息科技风险的扩大。金融监管沙盒的制度设计则能够从宏观上很好地预防以上风险。内嵌于真实市场的测试，以及监管部门和创新主体贯穿于沙盒测试事前、事中、事后整个流程的信息交流，能够促成双方对金融科技创新变异和隐藏着的传统金融风险进行深度

---

① 非银行支付机构开展跨境外汇和人民币业务，均应当先取得央行颁发的“支付业务许可证”，并且被许可的业务范围包括互联网支付。在此基础上，申请开展跨境外汇支付业务的支付机构需要向注册地外汇局提交相关申请材料，并获得其正式书面批复和在“贸易外汇收支企业名录”登记之后，才能开展许可范围内的跨境外汇支付业务；支付机构申请跨境人民币支付业务则采取“备案制”，即向当地的中国人民银行分支机构提交材料进行备案便可开展该项业务。参见刘盛：《自贸区非银行支付机构跨境支付问题及其对策》，载《四川理工学院学报(社会科学版)》2018年第4期。

挖掘。监管部门在宏观层面所掌控的各类信息技术安全威胁,和创新主体在微观上的具体技术应用,更是使在测试中通过技术手段检测潜在的信息安全和操作风险,促成对其的及早掌控成为可能,进而完善相关的监管规则。

三是缓和因金融科技更具传染性、极易产生系统性风险之特征激化的分业监管与混业经营之间的矛盾。在金融全球化的发展、金融自由化进程的增速、各国法律层面对混业经营的逐步"解禁"、市场主体逐利本性的驱动、经营风险分散的要求以及对规模经济、范围经济、协同效应的追求等因素的共同作用下,混业经营早已成为金融行业的主流;而信息科技的迅猛发展及其与金融的深度融合,更是极大地促成了具体金融产品的无界化发展。虽然我国自 2003 年以来便一直秉持"分业经营,分业监管"的原则,但实践中金融行业不仅在业务上践行了"银保合作""银证合作""证保合作"等业务合作,而且在组织模式上也已经出现了实质化的股权交叉,分业监管和混业经营之间的矛盾长期存在。而在金融科技迅猛发展的情势下,该业态与生俱来的更具传染性、极易产生系统性风险之特征,更是激化了这一矛盾。

毕竟,在金融科技的运作框架中,各类金融服务不断渗透趋同,机构之间的界限将被逐步打破;金融科技基于"规模效应""尾部效应""网络效应""范围效应"的极速成长,更是使风险突破了地域限制,将促成金融风险表现出极速传染的特征;多部门、多领域参与以及跨行业、跨领域金融产品相互交错,形成的庞大共生体系在风险暴露的情形下,短时间内便可能迅速演变为大规模的系统性风险。① 金融监管沙盒制度缓解金融科技此类风险特征的优势表现为,将金融科技创新放置于真实的市场环境中测试,监管沙盒各类安全防控和风险隔离措施会及时切断多样化的传染路径,免去产生系统性风险的后顾之忧。与此同时,各国(地区)监管沙盒普遍存在的,对跨界金融创新实施共同监测的模式,无疑也促成了监管部门之间互动型关系的型构,能够极大地缓解分业监管和混业经营之间的矛盾。

总体来看,监管沙盒运作过程中监管者与被监管者存在对具体参数、结

---

① 参见徐忠、孙国峰、姚前主编:《金融科技:发展趋势与监管》,中国金融出版社 2017 年版,第 317~318 页。

果测量、实施范围、消费者保护措施、减免规则、正式执照申请等贯穿沙盒测试事前、事中、事后的信息交流。这一方面能够加深监管者对金融创新的深度了解,把握业界创新趋势和潜在风险;另一方面也能促成被监管者对监管部门监管态度和具体监管规则的深层次了解,并对监管环境形成较为确定的预期。此种平等的交流模式,显然是对我国以往自上而下的"命令—控制"型监管方式的直接突破。

(二)推动我国金融消费者保护理念和方式的变革

从某种程度而言,在美国监管当局对金融消费者利益保护的忽略以及放任金融机构不顾风险地开展金融创新的监管态度的诱导下,次贷危机才最终爆发。① 由此,对金融消费者保护架构的完善,成为 2008 年国际金融危机之后各国监管改革的重中之重。我国自然也在此时对金融消费者的保护机制进行了变革;特别是当金融科技在发展"长尾客户"的同时带来"长尾风险",刺激金融创新的同时规避了监管,在降低交易成本的同时加大了金融风险的传导性,并极大地缩短了系统性风险扩散的时空距离的境况下,这种改革便显得更加迫切。具体的变革可以包含以下两个方面的内容:

一方面,颁布《关于做好保险消费者权益保护工作的通知》《保险消费者投诉处理管理办法》《银行业消费者权益保护工作指引》《关于加强金融消费者权益保护工作的指导意见》《中国人民银行金融消费者权益保护实施办法》等规范性文件,充实由《中国人民银行法》《证券法》《保险法》《消费者权益保护法》等基本法律以及中国人民银行、银保监会、证监会的规章制度两个层面构成的金融消费者权益保护法律框架;并通过倾斜性权义安排、客户投诉管理、消费者教育、客户信息安全以及多元化纠纷解决方式等方面的制度修订与机制架构进行具体完善。

另一方面,在各监管部门内部设立金融消费者保护机构,专司对其的权益保护。包括在证监会设立投资者保护局,负责证券领域的消费者具体保护工作;在原保监会设立保险消费者权益保护局,负责保险领域的消费者权

① See Shadab, Houman B, "Counterparty Regulation and Its Limits: The Evolution of the Credit Default Swaps Market", *New York Law School Law Review*, Vol. 54, No. 3, 2009, pp. 689 - 705.

益保护;在原银监会成立消费者保护局,负责银行领域内的消费者保护具体工作;在中国人民银行设立金融消费者权益保护局,承担人民银行职责范围内的消费者保护具体工作。以此完善以往由消费者协会为主体牵头的金融消费者保护模式。

但值得注意的是,这一轮改革中的大部分保护措施并未脱离"事前的倾斜性权义配置和事后的权益救济"这一常规保护范式的窠臼。虽然从文本上看,该保护模式通过加重卖方义务以扩大买方权利的方式从形式上矫正了双方的强弱势对比,平衡了两者的地位,但却遭遇了现实的滑铁卢。此种制度上的权义分配,并不代表处于天然弱者地位的金融消费者,拥有行使这些权利和敦促交易对手履行相关义务的能力。实践对此的扭曲则进一步加重了金融发展福利的分配不均,难以形成"金融发展缩小收入不平等差距"的状态。至于事后的权益救济机制,且不谈其制度和运作是否完善,仅仅是"事后救济"这一表述,便表明其是一种滞后性的补偿,对提升金融消费者能力和使之在金融发展中获取利益的作用有限。

这些现象的主要原因集中表现在金融消费者利益诉求的表达不畅和博弈能力的缺失,从而导致监管制度长期以来在安全与效率间的徘徊、偶然的偏在和遗忘金融公平之上。具体而言,当金融风险逼近或发生时,监管部门往往会采取稳健的方式以保证经济安全;而理性人思维影响下的监管部门为了追求经济的增长,在风险远离时必然会偏重使用激进的金融工具来追求效率。此时,持有资本的金融机构在逐利天性的影响下对监管部门的游说以便形成对其有益的监管环境的行为,也为体现效率优先的金融监管工具的选用增添了砝码。在这个过程中,作为一个没有决策权且没有足够的能力对决策者产生影响的弱势群体,金融消费者虽然是金融活动的重要参与者,但却似乎被排除在博弈的局中人之外。由此,最终的金融监管工具往往呈现"安全至上"或"效率至上"的倾向,遗忘对金融消费者的公平保证。在后危机时代以金融与科技的深入融合作为主要金融创新的境况下,越发虚拟化、复杂化、专业化的创新产品和服务,将使金融消费者对其更加一无所知。

金融监管沙盒制度所体现的对金融消费者保护理念的优化扩充与机制的针对性安排,将从三个方面实现对金融消费者的权益保障:第一,金融消费者的保护措施在监管沙盒的准入、运作、退出整个流程中被特别强调，沙盒主管部门将会与受测主体在试验开始之前就测试中的消费者权益保护措施进行有针对性的协商和安排，这有助于沙盒专管部门将更优的保护方式延伸至沙盒外的市场。第二，金融消费者对沙盒测试的参与，能够促成其对金融创新趋势的了解，不至于在金融科技时代成为"两眼一抹黑的待宰羔羊"。第三，已经实施监管沙盒制度的国家（地区），大都将通过沙盒测试识别真正对消费者有益的金融创新作为其主要目标之一。由此，金融监管沙盒制度的构建，对我国从理念和方式上实现在金融科技时代对金融消费者权益的更优保护无疑具有重要意义。

二、我国构建金融监管沙盒制度的可行性分析

（一）监管思路的转变——柔性监管的运用

金融监管素以刚性的面目出现，金融监管法体现出法规范的国家性、法逻辑的对抗性和法秩序的强制性，金融监管机构与全能政府联姻形成了以法控制社会的管理法，与夜警国家联姻产生了以法控制国家的控权法。[①] 长期以来的此种态势与逻辑，产生了一种在面对新生事物之时，由权力部门通过修改法律的方式来推动制度变革，以促成或限制其发展的当然思路。也即在某一领域缺乏法律规范、存在严重问题或者出现利益冲突的情况下，人们普遍将走出困境的希望寄托在那种自上而下的立法途径上：以为只要立法机关确立了某种新的制度框架，作出了新的制度安排，那么社会生活中存在的难题、矛盾和冲突就会自动得到解决。但值得注意的是，立法决策者或许可以通过"修律"来发动起一场"变法"运动，却不一定能够保证"变法"运动的最终成功。[②]

诚然，从我国金融行业与信息技术结合的历史来看，前述自上而下的强制性思路，在2005年之前的金融电子化与金融信息化时期，对于推动电子技术和数据库技术在我国金融行业的普及发挥了重要作用。毕竟，当时我

---

① 参见冯果、袁康：《社会变迁视野下的金融法理论与实践》，北京大学出版社2013年版，第343页。

② 参见陈瑞华：《制度变革中的立法推动主义——以律师法实施问题为范例的分析》，载《政法论坛》2010年第1期。

国的金融行业开放程度较低，以银行业为核心的金融行业并无太多进行自身变革的动力，金融领域的电子化和信息化改造更多是基于监管便利化和客户体验的考量，对金融机构“固有蛋糕”的扩大效应并不明显，故而需要自上而下的“被动”推广和改造。而随着我国金融领域的不断开放，信息与计算机技术和金融的深度融合，大数据、区块链等新兴技术从商业模式和业务边界上对传统金融市场进行了颠覆性变革，产生了“鲇鱼效应”。传统金融机构开始主动拥抱金融科技；在新兴金融科技公司等主体的推波助澜之下，金融创新层出不穷并与风险共存。① 此时，再沿用前述规制思路无疑显得有些不合时宜，一种被称为“柔性监管”的规制思路应运而出并迅速风行。

柔性监管是一种与命令控制色彩浓厚的传统监管相对应的新型监管模式，具有权力中心多元、重协调与互动、重过程等基本特点。从监管方式上看，其十分注重监管的灵活性、柔软性（非强制性），主要通过协商、激励、指导、自我监管、数据监测、信息披露、窗口指导、约谈等软性方式的运用来提高监管的实效。② 事实上，我国在互联网金融时期的监管便很好地体现了柔性监管的思路，其与监管沙盒有着十分相近的治理逻辑，主要体现在以下两个方面：

一是对互联网金融“先发展后规范”监管思路的践行，以及“鼓励创新与加强监管”并重方针的强调。2013 年被称为我国的“互联网金融元年”，以此为界点，互联网金融各业态开始野蛮增长。数据显示，我国 2013 ~ 2014 年的网络替代金融成交量从 55.6 亿美元增长到了 243 亿美元，年增长率为 337%；2014 ~ 2015 年，报告成交量继续增长了 319%，达到了 1016.9

---

① 此处参考了刘志坚等人的对我国金融科技发展历程的分类。他们认为我国的金融科技历程可以分为四个阶段：一是 20 世纪下半叶的金融电子化时期，我国金融行业开始探索电子技术在银行业务中的应用，提高服务效率和业务的自动化水平；二是 2001 ~ 2005 年的金融信息化时期，我国金融机构开始注重数据库技术的应用，利用其将银行业务数据集中汇总，提升服务和管理水平；三是 2006 年之后的互联网金融时期，金融机构移动互联网技术和业务深入融合，出现网络化发展趋势；四是 2013 年以来的金融科技时期，我国积极促进大数据、云计算、区块链、移动互联网等新一代信息技术在金融行业中的应用，极大地提升了金融效率并改善了金融服务。参见刘志坚主编、京东金融研究院编著：《2017 年金融科技报告：行业发展与法律前沿》，法律出版社 2017 年版，第 12 页。

② 参见蒋建湘、李沫：《治理理念下的柔性监管论》，载《法学》2013 年第 10 期。

亿美元。[①] 但监管部门并未第一时间就出台规则对其进行管控；直到2015年7月和2016年4月，才陆续发布了《关于促进互联网金融健康发展的指导意见》和《互联网金融风险整治方案》对其进行规制。在具体的路径上，则明确指出要"通过鼓励创新和加强监管相互支撑，促进互联网金融健康发展"，遵循"依法监管、适度监管、分类监管、协同监管、创新监管"的原则和"鼓励创新、防范风险、趋利避害、健康发展"的总体要求来进行监管。无疑，此种体现柔性监管思维的"先发展后规范"的思路、提供试错机会的模式以及鼓励创新与加强监管并重的要求，与金融监管沙盒制度在限定范围内进行试错以平衡创新与风险的方式十分相近，为其在我国的构建与发展提供了监管思路上的"温床"。

二是协商性监管平台的搭建。监管部门与创新主体之间的"命令—控制"型监管促成了两者的对立，不利于金融科技的良性发展。此时，一种排除自上而下的阶层关系，充分尊重相关主体的权利义务，注重监管的合作与交流的互动型监管关系便成为更优的选择。这同样是监管沙盒平等博弈和充分交流的内在要求。当前，我国在这方面已经有所实践。典型如由中国人民银行牵头组建的互联网金融协会，旨在对互联网金融行业进行自律管理，同时承担着协调会员之间、协会及其会员与政府之间的关系等任务，其成立以来发布的各类自律规则和相关报告均是监管部门和行业主体共同参与的结果。

（二）体制的兼容性——协调性监管框架的出现

正如前文所言，随着金融与科技的深度融合，大数据、分布式账本、云计算等数字化、智能化技术，在金融行业的混业经营已成定局的趋势下，更加模糊了各金融子行业的界限，使传统金融风险和科技风险叠加，并更具时间和空间的传染性。这无疑对我国当前的分业监管体制和不完善的监管协调机制提出了重大挑战，监管真空、监管重叠、监管俘获和监管套利等问题日益凸显，再度激化了混业经营和分业监管的制度性错配矛盾。长期以来，我

---

① 参见剑桥大学新兴金融中心、清华大学深圳研究生院、悉尼大学商学院：《驾驭潜能——亚太地区网络替代金融基准报告》，载 https://assets.kpmg.com/content/dam/kpmg/pdf/2016/03/harnessing-potential-asia-pacific-alternative-finance-benchmarking-report-march-2016-c.pdf，最后访问日期：2018年12月6日。

国都在为缓解这一矛盾进行努力。

例如,国务院于2013年8月批复同意组建由中国人民银行牵头,中国证监会、中国银监会、中国保监会和外汇局共同参与的金融监管协调部际联席会议,该会议在必要时可以邀请国家发改委、财政部等有关部门参加;①2015年7月的《关于促进互联网金融健康发展的指导意见》明确指出,各监管部门要在分类监管的基础上相互协作,充分发挥监管协调部际联席会议的作用,并实现统计数据和监管信息共享;2017年7月召开的第五次全国金融工作会议指出,应当加强金融监管协调、补齐监管短板,要求建立一个独立的、高级别的、有实体机构的金融稳定发展委员会,来统筹金融发展和监管协调的问题,该委员会于2017年11月正式成立,其职责包括落实党中央和国务院关于金融工作的决策部署,统筹金融改革发展与监管,协调货币政策与金融监管相关事项,统筹协调金融监管重大事项,协调金融政策与相关财政政策、产业政策等;②在2018年3月党的十九届三中全会通过的《深化党和国家机构改革方案》中,银监会和保监会被合并为"中国银行保险监督管理委员会",这一变革正是为了解决现行体制存在的监管职责不清晰、交叉监管和监管空白等问题,逐步建立符合现代金融特点、统筹协调监管、有力有效的现代金融监管框架。③

无疑,我国近年来的此类监管体制改革,一方面契合了当前金融混业经营的趋势,另一方面也体现了监管沙盒内含的监管部门间互动型关系的要求。

(三)规则的合法性——试点性法律法规的实践

正如本书第一章所言,我国自由贸易园区概念体系下的保税区、经济特区、出口加工区、保税港、经济技术开发区、自由贸易试验区、自由贸易港等特殊区域,以及在特定的地域、政府部门或企事业单位所进行的局部性政策

---

① 参见本刊编辑部:《十八大以来的金融发展》,载《中国金融》2017年第20期。

② 参见中国政府网:《全国金融工作会议在京召开》,载 http://www.gov.cn/xinwen/2017-07/15/content_5210774.htm,最后访问日期:2018年12月6日;中国政府网:《国务院金融稳定发展委员会成立并召开第一次会议》,载 http://www.gov.cn/guowuyuan/2017-11/08/content_5238161.htm,最后访问日期:2018年12月6日。

③ 参见王勇:《关于国务院机构改革方案的说明》,载 http://www.gov.cn/guowuyuan/2018-03/14/content_5273856.htm,最后访问日期:2018年12月6日。

探索测试之"试点"模式,与金融监管沙盒有着类似的"特定性"或"试验性(探索性)"之内在逻辑,其模式都是在特定的范围内实施特殊的监管措施,内蕴着缓解新的现实与既定法律之间矛盾的思维进路。

以自由贸易试验区为例,自2013年上海自贸区成立以来,我国以"暂停相关法律实施"为基础的自贸区,已经形成由点到线再到面的格局,成为先行先试的典范。虽然一些学者对国务院是否有权设立自贸区、是否有权暂停法律实施以及自贸区的行政地位等问题颇有微词,但实际上我国《宪法》第62条、第67条和第89条已经为其提供了答案。同时,突破既有模式或规则或做法,显然是改革的题中应有之义;所谓的试验,也不是恣意妄为,而是在遵循合法规则的前提下的大胆创新。[①] 且就目前各大自贸区制定的相关规则而言,也并无逾越立法等级之樊篱的情况出现。从本质上看,金融监管沙盒制度与我国的自贸区有着异曲同工之妙。前者是由监管部门运用其豁免权放宽法律对创新主体的适用,从而在限定的范围内进行测试;后者则是通过对现有规则的变通执行,实现在特定区域内的先行先试。两者共同遵循的原则都是不与现有法律框架冲突和在法律的授权范围之内。例如,英国、澳大利亚等均对其豁免方式所适用的产品、超出主管机关权限范围外的协调等内容进行了反复强调。

由此我们可以看到,无论是我国自由贸易园区概念体系下的各类特殊监管区域,还是长期以来的"试点项目"实践,都为金融监管沙盒制度及其相关豁免方式的合法性,提供了很好的现实基础,在制度上为其顺利落地扫清了障碍。

第二节　我国金融监管沙盒制度的基础性制度设计

一、我国金融监管沙盒制度基本理念的塑造

法律理念,是指人们在法律实践中通过理性能力所把握到的法的内在精神和普遍范型,涵括了法律的本质、本源、运行、本位、精神、目的、价值、

① 参见沈国明:《法治创新:建设上海自贸区的基础要求》,载《东方法学》2013年第6期。

方法等多个要素，需要人们在现实的法律生活中加以认识、体验、遵循和实现。① 法律理念有助于人类认识隐藏在其使用的法律工具背后的思想，正确地运用周延的态度审查法律问题，避免在立法、司法、执法和守法中作出流于偏执的、武断的结论。② 由此，在构建我国的金融监管沙盒制度之前，对其内蕴的基本理念进行明晰就显得非常必要。这将使人们在正确认知和完全把握金融监管沙盒制度的本质与内在精神的基础上，在其具体的制度架构中打上这一烙印，促成人们在实践中的良善施行，实现应然、实然与实效的统一。根据前文对样本国家（地区）金融监管沙盒制度的文本架构和具体实践的分析，笔者认为，应当将金融监管沙盒制度的基本理念确定为"包容性监管理念"。

包容性监管，指的是金融监管机构的监管态度应该是开放的、兼容并包的。通过金融监管所要达致的目的，除学界公认的保护投资者的利益、维护金融市场的秩序外，还应包括促进金融发展成果的公平合理分享——让金融发展的成果惠及各种所有制的经济体，惠及不同地域的人群。③ 其改善了传统监管体制下监管政策法规的过度刚性及强制性、监管工具措施单一滞后、监管效果评估片面强调金融安全而忽视金融效率和金融公平的监管格局，更加突出监管制度环境的营造、监管执行中监管机构的协调联动以及监管政策效果的综合评判；④内蕴着强调金融环境、金融主体等差异性因素，并注重其与监管互动，倡导激励和监管相容，实现公正效率统一的差异化监管理念；立基于底线思维，实现金融安全与金融效率动态平衡的适度监管理念；倡导软性监管和多主体共参共治模式下，监管规则自下而上成型路径的柔性监管理念，等等。由此，包容性监管理念在金融监管沙盒制度中可以解释为：以开放性和包容性的态度对待金融创新，通过对内嵌于真实市场特殊区块的不同监管方式，满足各类主体的差异化监管需求，在坚守底线原

---

① 参见李昌麒主编：《经济法理念研究》，法律出版社 2009 年版，第 18 页。

② 参见李双元、蒋新苗、蒋茂凝：《中国法律理念的现代化》，载《法学研究》1996 年第 3 期。

③ 参见田春雷：《金融资源公平配置与金融监管制度的完善》，载《法学杂志》2012 年第 4 期。

④ 参见孟娜娜、蔺鹏：《监管沙盒机制与我国金融科技创新的适配性研究——基于包容性监管视角》，载《南方金融》2018 年第 1 期。

则的基础上,促成利益相关主体对金融市场的共参共治,实现金融公平、金融安全与金融效率的动态平衡以及各利益相关主体的良性互动和关系协调。其与公共治理领域的治理理念和由之延伸到金融领域的监管治理理念以及实验主义治理理论有着深厚的内在统一性,并表现在监管沙盒具体的制度架构当中。

随着治理理念的兴起,一种"各种公或私的个人和机构管理其共同事务的诸多方式的总和,对相互冲突或不同利益予以调和并采取联合行动的持续过程"[①]的治理形态,开始见诸国际和国内层面。而良好的治理("善治")的评判标准则可以包括共同参与(participation)、厉行法治(rule of law)、决策透明(transparency)、及时回应(responsiveness)、达成共识(consensus oriented)、平等和包容(equity and inclusiveness)、实效和效率(effectiveness and efficiency)以及问责(accountability)。[②] 其延伸到金融领域,便发展成为一种被称为"金融监管治理"的模式,即"采取良好的金融监管机构治理措施、监管环境的优化以及采用适当的监管设计工具制定和实施监管政策等做法,共同保证监管政策达到监管目标的一系列治理制度安排"。[③] 而"监管机构的独立性、负责和尽职性、透明度、监管人员的正直诚实品质(操守)",[④]则成为良好监管治理的四个基本标准。包容性监管理念体现出一种公共治理观,强调监管的参与性和民主性,注重监管的透明性与可问责性;其迎合了从干预主义到监管治理的金融监管新趋势,破解了片面强调金融安全而忽视金融公平的监管范式危机。[⑤] 金融监管沙盒制度中的包容性理念无疑也具备这一特质。一方面,其强调利益相关者对金融创新的共参共治,注重在平等的基础上,对有着时间和空间限制的特殊监管规

---

① The Commission on Global Governance, *Our Global Neighborhood: The Report of the Commission on Global Governance*, Oxford and New York: Oxford University Press, 1995.

② United Nations Economic and Social Commission for Asia and the Pacific, "What Is Good Governance?" http://www.unescap.org/resources/what-good-governance, 2018-12-07.

③ 王国跃、杜征征:《金融监管治理进展研究》,载《中央财经大学学报》2008 年第 9 期。

④ Udaibir S Das, Marc Quintyn, "Crisis Prevention and Crisis Management: The Role of Regulatory Governnce", *IMF Working Paper*, WP/01/163, September 2002.

⑤ 参见冯果、李安安:《包容性监管理念的提出及其正当性分析——以农村金融监管为中心》,载《江淮论坛》2013 年第 1 期。

则、消费者保护规则以及金融创新产品各项参数的协商和制定；另一方面，通过试验性的测试方式和风险隔离与控制措施的设置，实现在安全前提下对真正金融创新的鼓励而非基于安全的考量将之抹杀，从而达成平衡金融安全、金融公平、金融效率的应然监管目标。

实验主义治理理论最早是由哥伦比亚大学法学院教授查尔斯·萨贝尔(Charles Sabel)和阿姆斯特丹大学公共政策教授乔纳森·蔡特林(Jonathan Zeitlin)从欧盟的实践当中提炼而来。《牛津治理手册》对其进行了专章介绍，指出“实验主义治理理论”是一种递归的过程，即“通过对不同条件下达成目标的路径进行对比和学习，以寻求临时性的目标设定和路径修正”。[①]其内蕴着两个特有理念：一是决策主体的多元化，赋予除了传统决策机关外的个人或集体可以松动或挑战当前已经存在和实践的制度的权利和能力。[②] 二是决策过程的“开放式协作方法”(the open method of coordination, OMC)，即一个去中心化的政策规划，中央机关作为一个政策的中转平台而非最终的决策机构而存在，目的在于协调和促成地方之间的实践与交流并推广优化的经验。[③] 金融监管沙盒制度的包容性理念显然也在一定程度上反映了这两种特质。具体而言，内嵌于真实市场中特殊区块的监管减免措施将由监管者和被监管者协商完成，在限定的范围内“赋予”了被监管者突破现有规则，并向监管者传达更优的监管措施和理念的渠道，使之在合适的时间向限定范围外推广优化的经验。

二、我国金融监管沙盒制度根本目的的明确

长期以来，人们一直认为有关法律目的(有关社会控制的目的以及作为社会控制之一种形式的法律秩序的目的)以及从这种法律目的来看法律律令应当是什么的哲学观、政治观、经济观和伦理观，是法官、法学家和法

① Charles F. Sabel, Jonathan Zeitlin, “Experimentalist Governance”, in David Levi-Faur(ed), *Oxford Handbook of Governance*, Oxford: Oxford University Press, 2012, pp. 169 – 183.

② See Charles F. Sabel, William H. Simon, “Destabilization Rights: How Public Law Litigation Succeeds”, *Harvard Law Review*, Vol. 117, No. 4, 2004, pp. 1015 – 1101.

③ See Erika Szyszczak, “Experimental Governance: The Open Method of Coordination”, *European Law Journal*, Vol. 12, No. 4, 2006, pp. 486 – 502.

律制定者工作中的一个具有头等重要意义的要素。[①] 而目的法学派的创始人耶林则作出了更为直接的论述："目的是全部法律的创造者。每条法律规则的产生都出于一种目的,即一种实际的动机"。[②] 金融监管沙盒制度之所以被称为"里程碑式"的监管创新,并受到世界范围内的追捧,一个关键性的因素就在于,其在金融科技时代很好地解答了长久以来一直困扰各国(地区)监管部门"如何缓解监管与创新之间的关系"这一金融发展过程中的永恒议题。围绕这一效用,各国(地区)对其金融监管沙盒制度的目的进行了不同的阐述。

例如,英国 FCA 指出,为了提升消费者的利益,致力于构建良善的监管环境来促进金融服务的发展和有效竞争,金融监管沙盒制度以其减少将创新产品或服务推向市场的潜在成本、为创新主体提供更大的融资机会、促成更多贴合市场的创新产品或服务进行测试并被引入市场、FCA 和创新主体合作确保适当的消费者保护措施在沙盒测试以及进入市场之前被构建等潜在优势,成为实现前述目的的重要方式;[③]新加坡 MAS 认为,金融监管沙盒制度能够鼓励在明确的空间和期限内推进金融科技的试点工作,促成在金融领域更多创新和安全技术的运用,推动新加坡向智能金融中心转型,从而提高运行效率、更好地管理风险、创造新的机会以及改善新加坡人民的生活;[④]澳大利亚 ASIC 致力于鼓励和促进金融服务和信贷方面的创新,因为这可能会给投资者和消费者带来良好的结果,金融监管沙盒制度允许金融科技企业在获得完全的金融服务许可证或信贷服务许可证之前,测试其创新产品和服务,缓解已被认识到的"进入市场的速度""资本的获取""良好的组织能力"三个创新障碍,并且为创新主体提供更多机会获得投资,从而

---

① 参见[美]罗斯科·庞德:《法理学》(第 1 卷),邓正来译,中国政法大学出版社 2004 年版,第 367 ~368 页。

② 竺效:《论经济法之法律目的》,载《西南政法大学学报》2002 年第 3 期。

③ See FCA,"Regulation Sandbox",https://www.fca.org.uk/publication/research/regulatory-sandbox.pdf,2018 -12 -09.

④ See MAS,"Fintech Regulatory Sandbox Guidelines",http://www.mas.gov.sg/~/media/Smart%20Financial%20Centre/Sandbox/FinTech%20Regulatory%20Sandbox%20Guidelines%2019Feb2018.pdf,2018 -12 -09.

满足遵守法律的成本；[①]中国香港金融管理局在面对金融科技的迅猛发展之时认为，让受认可的机构在正式推出其创新产品或服务之前，进行测试的弹性监管安排，能够使之在受控环境中收集真实的数据和客户意见，从而对其产品或服务作出适当修改；[②]中国香港证监会则指出，如果创新企业真诚和认真地利用金融科技从事相关活动，则可能为投资者带来更多和更优质的服务，并令香港的金融服务业受惠；[③]中国香港保监局不仅认为监管沙盒能够使保险公司在新的保险科技产品正式进入市场前，在受控的环境中获得市场数据和用户体验信息，为保险业界带来好处，同时能够提供资料让保监局根据保险业界的最新科技应用发展情况，及时修订监管规定；[④]马来西亚 BNM 从金融科技推动新业务模式和解决方法的产生、有助于提升顾客价值和金融机构的风险管理经验的效用出发，认为金融监管沙盒制度能够通过在一个有着特定参数和时间的生活场景中部署和测试金融科技的方式，来帮助 BNM 审查和调整可能无意中抑制创新或使其失效的监管要求或程序，促进马来西亚金融科技的发展，[⑤]等等。

总体来看，各国(地区)在阐释其金融监管沙盒制度的目的之时，大抵离不开以下三个要素：一是在防控风险的前提下促进本国(地区)金融科技的发展；二是改善本国(地区)的金融监管环境；三是提供更好的消费者权益保护方式和改善人们的生活。但在具体的表述中却也有着不同的侧重点，有的国家(地区)只说明了一种目的，如中国香港金融管理局和中国香港证监会的规定；有的国家(地区)则规定了两种，如澳大利亚 ASIC 的规

---

① See ASIC，"Regulatory Guide 257：Testing Fintech Products and Services without holding an AFS or Credit Licence"，http://download. asic. gov. au/media/4160999/rg257 - published - 24 - february - 2017. pdf，2018 - 12 - 09.

② 参见香港金融管理局：《金融科技监管沙盒》，载 https://www. hkma. gov. hk/media/chi/doc/key-information/guidelines-and-circular/2016/20160906c1. pdf，最后访问日期：2018 年 12 月 9 日。

③ 参见香港证券及期货事务监察委员会：《香港证监会监管沙盒》，载 https://www. sfc. hk/web/TC/sfc-fintech-contact-point/sfc-regulatory-sandbox. html，最后访问日期：2018 年 12 月 9 日。

④ 参见香港保监局：《香港保险科技监管沙盒》，载 https://www. ia. org. hk/tc/aboutus/insurtech_corner. html，最后访问日期：2018 年 12 月 9 日。

⑤ See BNM，"Financial Technology Regulatory Sandbox Framework"，http://www. bnm. gov. my/index. php? ch = 57&pg = 137&ac = 533&bb = file，2018 - 12 - 09.

定;也有的国家(地区)三者兼备,如英国 FCA 和新加坡 MAS 的规定。

在金融市场逐步开放、金融科技发展强劲且日益精细化、复杂化、智能化、"长尾市场"被深度挖掘等因素的共同影响下,金融科技的价值和风险无疑都将在我国急速放大。为了更好地减轻其风险影响,促进其价值发挥,改善监管环境与措施,优化消费者权益保护的方式,金融监管沙盒制度在我国的引入无疑极为必要。由此,结合各国(地区)对其金融监管沙盒制度的目的表述,笔者认为,可以将我国金融监管沙盒制度的根本目的确定为:营造良好的监管环境,在控制风险的前提下以最小的成本最大限度地促进真正的金融科技良善发展,完善监管规则,促成对消费者权益的更优保护,提升人民的福利。

三、我国金融监管沙盒制度具体原则的设定

法律原则是法律的基础性真理、原理,或是为其他法律要素提供基础或本源的综合性原理或出发点。[①] 其特点在于,不预设任何确定的、具体的事实状态,没有规定具体的权利和义务,更没有规定确定的法律后果,但却指导和协调着全部社会关系或某一领域的社会关系的法律调整机制。[②] 法律原则与法律规则的区别在于,当构成要件实现时,两者的法律效果是表现为"初期具有可行性,但可以因为其他原因,推翻其可行性"的初显性特征,还是"法律效果将被确定的适用,且无其他理由推翻"的确定性特征。毕竟原则和规则在构成要件上都具有初显性,而在法律效果上,规则有着确定性特征,但原则仍然是初显性的。[③] 作为一种新兴的金融监管制度,对其具体原则的明晰无疑有助于我们对该领域关系的良善协调,并在出现具体规则适用交叉或矛盾、难以确定性地适用规则解决实践问题之时,给予其出于立法本意的准确指导。结合样本国家(地区)的文本和实践,笔者认为我国金融监管沙盒制度的原则应当至少包括以下七项:

一是合法性原则。无论是内嵌于真实市场的沙盒空间之设置,还是豁

---

① 张文显主编:《法理学》(第4版),高等教育出版社、北京大学出版社2011年版,第74页。

② 参见张文显:《法哲学通论》,辽宁人民出版社2009年版,第213页。

③ 参见李鑫:《法律原则适用的方法模式研究》,中国政法大学出版社2014年版,第35～36页。

免方式的具体运用,事实上都将出现对原有监管规则的突破,极易造成规则的合法性问题,故而在金融监管沙盒制度中秉持合法性原则十分必要。具体而言,应当包括主体合法、程序合法与内容合法三个方面:主体合法是指金融监管沙盒制度的立法或实施主体,应当是具备监管立法或实施权力的合格主体,并且具有相应的豁免权限;程序合法是指设立金融监管沙盒制度的整个过程,应当遵循我国设立相应位阶规范性制度的程序;内容合法则是指金融监管沙盒制度的具体规则,是否与宪法及其上位法的宗旨、精神、基本原则或条文相冲突或不一致。

二是透明性原则。正如本书第三章所言,日趋复杂化、精细化、智能化的金融科技创新,极易使将之作为主要测试对象的金融监管沙盒制度出现信息不对称的状态,进而产生逆向选择和道德风险。政府理性人的特质带来的逐利倾向和创新主体潜在的“俘获”行为,又加大了沙盒变“黑箱”的可能,透明度的维持成为金融监管沙盒制度的重要内容。由此,透明性原则无疑应当成为金融监管沙盒制度所要坚持的原则之一:其不仅要求相关信息的公开、准确与可得,而且还应当促成相关主体对所获取信息的正确理解。

三是平衡性原则。金融监管沙盒制度的平衡性原则主要包括两个面向。一方面,其应当保证金融公平、金融安全、金融效率之间的平衡。毕竟“过分地追求金融安全,可能会导致‘金融抑制’的现象出现,即损害了金融自由,从而影响到金融市场的效率;过分地追求金融自由能够提高金融市场的效率,但可能会对金融安全与金融公平造成负面影响,从而出现金融危机或‘金融排斥’现象;过分地追求金融公平,又有可能损害金融市场的效率以及金融市场主体的自主权,造成金融效率的负面影响”。[①] 另一方面,其需要实现监管部门、金融创新主体和消费者之间的权利(力)义务的平衡:三者不仅应当处于一个平等协商的状态,其权能也应当通过权利(力)义务的重置来实现平衡。具体而言,监管部门不当的强制性权力需要受到限制;创新主体的逐利本性和信息优势方的地位应当予以弱化和平衡;而消费者的非理性行为也应当被遏制,同时提升其博弈能力。

四是协调性原则。无疑,早已成定局的混业经营对我国分业监管的框

① 朱崇实、刘志云主编:《金融法教程》(第4版),法律出版社2017年版,第18页。

架提出了协调性的要求，金融科技促成的金融产品或服务的无界化，更是强化了其必要性和紧迫性。这在金融监管沙盒制度中也不例外，协调性原则的设立成为必然。具体而言，应当包括在面对跨界金融创新产品或服务的测试之时，不同部门之间具体测试方案的商议和豁免权限的协调，以及具体规则与相关的同位法、配套规范性文件、其他公共政策之间的协调。

五是安全性原则。鉴于金融体系的内生脆弱性、金融科技时代金融风险的极速传染性、尚未满足完全监管条件的金融创新产品或服务风险的潜在性等因素，内嵌于真实市场的监管沙盒无疑应当秉持安全性原则，不仅要预防沙盒内部风险的触发，更要阻断风险向沙盒外部扩散的传染路径。

六是效率性原则。效率具体到金融领域是指，以尽可能低的成本将有限的金融资源进行最优配置，进而实现最有效的利用。英国 FCA 设计金融监管沙盒制度最重要的目的之一，便是要促成本国金融科技创新的良善发展，故而效率原则应当成为其秉持的原则之一。从成本收益的角度看，监管部门、创新主体和消费者都希望能够以最小的成本获取最大的收益。具体而言，监管部门希望以最小的监管成本实现金融创新与风险的平衡；金融创新主体希望能以最少的生产投入获得最大的市场收益；而消费者则希望能够在保证资金安全的前提下，获取最优的金融产品与收益。

七是公平性原则。虽然金融监管沙盒制度具有参与性的特征，注重平等基础上的协商，但其归根结底仍然是政府主导下的监管方式，政府的缺陷依然有可能存在。特别是在准入过程中的审核、退出过程中的评判以及退出后正式牌照的颁发等方面，极易产生不公平的现象。由此，金融监管沙盒制度应当秉持公平性原则，在对所有合格主体一视同仁的基础上，严格按照既定的程序运作。

四、我国金融监管沙盒制度权力主体的安排

无疑，对权力主体的明晰和具体规则的构建，是金融监管沙盒制度运行的起点，目前已经设立该制度的国家（地区）均根据自身的监管体制、具体机构的职责与权限范围安排了权力主体。具体而言，金融监管沙盒制度的权力主体可以包含立法主体和执法主体两类；两者既可以是同一机构，也可以依其职能分野。从实践来看，立法主体和执法主体的统一成为大多数国

家(地区)的选择。例如,澳大利亚的金融监管沙盒制度,就由负责对金融市场,以及综合性金融公司、金融服务和消费信贷等具体金融行为进行监管的 ASIC 颁布具体的监管指南,并负责实施;集中央银行职能和具体监管职能于一体的 MAS,负责新加坡金融监管沙盒制度规范性文件的颁布和具体实施;作为监管沙盒首倡国的英国的情况较为特殊,虽然其金融监管沙盒制度的提出机关和实施机关,均是主要负责金融行业的行为监管与消费者权益保护的 FCA,但迄今为止的实施依据依然还是一份由 FCA 向财政部递交的《监管沙盒》可行性和实用性报告,并无明确的规范性文件进行规定。此外,鉴于混业经营的早已成势,金融科技时代创新产品或服务界限更加模糊,金融监管沙盒制度在面对跨界产品时,各监管部门的沟通与协调机制也成为实施分业监管国家(地区)的共同选择,前文已经对此阐释颇多,在此不再赘述。

总体而言,对金融监管沙盒制度采取立法和执法主体相统一,并由这一单一主体颁布具体规则的模式,有着立法程序简便、立法原意和目的更加明晰、规则更为贴合的优势,但也极易造成实施分业监管体制国家(地区)出现协调不畅与豁免范围有限等问题。而立法和执法主体分野的模式虽然在立法的程序上较为复杂和冗长,但却能使之更具权威、合法性与强制力,促成分业监管体制下各部门的协调合作,并扩大豁免范围。

随着 2017 年 7 月全国金融工作会议上提出的,注重金融监管宏观层面统筹与协调的金融稳定发展委员会的建立,会后各地金融监管局的挂牌成立,以及 2018 年银行业监督管理委员会和保险业监督管理委员会的合并,我国整体上形成了“一委一行两会 + 地方金融监管局”的金融监管架构。具体而言,金融稳定发展委员会是国务院统筹协调金融稳定和改革发展重大问题的议事协调机构,其职责包括落实党中央、国务院关于金融工作的决策部署,审议金融业改革发展重大规划,统筹金融改革发展与监管,协调货币政策与金融监管相关事项,统筹协调金融监管重大事项,协调金融政策与相关财政政策、产业政策,等等。① 同时,金融稳定发展委员会定期召开全

① 参见中国政府网:《国务院金融稳定发展委员会成立并召开第一次会议》,载 http://www.gov.cn/guowuyuan/2017-11/08/content_5238161.htm,最后访问日期:2018 年 12 月 9 日。

体会议,不定期召开有针对性的专题会议,统筹研究协调金融领域相关事项。[①] 从实践来看,金融稳定委员会成立以来召开的多次全体和专题会议,以及在完善系统重要性金融机构监管、非金融企业投资金融机构监管、金融资产管理公司资本管理、整治银行业乱象等方面的监管活动和地位,[②]均很好地体现了其在缓解监管冲突、弥补监管空白,以及防止监管套利方面的作用。中国人民银行在本次国务院机构改革之后,在其制定和执行货币政策、防范和化解金融风险、维护金融稳定的职能之上,又承担了以往中国银监会、中国保监会拟订银行业、保险业重要法律法规草案和审慎监管基本制度的职责。同时,中国人民银行于2017年5月成立了金融科技(Fintech)委员会,旨在负责对金融科技的发展战略规划与政策指引;加强国内外交流合作;创新管理机制和监管科技(RegTech)的应用实践,引导新技术在金融领域的正确使用。中国证监会主要负责对全国证券期货市场的统一监督管理,维护证券期货市场秩序,保障其合法运行。根据2018年3月17日第十三届全国人民代表大会第一次会议通过的《国务院机构改革方案》,将中国银监会和中国保监会合并为中国银行保险监督管理委员会,依照法律法规统一监督管理银行业和保险业,维护银行业和保险业合法、稳健运行,防范和化解金融风险,保护消费者合法权益,维护金融稳定。

在地方层面,随着2017年7月全国金融工作会议"地方政府要在坚持

---

① 参见中国政府网:《新一届国务院金融稳定发展委员会召开第一次会议》,载 http://www.gov.cn/guowuyuan/2018-07/03/content_5303229.htm,最后访问日期:2018年12月9日。

② 例如,中国银监会2017年12月发布的《金融资产管理公司资本管理办法(试行)》第13条规定,"国务院银行业监督管理机构在国务院金融稳定发展委员会的领导下,加强与财政部、人民银行、国务院证券监督管理机构、国务院保险监督管理机构等主管部门和监管机构的监管协调和监管合作,最大限度地消除监管空白和减少监管套利";中国银监会2018年1月印发的《关于进一步深化整治银行业市场乱象的通知》指出,要"要自觉服从国务院金融稳定发展委员会的领导,加强与其他金融监管部门的监管协作,强化监管合力";中国人民银行、中国银保监会、中国证监会发布的《关于加强非金融企业投资金融机构监管的指导意见》第16条规定,"在国务院金融稳定发展委员会指导和协调下,人民银行、金融监督管理部门与发展改革部门、财政部门、企业国有资产管理部门等之间加强协作与配合,强化信息共享,提高监管实效";中国人民银行、中国银保监会、中国证监会发布的《关于完善系统重要性金融机构监管的指导意见》在机构范围中指出,"本意见所称系统重要性金融机构包括系统重要性银行业机构、系统重要性证券业机构、系统重要性保险业机构,以及国务院金融稳定发展委员会认定的其他具有系统重要性、从事金融业务的机构",等等。

金融管理主要是中央事权的前提下,按照中央统一规则,强化属地风险处置责任”“坚持中央统一规则,压实地方监管责任,加强金融监管问责”①要求的提出,各地纷纷将原本名称各异、定位不同、职权交错、界限模糊的地方政府金融监管部门,改组为地方金融监管局。按照中央的部署,地方金融监管局主要负责根据中央监管部门制定的相关规则,对小额贷款公司、融资担保公司、区域性股权市场、典当行、融资租赁公司、商业保理公司、地方资产管理公司7类机构进行具体监管;对投资公司、农民专业合作社、社会众筹机构、地方各类交易所4类机构进行强化监管,提高准入门槛,严格限定经营范围。

基于对我国当前仍然遵循分业监管逻辑的“一委一行两会+地方金融局”的双层多头监管体制,以及金融科技创新主体多元化和混业经营早已成定局的考量,笔者认为,我国应当依照主体权责的不同,在中央和地方分层设置金融监管沙盒制度,中央层面的监管沙盒辐射全国,地方层面的监管沙盒则仅对其权限范围内的主体适用。

具体而言,中央层面的金融监管沙盒权力主体包括前述的金融稳定发展委员会、中国人民银行、中国银保监会和中国证监会,主要由金融稳定发展委员会进行指导协调,中国人民银行内设的金融科技委员会负责具体实施,在监管交叉的情况下,会同中国银保监会、中国证监会等相关部门协商沙盒测试参数和开展监测工作。在规则的设置方面,根据我国《立法法》第92条“涉及两个以上国务院部门职权范围的事项,应当提请国务院制定行政法规或者由国务院有关部门联合制定规章”的规定,金融监管沙盒制度的文本既可以由国务院制定行政法规,也可以由中国人民银行、中国银保监会和中国证监会联合制定部门规章。出于在混业经营趋势下,对金融科技创新监管协调和国务院金融稳定发展委员更好地统筹指导的需要,笔者认为,中央层面的金融监管沙盒制度规则文本,由一行两会共同起草建议稿,提请国务院审议并以行政法规的形式颁布,或许会是更优的选择。诚然,以行政法规的形式规定金融监管沙盒制度,容易出现上文所说的立法程序上

① 中国政府网:《全国金融工作会议在京召开》,载 http://www.gov.cn/xinwen/2017-07/15/content_5210774.htm,最后访问日期:2018年12月9日。

较为复杂和冗长,放大法律滞后性的问题。其可行的解决方式是,在条文设计上进行原则性的规定,程序和实体规则的具体细化则由负责实施的中国人民银行金融科技委员会进行。同时,可以通过"强制性规范"与"任意性规范"的类型化设置,来区分不可变通的"公家田"与可以进行标准具体化的"自留地"。

在地方层面,当前我国陆续重设的地方金融监管部门,及其监管职能的复归和权限范围的明晰,无疑为地方层面的金融监管沙盒制度设置了最佳权力主体。至于其具体文本,则可以参照中央层面的金融监管沙盒制度,在不与中央管理小额贷款公司、融资担保公司、区域性股权市场、典当行、融资租赁公司、商业保理公司、地方资产管理公司等机构的相关规则和其他上位法相冲突,以及地方金融监管部门所负有的,对投资公司、农民专业合作社、社会众筹机构、地方各类交易所进行管理和其他地方性金融监管职能的范围内进行构建。

第三节　我国金融监管沙盒制度的实施性规则架构

随着经济的快速发展,金融的边界得以急速拓展,金融业相关业态和从业机构急剧增加,与此形成鲜明对比的是监管资源稀缺性日趋紧张。例如,中国人民银行的支付结算司负责对全国非银行支付机构和银行业金融机构相关的 Fintech 创新工作,截至 2017 年 12 月 31 日,我国银行业金融机构有 2467 家;截至 2018 年 1 月 5 日,非银行支付机构有 243 家,但就支付相关 Fintech 的创新而言,支付结算司可供利用的监管人员却仅在 3 人左右。[①] 由此,笔者认为,我国除在中央和地方层面分别设置金融监管沙盒之外,非官方性质的"代理型监管沙盒"也应当受到鼓励。这不仅能够缓解当前稀缺的金融监管资源和丰富的金融创新之间的巨大矛盾,也能够为更多的主体提供进入沙盒进行测试的机会,从而更好地推动我国金融科技创新良善

---

① 参见张红伟、陈小辉:《我国对 Fintech 有必要实施沙盒监管吗?》,载《证券市场导报》2018 年第 7 期。

发展。但鉴于对我国金融市场发展的不充分、监管沙盒的专业性以及阐释规则的需要等方面因素的考虑，由监管部门派驻官员对“代理型监管沙盒”进行指导和监督，或者由被授权机构派出人员到实施监管沙盒的官方部门进行学习，就显得十分必要。至于其规则，则可以参照官方型监管沙盒的文本进行设置。此外，在我国金融领域不断开放，与国际金融体系深度融合的趋势下，金融监管沙盒制度的国际合作也不能忽视。我国与英国在2016年11月第八次中英经济财金对话中所建立的“中英金融科技桥”，便为此打下了良好的基础。

鉴于前述双层金融监管沙盒制度模式，在具体文本颁布上的非同一性和规则设定的原则性，本书并不会对我国金融监管沙盒制度的具体条文进行详细设置，而是旨在结合样本国家（地区）的监管沙盒文本及其潜在问题的基础上，根据我国的现实情况对金融监管沙盒制度的必备要素进行阐释，以期为中央、地方和被授权主体的金融监管沙盒文本之具体构建提供参考。总体来看，这些要素大致可以按照监管沙盒的一般运作流程分为准入阶段、运作阶段和退出阶段三个部分。其中，准入阶段包括程序性规则，以及实体性规则当中的主体与产品的范围和标准、测试开展的模式及其期间、消费者保护措施、风险隔离和控制措施、信息公开措施；运作阶段包括事中的信息交流机制、豁免方式、中期变更机制；退出阶段包括沙盒的退出模式、沙盒主体退出后的行为、立法后评估机制。

一、我国金融监管沙盒制度准入阶段的规则构建

（一）我国金融监管沙盒制度准入阶段的程序性规则

一般而言，监管沙盒的准入程序，是指创新主体根据监管沙盒官方文件的要求，向沙盒主管部门提交申请材料，沙盒主管部门对相关材料进行形式与实质的审核之后，决定是否准予创新主体进入沙盒开展测试，并与获得试验资格的创新主体就监管规则和创新产品与服务相关的测试参数进行具体协商，进而按照协商结果和相关规定开始测试。当然，某些国家（地区）也会对沙盒的准入程序设置一些特殊的安排。例如，澳大利亚ASIC“许可证豁免”情形下的形式审核、马来西亚BNM对被拒绝的创新主体设置的6个月冷静期、新加坡MAS规定的申请前信息交流和协商之后对申请材料的补

正等。

根据本书对样本国家(地区)金融监管沙盒制度准入程序的比较分析,除一些基于本国(地区)程序构造的个性化缺陷之外,至少还存在以下三个共性的潜在风险:一是沙盒主管部门所具有的政府干预之固有缺陷,以及创新主体的游说行为,极易造成沙盒主管部门在对沙盒这一非生产性稀缺资源的分配上出现不公,将沙盒变成“黑箱”;二是受测消费者的选择程序,以及代替消费者选择受测创新产品与服务的行为,容易产生对消费者的不公;三是创新主体作为在具体金融创新上占据信息优势的一方,在进入监管沙盒或者规避现有监管规则目的等因素的驱使下,极易出现对创新产品的不利信息进行隐藏或捏造其创新特质的行为,进而引发逆向选择与道德风险,对沙盒的透明度造成影响。

鉴于此,笔者认为我国金融监管沙盒制度准入阶段的具体程序可以按照以下 6 个步骤进行设置:第一,沙盒主管部门向社会公布当期沙盒测试的申请截止时间。第二,创新主体根据自身性质以及具体创新的内容,向相应的沙盒主管机关提交规定的测试申请材料。第三,沙盒主管部门将收到的申请信息,在不涉及商业秘密等前提下向社会公众公开,并开通消费者问询和投票渠道,鼓励消费者提出对该产品或服务的看法,作出是否支持该项目进入监管沙盒开展测试的选择,明确自身是否参与沙盒测试的意愿。第四,沙盒主管部门在将反馈信息总结归类的基础上,按照既定标准对申请材料进行审核,并作出是否准予创新主体进入沙盒开展测试的决定。第五,书面通知获得沙盒测试资格的创新主体,并与之商量相应的测试计划;书面通知被拒绝进入沙盒测试的创新主体,并说明拒绝理由。第六,向社会公众公开当期被接纳和被拒绝参与沙盒测试的创新主体及其金融创新的名单与详细信息,并将作出不同决定的理由进行充分披露。在具体的设置上,应当重点明确以下三个方面的问题:

一是申请材料的内容。创新主体提交的申请材料至少应当涵盖创新主体自身的信息、创新产品或服务的信息、测试与推广计划三个类别的内容。具体而言,创新主体自身的信息主要是指,创新主体及其在该创新产品或服务中的合作主体(如果有)的注册信息、运营情况等,包括公司名称与性质、住所地、注册资本、经营范围、法定代表人、牌照情况、联系电话与电子邮箱、财务信息、官方网站等。创新产品或服务的信息应当包括:①对该创新产品或服务的详细介绍;②该创新产品或服务与市场上现有产品的区别和优点,及其潜在风险;③当前监管规则对该创新产品或服务的要求,以及创新主体对监管放松的具体诉求;等等。创新产品或服务的测试与推广计划应当包括:①监测和评估试验阶段性进展和成果的具体指标与相应数值;②客户的类型与数量、资金量的阈值;③对潜在风险的防控措施;④对参与测试的消费者的权益保护措施及其安全退出计划;⑤创新主体具备的支撑该测试完全进行的能力;⑥测试结束之前的牌照获取计划(如果需要)和退出测试之后的推广计划;等等。

二是沙盒主管部门审查期限的明确。借鉴样本国家(地区)的相关规定,并基于对金融创新产品或服务的复杂性、新颖性和突变性,以及监管资源稀缺性的综合考量,笔者建议可以将沙盒主管部门的审查时间限定为在收到申请材料之日起的14日至30日之间。同时,应当设置例外条款,即可以基于材料不充分、特殊评估等客观因素,将审查期限进行延长,但沙盒主管部门必须把延长的理由,向创新主体予以书面说明并进行公布。

三是消费者的筛选及其对创新产品与服务的选择程序。该程序的设置主要是出于保证消费者进入沙盒参与测试的机会公平和维护消费者主体地位的目的。具体而言,消费者在通过沙盒主管部门提供的渠道,对拟参与测试的创新产品或服务表达意见、进行是否支持其参与测试的投票,以及自身参与该测试的意愿进行信息反馈之前,应当提供其个人基本信息、收入情况、投资经验等具体情况并进行注册。沙盒主管部门在保证广泛参与的基础上,根据消费者提供的信息,按照地域、持有资金、专业或非专业、机构或个人等条件,将愿意参与沙盒测试的消费者进行分类,并设置均等的比例,从其构建的消费者库中对参与测试的消费者进行具体选择。同时,消费者的反馈信息将作为是否准予该项创新产品或服务进入沙盒开展测试的重要依据。但如果沙盒主管部门的最终决定与消费者的选择相悖,应当作出充分说明并向社会披露。

(二)我国金融监管沙盒制度准入阶段的实体性规则

金融监管沙盒制度准入阶段的实体性规则,主要是指沙盒主管部门对创新主体能否进入沙盒开展测试进行评估的具体资格标准。同时,包括整个测试的起止时间和信息的披露与交流机制，大体上应当涵盖以下5个方面的内容：

一是主体与产品的范围与标准。为了最大限度地促进金融创新，笔者认为我国金融监管沙盒制度在主体和产品的范围上，可以将标准放到最宽，即包括所有的金融科技创新及其开展主体，如传统金融机构、互联网企业、金融科技初创企业等。但为了防止创新主体及其创新产品与服务的泥沙俱下和滥竽充数，识别真正的金融创新并促进其稳健发展，严格的准入标准之设置便成为必然。具体而言，主体标准应当包括但不限于：组织结构的完整性、对风险的防范与处置能力、财务状况是否良好、社会声誉。产品或服务标准则应当包括：①市场上暂无同类产品或服务，或者是与市场上现存的产品与服务相比，其在具体功能、底层技术、业务流程等方面具有独特性和创新性；②能够促进金融市场创新的有效竞争；③能够提升消费者的福利。

二是测试开展的模式及其期间。根据前文的分析，样本国家（地区）的测试开展模式大致可以分为统一进行和逐个实施两种。前者是指按照批次进行统一申请和测试，即由沙盒主管部门设置每一期的申请期间，创新主体可以在截止日期前向沙盒主管部门提出申请。在对当期申请全部审核完毕并做好准备工作之后，统一开始一定时间内的测试，该模式主要被英国FCA采用。后者则是指创新主体可以在任何时间向沙盒主管部门提出测试申请，在审核通过和准备完成之后开始一定期间内的测试，这一模式受到了更多国家（地区）的青睐。有关测试的起止时间，样本国家（地区）大多设定为6个月或12个月，也有并未限定测试时间，而是依照具体情况而定的国家（地区）。笔者认为，为了保证测试的统一性、测试信息统计与分析的准确便捷，以及对有限监管资源的充分利用，我国金融监管沙盒制度的测试可以采用统一进行的模式，由沙盒主管部门设置每一批次的申请和测试期限。其中，申请期限仅需设置该批次的截止日期即可，而测试期限则可以在6~12个月的区间内进行选择。

三是信息的披露与交流机制。金融监管沙盒制度透明度的保证除需要促成沙盒相关信息的公开、准确与可得之外，还应当实现沙盒相关主体对所获取信息的准确理解，故而对监管沙盒相关信息的披露和交流就显得十分重要。笔者认为，准入阶段的信息披露与交流应当包括以下内容：在信息披露方面,沙盒主管部门和创新主体应当在其官方网站上开辟专门的版块,公布沙盒测试以及与之有利益关系的详细信息,包括申请的材料信息、申请进度、决定性行为的理由说明等。同时,应当在该页面提供对方网站的链接。在信息交流方面,沙盒主管部门与创新主体之间的信息交流主要体现为:申请材料的交接与补正、获得试验资格之后的测试计划协商等。从形式上看,借鉴英国 FCA 为每个获得试验资格的创新主体配备沙盒联络官,无疑能够更好地保证测试计划的准确性与及时流畅的信息沟通。沙盒主管部门、创新主体与消费者的交流则可以通过在沙盒主管部门的网页上,开辟专门的交流平台来实现。该平台是完全公开的,所有已经注册的相关主体,均可以就其对已获取信息的疑问在该平台提出,同时指定信息发布主体以一个适当的时间频率(如每天、每周、每月),对该平台上向其发出的疑问进行回复。值得注意的是,监管沙盒的信息披露与交流机制绝非仅限于准入阶段,而是应当涵盖准入、运作和退出的整个时间轴,其在程序和形式上可以相似,但具体的内容却应当有所区别。

四是消费者的保护措施。笔者认为,在我国金融监管沙盒制度中将消费者保护的目标,从单纯的权益保护延展至扩大受益是必要的,而明确测试中的消费者享有一般消费者的权益也显得理所应当。故而我国可以在强制性规定这一条件的基础上,规定每一测试项目的消费者保护方案都应当协商完成,其协商主体除沙盒主管部门和创新主体之外,还应当包括消费者协会的代表。具体的内容则可以包括:①从告知测试、产品和主体信息、享有的权利义务等方面,保证参与测试的消费者的知情权;②对消费者的人数、投入资金和适当性进行限制;③提供完备的纠纷解决和损失补偿方案;④保证在不损害参与测试的消费者的权益前提下的安全退出机制;等等。

五是风险隔离和控制措施。为了在防控风险的前提下,促进金融科技创新的发展,明确设定沙盒测试的风险隔离和控制措施(沙盒边界)无疑显得异常重要。笔者认为,我国金融监管沙盒制度风险隔离和控制措施的规则至少应当包括以下两个方面的内容:一方面,通过在客户数量、资金额度、业务范围、测试的起止时间等维度设置限定性条件的方式,将风险控制在可接受和特定的范围之内,防止测试失败的结果在更大的范围内传播。另一方面,要求受测主体在开展沙盒测试之前,对可能和潜在的风险进行识别与量化，提供合理的风险缓释和清除计划，并证明其具备了消除不良影响的能力。

二、我国金融监管沙盒制度运作阶段的规则构建

在所有的准备工作完成之后，同一批次的沙盒测试将按照各自的既定计划和统一的时间正式开始，沙盒主管部门在此过程中对其运作进行监控，大体上包括以下三个要素：

一是事中的信息披露与交流机制。正如上文所述，基于对透明度的保证，信息的披露与交流应当贯穿沙盒测试的始终，其形式可以一致，但内容却不应相同。在运作过程中的信息披露方面，笔者认为其形式可以继续采用网络化披露模式，内容则应当变为具体运行数据的披露、测试时间的延长、试验被取消等。在运作过程中的信息交流方面，沙盒主管部门与受测主体之间的交流主要表现为沙盒联络官对其的日常监测、既定测试计划的定期报告、测试时间的申请与延长、沙盒外市场完全资格获取的前期联络与准备、出现特定情况的说明与退出等。而沙盒主管部门、受测主体和参与测试的消费者之间的交流，在形式和内容上除延续上文所述的专门交流平台之外，笔者认为还可以构建一个"监管沙盒聊天室"。沙盒主管部门作为该"聊天室"的管理和召集人，所有的沙盒主体均可以通过预约，对其当前已经获取的信息的疑问，向指定或发布该信息的主体以面对面或视频方式提出，并获得答复，并且这一方式应当成为主要的交流形式。

二是豁免方式的设定。鉴于金融科技创新主体的广泛性和最大限度地促进真实创新的需要，笔者认为，我国金融监管沙盒制度的豁免方式应当遵循的原则是在沙盒主管部门的权限范围和不与上位法抵触的前提下，最大限度地豁免完全市场条件下的监管要求。具体而言，可以区分为实施牌照管理的领域和不实施牌照管理的领域两类。实施牌照管理的领域包括对未持牌主体的限制性牌照豁免，以及对已持牌主体的具体规则豁免。前者是指未持有相关牌照的主体在满足沙盒主管部门预设的相关标准之后，可以豁免其牌照要求，在沙盒范围内对创新产品或者服务开展测试；后者则是对已经持有牌照，但业务范围超出牌照范围的豁免。例如，已经获取《支付业务许可证》但业务范围仅包括银行卡收单、预付卡发行与受理、固定电话支

付的非银行支付机构,想要开展互联网支付业务创新的情形。在不实施牌照管理的领域,笔者认为可以先由沙盒主管部门预设一些可以变通和不可变通的监管要求。例如,可变通的监管要求可以包括但不限于:资产维护、成员结构、流动性资产、信用评级、偿付能力及资本充足率、社会声誉、业绩要求等;不可变通的则可以设定为:客户信息的保密、诚实守信、反洗钱与反恐怖融资的措施、其他监管红线等。诚然,在具体的选择上,沙盒主管部门将根据创新主体所提交的监管豁免诉求,结合其具体权限、当前政策导向和监管精神进行确定。

三是中期变更机制。基于对试验结果的完全性与准确性、创新产品或服务的完美性、全方位的风险认知、金融监管沙盒制度的灵活性等因素的考量,笔者认为,在我国的金融监管沙盒制度中设置中期变更机制是十分必要的。具体而言,可以作出如下规定:受测主体可以在一定的期限范围内(可以是测试结束前的1~3个月),依照测试的进展情况,在与沙盒联络官进行初步沟通之后,向沙盒主管部门书面提出延长测试的时间、增加参与测试的客户数量、其他具体豁免条件的变更以及受测产品或服务内容的重大变更4个方面的变更申请。沙盒主管部门在结合当前测试的反馈情况、合法性要求的基础上,重点对该项申请的必要性进行考量与评判,并将最终结果进行说明与披露。

三、我国金融监管沙盒制度退出阶段的规则构建

作为一种预设的试验,监管沙盒的结束有着必然性和确定性,这既代表着试验的结束,也意味着创新产品或服务可能在沙盒外市场正式投放,其在规则的设定上至少应当包含以下三项:

一是具体的退出模式。一般而言,金融监管沙盒制度的退出模式可以包括“正常退出”和“非正常退出”两种情形。前者是指沙盒主体已经按照测试计划,顺利完成测试并达到既定目标,从而退出沙盒;后者指沙盒主体在测试过程中出现了一些特定的情形,沙盒测试被提前结束。笔者认为,我国金融监管沙盒制度的退出模式也应当参照此种设置。具体而言,正常退出的规则可以包括:①向沙盒主管部门提交沙盒测试的最终报告,并由其审议和公布;②按照准入阶段商定的退出计划实施退出行为;③根据沙盒主管

部门对报告的意见和消费者的反馈意见,决定下一步的推广或补正行为。非正常退出则可以设置中止和终止两种情况,中止可由非受测产品或服务,或者可修复的技术性原因触发,在此种状态下,沙盒主管部门可以要求创新主体提交解决问题的新方案,经其认可之后可以重新开始或参加下一批次的测试。终止则主要是指在测试过程中出现了某些触发因素,沙盒主管部门或受测主体在测试过程中关闭测试,并实施相关退出计划的行为。这些触发因素可以包括但不限于:①沙盒主管部门对目前的测试效果不满意;②测试期间发现了一个无法在测试期间解决,或无法控制与隔离的风险;③受测主体违反了相关的豁免规则;④受测主体没有按照测试计划开展试验;⑤受测主体没有执行好对消费者的保护措施;⑥受测主体违反了其他相关法律法规的规定。同时,在沙盒主管部门实施终止权力的情形下,应当设定受测主体的说明补正权。亦即受测主体在收到正式的终止决定或预通知的一定期限范围内(如 30 日),就相关因素向沙盒主管部门作出原因和整改活动的具体说明,由沙盒主管部门进行评判,作出是否撤销终止决定或即时终止的决定并公告。

二是沙盒主体退出后的行为。无疑,沙盒主体在测试结束后的具体行为将从微观上直接性地体现金融监管沙盒制度的短期行为效果,其可以分为沙盒主管部门的退出后行为和受测主体的退出后行为两类。笔者认为,我国金融监管沙盒制度对前者的规定可以包括:①对受测主体提交的最终报告进行审查、提出意见,并进行公告。②将当期的沙盒测试经验(如金融科技创新的趋势、当前监管规则的问题及改进建议等)进行归纳总结,并抄送相关部门。例如,在中央层面可以由中国人民银行内设的金融科技委员会将总结报告与中国银保监会、中国证监会共享,同时呈送金融稳定发展委员会予以讨论。对后者的规定则可以设置为:①向沙盒主管部门提交包括运营数据、对预设指标的达成情况、客户数据、测试中的纠纷解决情况等内容的最终报告;②维持退出之后一定期限内(如 6 个月、12 个月)和参与测试的消费者的纠纷解决和损害赔偿措施;③根据受测主体的当前资质,按照既定的计划在沙盒外的市场进行推广。

三是金融监管沙盒制度的立法后评估机制。自国务院于 2004 年发布《全面推进依法行政实施纲要》,明确指出要构建我国立法后评估机制以来,立法后的评估工作便成为我国立法“从数量型立法发展转向质量型立法发展;从粗放型立法转向精细化立法;从‘有法总比没法好’、强调立法速度转向攻克立法难题、深度构建现代法制”①的重要支撑点之一。对金融监管沙盒制度而言,其试验性、规则的新颖性和豁免方式的灵活性等特质,均促成了需要对其进行立法后评估的迫切性。具体而言,笔者认为我国金融监管沙盒制度的立法后评估机制可以从以下两个层面进行规定:①要求沙盒主管部门在受测主体退出沙盒并进入市场之后,对其营运规模、融资状况、相关风险等情况予以追踪。同时,可以要求受测主体在将其产品或服务投入市场之后,在某一期限内定期向沙盒主管部门按前述内容提交书面报告。诚然,这实际上可以看作广义上的沙盒主体退出后行为,其目的同样在于检视沙盒测试的微观短期效果。②规定完整的立法后评估机制,包括评估主体、评估方案、评估指标及其体系、评估方法等。至于其具体内容,则可参照本书第四章第三节的阐释,在此不再赘述。

本章小结

无疑,我国当前金融监管模式中存在的诸多问题,以及在金融消费者保护方面的缺憾,对金融监管沙盒制度的正式确立提出了迫切的要求。我国现阶段对柔性监管思维的运用、协调性监管框架的出现、试点性法律法规的实践以及地方层面监管沙盒制度的架构,无疑为金融监管沙盒制度的本土化提供了监管思路、监管体制和具体规则等层面的本土化基础。由此,本章便在结合样本国家(地区)的监管沙盒文本及其潜在问题的基础上,依据我国的本土资源,从理念、原则、目的、权力主体等方面,对我国金融监管沙盒制度的基础性安排提出了相应建议,同时,按照准入、运作和退出三个阶段,提出了相关构成要素的一般性建议,以期为中央、地方和被授权主体的金融监管沙盒文本之构建提供参考,促成在金融科技风行的背景下,实现规制与创新正当张力的本土化金融监管沙盒制度的早日出现。

① 俞荣根主编:《地方立法后评估研究》,中国民主法制出版社2009年版,第4页。

结束语

虽然迄今为止,金融监管沙盒制度尚无一个广受认可的权威性定义,但作为一种制度性的存在,其却也并非像“正义”一般有着普洛透斯似的变幻无常的脸。我们还是能够从各国(地区)的基本制度架构中将其明确为“是一种在金融监管部门与金融创新者协商具体参数和消费者保护措施的基础上,将金融创新放置于一个相对隔离但是又真实的环境下进行测试,测试中的金融创新行为不会触发因从事该行为而产生的正常监管后果,最终根据测试结果来判定是否将之推向市场的监管制度”。总体来看,金融监管沙盒制度的实施性规则架构大抵上涵盖了准入、运作、退出三个阶段的规则设计。其中,准入阶段包括对程序性要件和实体性要件的设置;运作阶段涵盖了事中的信息交流机制、具体的豁免方式、中期变更机制三项基本构成要素;退出阶段则包括退出模式、退出后行为,以及针对性的立法后评估机制。

无疑,金融监管沙盒制度所具备的试验性、特定性、参与性和平衡性特征,对监管部门、金融机构和金融消费者这三个金融市场主体之间长期以来的紧张关系进行了很好的协调。具体而言,监管部门在沙盒中对完全监管要求的放松极大地降低了创新主体(特别是初创企业)的上市成本,刺激了其创新欲望;试验边界的明确控制能够很好地防止创新产品或服务尚不明晰的风险之外溢;贯穿沙盒始终的信息交流机制,在一定程度上使监管部门和创新主体成为监管规则与创新产品的共同设计者;而将对参与测试的金融消费者的全方位保护措施,以及该创新能够促成人民福利的提升作为准入的重要基准,则显然是对金融消费者保护的全方位升华。这实际上也促成了三方主体金融公平、金融安全、金融效率不同价值追求之间的平衡,奠定了金融监管沙盒制度"金融监管史上的里程碑事件"的地位,使之在世界范围内迅速被推广。

当前,我国金融监管沙盒制度的"点状开花"之态势、柔性监管思路的运用、协调性监管框架的完善、试点性法律法规的实践,无疑为其提供了监管思路、监管体制和具体规则上的本土化基础。与弗里德曼在其"社会镜像论"中将法律描述成生活的镜像,认为"法律并非自治的系统与自足的体系,是与经济、政治和文化等社会因素相关联,并受到它们的影响"的表述相一致的是,法律这种深深嵌入在特定民族、特定社会中的规则,并不是像蒸汽机和电灯等能够拿来就用的"物品",可以借鉴,但无法移植。由此,在充分分析样本国家(地区)监管沙盒构成要素及其潜在问题的基础上,重点结合我国本土资源,提出有关金融监管沙盒制度理念、原则、目的、权力主体等基础性安排,以及准入、运作和退出阶段规则架构的一般性建议,并在不同层面的具体设置和实施过程中予以细化,无疑成为型构我国金融监管沙盒制度的最佳路径。在充分借鉴的基础上构建本土化的金融监管沙盒制度,不仅有助于推动我国金融科技的稳健发展,促使其在当前的全球金融科技浪潮中占据核心地位,更是契合了正在逐步推行的金融供给侧结构性改革之步伐,促成防范化解金融风险,特别是妥善履行防止发生系统性金融风险这一根本任务,从而进一步提升我国的金融治理能力。

主要参考文献

一、著作

（一）中文著作

[1]陈岱孙、厉以宁主编:《国际金融学说史》,中国金融出版社 1991 年版。

[2]陈瑞华:《程序正义理论》,中国法制出版社 2010 年版。

[3]冯果、李安安:《收入分配改革的金融法进路:以金融资源的公平配置为中心》,法律出版社 2016 年版。

[4]洪艳蓉:《金融监管治理——关于证券监管独立性的思考》,北京大学出版社 2017 年版。

[5]季卫东:《法律程序的意义》(增订版),中国法制出版社 2012 年版。

[6]李昌麒主编:《经济法理念研究》,法律出版社 2009 年版。

[7]沈宗灵:《现代西方法理学》,北京大学出版社 1992 年版。

[8]王曙光:《金融发展理论》,中国发展出版社 2010 年版。

[9]杨东:《金融消费者保护统合法论》,法律出版社2013年版。

[10]种明钊主编:《国家干预法治化研究》,法律出版社2009年版。

[11]张文显:《二十世纪西方法哲学思潮研究》,法律出版社2006年版。

[12]张守文:《经济法理论的重构》,人民出版社2004年版。

(二)中文译著

[1][德]菲利普·黑克:《利益法学》,傅广宇译,商务印书馆2016年版。

[2][荷]乔安妮·凯勒曼、[荷]雅各布·德汗、[荷]费姆克·德弗里斯:《21世纪金融监管》,张晓朴译,中信出版集团2016年版。

[3][美]E.博登海默:《法理学——法律哲学与法律方法》,邓正来译,中国政法大学出版社2004年版。

[4][美]罗斯科·庞德:《法律史解释》,邓正来译,商务印书馆2013年版。

[5][美]爱德华·肖:《经济发展中的金融深化》,邵伏军、许晓明、宋先平译,格致出版社、上海三联书店、上海人民出版社2015年版。

(三)外文著作

[1]Grane. D. b., K. A. Froot, Scott P. Mason, André Perold, R. C. Merton, Z. Bodie, E. r. Sirri, and Tufano, *The Global Financial System: A Functional Perspective*, Boston: Harvard Business School Press, 1995.

[2] Thomas Hellmann, Kevin Murdock, Joseph Stiglitz, *Financial Restraint: Toward a New Paradigm, The Role of Government in East Asian Economic Development: Comparative Institutional Analysis*, New York: Oxford University Press, 1996.

[3] Elaine Kempson, Claire Whyley, *Kept Out or Opted Out? Understanding and Combating Financial Exclusion*, Bristol: The Policy Press, 1999.

二、论文

(一)中文论文

[1]柴瑞娟:《监管沙箱的域外经验及其启示》,载《法学》2017年第

8 期。

[2]陈瑞华:《制度变革中的立法推动主义——以律师法实施问题为范例的分析》,载《政法论坛》2010 年第 1 期。

[3]冯果:《金融法的“三足定理”及中国金融法制的变革》,载《法学》2011 年第 9 期。

[4]刘东亮:《什么是正当法律程序》,载《中国法学》2010 年第 4 期。

[5]廖凡:《金融消费者的概念和范围——一个比较法的视角》,载《环球法律评论》2012 年第 4 期。

[6]李双元、蒋新苗、蒋茂凝:《中国法律理念的现代化》,载《法学研究》1996 年第 3 期。

[7]凌斌:《界权成本问题:科斯定理及其推论的澄清与反思》,载《中外法学》2010 年第 1 期。

[8]雷磊:《法律程序为什么重要?反思现代社会中程序与法治的关系》,载《中外法学》2014 年第 2 期。

[9]孙笑侠、应永宏:《程序与法律形式化——兼论现代法律程序的特征与要素》,载《现代法学》2002 年第 1 期。

[10]沈国明:《法治创新:建设上海自贸区的基础要求》,载《东方法学》2013 年第 6 期。

[11]汪全胜:《立法后评估主体的建构》,载《政法论坛》2010 年第 5 期。

[12]吴弘、徐振:《金融消费者保护的法理探析》,载《东方法学》2009 年第 5 期。

[13]徐孟洲、杨晖:《金融功能异化的金融法矫治》,载《法学家》2010 年第 5 期。

[14]张守文:《我国税收立法的“试点模式”——以增值税立法“试点”为例》,载《法学》2013 年第 4 期。

(二)外文论文

[1] Anne Matthew, “Crowd-Sourced Equity Funding: The Regulatory Challenges of Innovative Fintech and Fundraising”, *University of Queensland Law Journal*, Vol. 36, No. 1, 2017.

[2] Angela Walch, "The Path of the Blockchain Lexicon (and the Law)", *Review of Banking and Financial Law*, Vol. 36, No. 2, 2017.

[3] Caelainn Carney, "Robo-Advisers and the Suitability Requirement: How They Fit in the Regulatory Framework Notes", *Columbia Business Law Review*, Vol. 1, No. 2, 2018.

[4] Christopher G. Bradley, "Fintech's Double Edges", *Chicago-Kent Law Review*, Vol. 93, No. 1, 2018.

[5] Dirk A. Zetzsche, Ross P. Buckley, Janos N. Barberis, Douglas W. Arner, "Regulating a Revolution: From Regulatory Sandbox to Smart Regulation", *Fordham Journal of Corporate and Financial Law*, Vol. 23, No. 1, 2017.

[6] Elizabeth Sara Ross, "Nobody Puts Blockchain in a Corner: The Disruptive Role of Blockchain Technology in the Financial Services Industry and Current Regulatory Issues", *Catholic University Journal of Law and Technology*, Vol. 25, No. 2, 2017.

[7] Joanna Benjamin, "The Narratives of Financial Law", *Oxford Journal of Legal Studies*, Vol. 30. No. 4, 2010.

[8] Shadab, Houman B, "Counterparty Regulation and Its Limits: The Evolution of the Credit Default Swaps Market", *New York Law School Law Review*, Vol. 54, No. 3, 2009.